双碳发展 研究丛书

丛书总主编＝王振
丛书总副主编＝彭峰 陈潇 陈韦

数字化绿色化协同发展研究

王振 范佳佳 等著

CARBON PEAKING
CARBON NEUTRALITY

RESEARCH ON COLLABORATIVE DEVELOPMENT
OF DIGITIZATION AND GREENIZATION

上海社会科学院出版社
SHANGHAI ACADEMY OF SOCIAL SCIENCES PRESS

碳达峰与碳中和会给中国经济社会发展带来广泛而深远的影响。"双碳"既是中国高质量发展转型的内在要求，也是建设人与自然和谐共生的现代化的必要条件。在实现"双碳"目标进程中，不仅会重塑中国能源结构，而且会给生态文明建设、经济社会发展转型等注入新的活力，可以大幅拓展发展空间，激发创新活力，加速中国经济社会各领域的低碳绿色转型。

——安徽长三角双碳发展研究院首席专家　胡保林

"双碳"发展不仅是技术与产业的创新发展，而且是社会经济系统的转型发展，所以必须以社会科学的视角更加深入地观察和研究其发展的历史轨迹、国际经验和生动实践。

——阳光电源股份有限公司中央研究院院长　赵为

丛 书 序 一

全球气候变化对地球生态系统和人类生产生活带来的严重威胁,是当今世界关切的重大议题。在工业化进程中,人类大量消耗化石能源并把其中的二氧化碳释放到环境中,向大气中排放了上万亿吨的温室气体。由于自然界无法吸收、固定,人类也无法利用这么多的温室气体,大气圈中温室气体浓度不断增加,地球表面平均温度比工业化之前提高了 1.1 摄氏度。

为解决地球表面温度升高而造成的环境灾难,联合国通过了《联合国气候变化框架公约》(1992 年)、《京都议定书》(1997 年)、《巴黎协定》(2015 年)等。1992 年,在里约召开的联合国环境与发展大会达成了《联合国气候变化框架公约》(UNFCCC),要求各缔约方努力控制温室气体排放,到 2050 年全球温室气体排放总量要比 1990 年减少 50%,地球大气层中温室气体浓度不超过 450 ppm,其中二氧化碳的浓度不超过 400 ppm,以确保到 21 世纪末,地球的表面温度变化不超过 2 摄氏度。2015 年,新达成的《巴黎协定》要求为升温控制在 1.5 摄氏度以内而努力,并提出在 21 世纪下半叶全球实现碳中和的目标。因此,持续减少温室气体排放是全球应对气候变化的重要任务。我国也是国际气候公约的缔约国之一。

在 2022 年 4 月,联合国政府间气候变化专门委员会(IPCC)发布的第六次评估报告显示:当今全球温室气体年均排放量已达到人类历史上的最高水平,如不立即开展深入减排,将全球变暖限制在 1.5 摄氏度以内的目标将遥不可及。联合国秘书长古特雷斯也再次呼吁全球必须采取行动应对气候变化,气候变化已经将人类推向生死存亡的紧要关头。在全球气候危机下,越来越多的国家和地区意识到控制全球变暖刻不容缓,尽快实现碳达峰、碳中和已箭在弦上。

截至 2021 年底,全球已有 136 个国家提出碳中和目标,欧盟、美国、日本等主要国家和地区均提出到 2050 年实现碳中和。截至 2022 年 4 月,已有 45

个国家出台碳中和相关立法或政策文件,上百个国家和地区将碳中和行动上升为国家或地区战略。近年来,欧盟发布了《欧洲绿色协议》和《欧洲气候法》,英国、德国等也通过了相关气候变化法案,以法律形式明确了中长期温室气体减排目标,美国发布《迈向2050年净零排放的长期战略》,日本发布《绿色增长战略》。同时,世界上很多地区、城市、企业也纷纷自发地提出碳中和战略目标。传统的石油巨头如BP、壳牌、美孚、道达尔等已开启低碳转型之路。苹果公司提出了全产业链碳中和行动计划,要求其每一个零部件供应商、系统集成商都要实现碳中和;欧洲汽车企业响应政府号召,纷纷制订碳中和行动计划和路线图,其中一项就是要求与自己合作的企业制订"可测量、可核查、可报告"的行动计划和路线图,这涉及了很多来自中国的企业。

在2020年9月召开的联合国气候大会上,我国作出力争2030年前实现碳达峰、2060年前实现碳中和的目标承诺。随后,我国将碳达峰、碳中和目标写入国民经济"十四五"规划及相关专项规划。我国已将"双碳"作为国家战略加以实施,中央已经对碳达峰、碳中和工作作出部署,提出了明确要求。中共中央、国务院发布了《关于完整准确全面贯彻新发展理念做好碳达峰碳中和工作的意见》(2021年9月22日),围绕"十四五"时期以及2030年前、2060年前两个重要时间节点,对碳达峰、碳中和工作作出系统谋划,提出了总体要求、主要目标和重大举措,明确了我国实现碳达峰碳中和的时间表、路线图,是指导做好碳达峰碳中和工作的纲领性文件。随后,国务院印发了《2030年前碳达峰行动方案》(2021年10月24日)。当前,各行各业、各个部门、各个地方都在落实中央部署,为实现碳达峰碳中和积极谋划制定蓝图和实施路径。我国距离实现碳达峰目标已不足10年,从碳达峰到实现碳中和也仅剩30年,我们面临时间紧、幅度大、任务重、困难多的超级压力,但是我国必须要坚定不移地实现"双碳目标",这是我国主动要做的战略决策。

碳达峰、碳中和给我国发展带来了巨大挑战,同时也带来了转型升级的历史性机遇。我们要看到面临的问题和一些躲不开的挑战,比如:硬任务与硬约束的挑战。我国计划在2035年基本实现社会主义现代化,到本世纪中叶建成社会主义现代化强国,仍需要大力发展,这是硬任务,随之带来能源需求的强劲增长;而我国目前是全球最大的能源消费国和碳排放国家,要在2060年前实现碳中和,必须大幅度减少碳排放,这是硬约束。这一升一降对我国实现强国目标和零碳目标带来极大挑战。又如:结构转型与技术发展水平的挑战。当前我国经济社会正处于转型的关键期,结构转型已进入深水区,升级难度大大增加。高质量发展和碳中和的目标要求能源、运输、工业、农业、建筑、消费等各个领域加快转型,构建起绿色低碳循环的新经济体系,转型任务很重。经研究测算,依我国现在的能源结构沿用旧的传统办法实现不了"双碳目标"和美丽中国愿景,依靠科技创新将对最终解决生态环境问题、实现碳达峰、碳中和带来希望和保证。绿色发展转型需要创新驱动,需要掌握更多的绿色核心技术、大幅度减碳降碳技术等,而目前我国很多领域受制于核心关键技术的制约。再如:能源替代转换的挑战。以新能源替代化石能源是实现碳中和的根本路径,而我国降碳的能源结构先天不足,"富煤、贫油、少气"是我国的能源禀赋,现实能源结构中的化石能源占比高达84.7%,而且大部分是煤炭,洁净化程度不高,是高碳能源结构;新能源(非化石能源包括可再生能源和核能)占一次能源消费的比重偏低,为15.3%。陆地太阳能、风能及水能资源分布存在明显的地区性与季节性时空差异,不稳定性与相对成本较高给大规模均衡发展新能源带来一定制约;我国的能源利用效率总体上偏低,GDP能源强度和GDP碳排放强度仍处在高位。这些情况对我国建立现代能源体系以解决高碳结构问题带来了极大挑战。

挑战也是机遇,机遇与挑战并存。在全球及全国碳中和的大趋势下,我们的减碳已经不是讨论做不做的问题了,而是面临如何来做的问题,实质上是一场转变发展机制、促进发展转型的演进。碳达峰和碳中和会给我国经济社会发展带来广泛而深远的影响。"双碳"既是我国高质量发展转型的内在要求,也是建设人与自然和谐共生的现代化的必要条件。在实现"双碳"目标进程中,不仅会重塑我国能源结构,而且会给生态文明建设、经济社会发展转型等注入新的活力,可以大幅拓展我国发展空间,激发创新活力,加速我国经济社会各领域低碳绿色转型,给低碳零碳的新兴行业产业带来迅猛发展的难得机遇和新的经济增长点,将带动新动能、新市场、新经济、新产业、新业态、新技术、新材料、新消费的崛起,加速形成绿色新经济体系。

推进绿色低碳转型、走碳中和绿色发展之路是复杂的系统工程,不可能一蹴而就,需要把握好节奏,统筹处理好国际要求与国内实际、短期措施与长期规划、快速减碳与能源粮食及供应链安全、任务繁重与储备不足等关系,特别是要提高我国治理体系与治理能力现代化水平。要采取综合措施:以生态文明引领建设人与自然和谐的现代化国家;加快调整经济结构和改善环境质量,构建绿色经济体系;告别资源依赖,走科技创新之路;推动能源、交通、工业、农业、建筑、消费等各领域的低碳零碳革命;推进减污降碳协同增效;提高碳汇能力;用好绿色投资。我们应当继续全面协调发展、能源、环境与气候变化之间的关系,把"双碳"要求渗透到整个发展进程的各个环节,综合运用好全部政策工具和治理手段推进"去碳化"进程,积极探索低碳零碳发展模式,并根据我国地区差异性大的实际,分梯次、分阶段因地制宜制定及有序实施本地区的碳达峰碳中和施工图。

国外发达国家在绿色低碳技术创新、新能源与清洁能源、绿色低碳产业等战略研究与战略实施上进行了大量探索,为我国以及其他发展中国家加快实现碳中和提供了重要借鉴。随着我国双碳战略的深入推进,我国对全球双碳发展战略研究与双碳发展理论创新有着前所未有的需求。在这特殊时代背景下,上海社会科学院信息研究所与安徽长三角双碳发展研究院共同谋划,组织研究并撰写了双碳发展研究丛书。丛书突出全球视野、中国实践的特色,既观察和研究全球主要国家的双碳之路,包括了国家战略、政策法规、城市实践、企业案例等内容,也跟踪和探讨我国推进双碳驱动绿色发展的宏观战略部署、政策法规建设、地方和企业实践、双碳理论等内容。通过持续的努力,不断发展和丰富关于双碳发展的比较研究、案例研究、政策研究和理论研究,形成不断深化拓展的系列研究成果。这套丛书既有全球战略高度,又紧扣时代特征,具有十分重要的理论和现实价值,将为全国及各地深入推进实施双碳战略提供重要参考和支撑,可谓恰逢其时、正当其用。

减碳降碳是我国的长期任务,需要更多的科研工作者和实践者围绕双碳发展诸多问题开展进一步的深入研究和探索。我也希望更多的社会力量投身于双碳发展研究中来,为我国顺利实现双碳目标做出自己的贡献。

安徽长三角双碳发展研究院首席专家
胡保林
2022 年 8 月 30 日

丛 书 序 二

2021年被称为"双碳"元年，为落实《巴黎协定》的庄严承诺，我国提出了2030年碳达峰、2060年碳中和的目标，并正全面启动"1+N"政策体系建设，科学提出实现双碳目标的时间表、路线图，力争用40年，实现国家能源战略转型。这一重大国家战略的提出和实施，不仅为新能源产业发展提供了重大机遇，也为我国经济长期可持续发展提供了巨大新动能。早在本世纪初，作为工业化发展大国，我国对新能源产业就予以了积极关注，各地通过国际合作和技术创新，纷纷把新能源产业列为加强培育的未来产业。历经二十余年发展，新能源产业已经成为我国经济发展的重要支柱产业，而且在全球新能源发展格局中也已占据举足轻重的地位。我们看到，国家正举全国之力实施双碳战略，为此已陆续出台多项政策，进一步加大倾斜力度，推进新能源技术创新和能源结构变革，为加快实现双碳目标创造更加积极有利的条件。预计到2030年，我国非化石能源消费比例将达到25%以上，在2020—2030年的时间段内，每年预计可再生能源新增装机1亿千瓦，将逐步建成以可再生能源为主体的新型电力系统。

我国宣布将从政策制定、能源转型、森林碳汇三方面采取行动，稳步有序推进能源绿色低碳转型。围绕"双碳"所实施的战略行动，必将带来能源体系的重大创新变革，必将带来各行各业"能源变革+"的影响和变革。双碳之路全面启航，能源领域的创新正在成为行业发展新的驱动力，新能源应用场景正在加速多样化，"无处不在"的新能源电力，已不再是遥远的梦想。

阳光电源是一家专注于太阳能、风能、储能、氢能、电动汽车等新能源电源设备的研发、生产、销售和服务的国家重点高新技术企业。主要产品有光伏逆变器、风电变流器、储能系统、水面光伏系统、新能源汽车驱动系统、充电设备、可再生能源制氢系统、智慧能源运维服务等，致力于提供全球一流的清洁能源全生命周期解决方案。公司二十多年的发展得益于国家对新能源行业的积极扶持和大力推动,公司的每一步印记都与时代的大潮交相呼应。公司从核心技术与市场开拓两端发力,形成"技术+市场"双轮驱动的生态化发展模式,已成为清洁电力转换技术全球领跑者。同时,公司持续稳固扩大海外布局,快速抢占新兴市场渠道,不断提升在全球清洁电力领域的影响力和竞争力。

在全球双碳发展的大背景下,立足国内、面向国际的阳光电源,以敏锐眼光,率先聚焦"光、风、储、电、氢、碳"等新能源主赛道,坚持以技术创新为导向构建全产业链体系。公司重视与大学和科研院所的深度交流,已经和合肥工业大学、中国科学技术大学、浙江大学、上海交通大学、中国科学院物质研究院等开展合作。2021年,首次尝试与国家高端智库上海社会科学院信息研究所进行合作,共同成立了安徽长三角双碳发展研究院,期望在双碳大数据开发利用与决策咨询领域进行长期合作,优势互补,打造新型智库,共同为政府和企业献计献策。

我们认为,"双碳"发展不仅是技术与产业的创新发展,而且是社会经济系统的转型发展,所以必须以社会科学的视角更加深入地观察和研究其发展的历史轨迹、国际经验和生动实践。我们积极支持上海社会科学院与安徽长三角双碳发展研究院组织力量研究和编撰双碳发展研究丛书,以期对全球最新的战略、政策、法律、产业、技术发展趋势进行多角度的观察和评估,供政策制定者、业界同行等参考,为双碳事业发展贡献微薄之力。

阳光电源股份有限公司中央研究院院长
赵 为
2022年9月1日

前　言

我们正进入数字化、绿色化的"双化协同发展"新阶段。数字化与绿色化已成为全球发展的两大趋势,并正深刻改变着人类社会。

2022年11月18日,习近平主席在亚太经合组织第二十九次领导人非正式会议上提出:要"加速数字化绿色化协同发展,推进能源资源、产业结构、消费结构转型升级,推动经济社会绿色发展"。数字化绿色化协同发展正式上升为国家战略。

在《"十四五"国家信息化规划》(2021年12月发布)中,根据信息化、工业化"两化"深度融合的趋势,中央网络安全和信息化委员会最初提出了数字化、绿色化协同发展的新概念,并界定为"以数字化引领绿色化,以绿色化带动数字化"。2022年11月7日,国家互联网信息办公室信息化发展局局长王崧在国新办新闻发布会上表示,将深入推进"数字化绿色化协同转型发展行动计划",确保围绕"计划"的3项任务、18项重点行动顺利实施。2022年11月中旬,国家五部门联合印发通知,确定在10个地区首批开展数字化绿色化协同转型发展(双化协同)综合试点。

2023年2月,《数字中国建设整体布局规划》(以下简称《规划》)发布。《规划》提出,到2025年,数字生态文明建设取得积极进展。要求建设绿色智慧的数字生态文明,加快数字化绿色化协同转型。加快推进数字化绿色化协同转型发展,是落实习近平主席在第75届联合国大会上向全世界宣示中国碳达峰、碳中和承诺的重要行动。

据地球互联网恢复力中心和斯德哥尔摩恢复力中心联合多国研究部门发布的《2020多领域节能减排方案路线图》报告,到2030年,依靠数字部门全球可减少15%的化石燃料排放量。以大数据、云计算、物联网、人工智能等数字技术为支撑,绿色发展为核心的"双化协同"转型发展已然成为工业革命的第四次浪潮,并具有以下两大特征:

一是数字技术为绿色生产提供数字支持。数字技术可将各项资源数据化、系统化,通过数据分析掌握生产过程中的资源消耗情况,监测能源利用效率并及时优化调整;在绿色产品设计环节,数字技术可以帮助进行绿色产品仿真、绿色工艺与辅助制造、绿色产品试制与验证等;在经营管理方面,数字技术参与设备数字化管理、物料跟踪管理、智能仓储、精准配送、产品远程运维等环节。

在实际生产生活中,区块链、物联网、人工智能、云计算等数字技术综合应用落地,形成数字化绿色体系。利用区块链技术可有效记录生产流程,溯源生产和供应链环节;利用物联网技术可实时监测生产、加工、运输等过程,及时发现并解决问题;利用人工智能技术可实现智能化设备管理,提高设备运转效率;利用云计算技术存储企业生产和经验管理数据,帮助企业调配各项资源。

二是绿色技术为数字产业提供转型动力。数字产业以数据为核心,以信息为加工对象,绿色发展已成为数字产业转型升级的必然方向。数据中心作为数据载体在数字产业中处于核心地位,随着数字经济进一步发展,社会对数据的需求量不断增加,传统数据中心面临着能耗高、单位能耗强度大等诸多问题。绿色技术的发展与应用能够助力传统数据中心节能减排,助推数字产业绿色转型。如使用新型高效电源模块等高性能半导体,可降低数据中心输入电源的损耗,减少传输过程中的功耗;采用智能微电网技术实现机房内多路供电,降低配电系统损耗,提升供电系统能效;数据中心采用液冷和自然冷却技术,提高设备制冷效率;分布式光伏、储能技术的使用能够降低数据中心对外部能源的依赖。在绿色技术的加持下,数据中心单位实际能耗强度将不断下降,总体能效逐步优化提升。

另外,绿色技术与工业互联网深度融合,推动工业互联网绿色低碳发展。通过统筹绿色低碳基础数据和工业大数据资源,建立产品全生命周期绿色低碳基础数据平台,落实产业各个环节的减碳固碳技术,实现产业的全链减排。例如,在工控生产端采用CCUS(碳捕获、利用与封存,carbon capture, utilization and storage)技术实现对碳的直接转化与贮存,减少碳排放;在工控全链进行碳足迹监测与追踪等。绿色技术的全链贯通为工业互联网绿色转型提供了动力。

比如,法国布伊格集团利用智能系统开发可持续建筑。布伊格及其业务合作伙伴利用优化建筑管理的智能系统、与存储系统相结合的可再生能源,以及可重复使用的传统生物材料开发低碳、可持续建筑,并将可持续理念融合到建筑设计、建造和运行的全过程。

又比如,挪威通过数据共享实现各类交通工具的无缝对接。在促进跨运输方式、跨运输部门和社会其他部门的数据使用方面,挪威已经做了大量工作。例如,依托挪威交通局、钢铁局、巴伦斯沃奇和海岸数据中心合作的"运输"计划,成立了 Entur AS 公司。该公司管理全国各类交通工具和用户数据,并开发和运营客户中心、数字销售以及票务解决方案,为各供应商之间的无缝交通对接提供服务。提高了公共交通效率,减少了交通领域碳的排放量。

再比如,加拿大通过共享服务消减数据中心数量和升级冷却策略达到降低能耗目的。加拿大国土境内的大部分地区温度较低,环境因素非常适合数据中心的建设和管理。而加拿大的数据中心行业使用能源的比例较小,只占加拿大自然资源的 1%。原因在于,加拿大通过共享服务来消减数据中心的数量。其目标是要求 485 个联邦数据中心合并为 7 个,从而将其 600 000 平方英尺(约合 55 741 平方米)而减少至 180 000 英尺(约合 16 722 平方米),并减少了服务器数量,从 23 434 台减少至 14 369 台。除了数据中心合并,为了降低能耗,加拿大还在不断减少运行中的物理设备数量。另外,由于冷却系统所消耗的电能经常是其计算设备所消耗的三分之一或更多,升级冷却策略也是降碳的重要途径。

政策方面,欧盟发布多部政策支持建筑行业数字化转型,突破数据共享、技术和基金障碍促进交通部门数字化,围绕提高能源使用效率制定大数据行业节能政策。同时,欧盟各国加强学生数字化培养,引导公民低碳环保意识;法国利用数字化减少碳足迹,为绿色科技初创企业提供基金支持;挪威鼓励建筑行业的数字化应用战略;奥地利推出数字化房屋改造项目;新加坡将推广智能电表、智能可再生能源以及实现电网现代化作为能源政策的重点。

数字化绿色化的"双化协同发展"是新趋势、新潮流,特别需要关注以下新情况、新特征:

第一,不是所有的数字化场景都有助于节能降碳,过度数字化反而增加能源消耗。首先,数字化的本源是采矿业。据世界银行报告称,到 2050 年,信息和通信技术(ICT)的重要元素——石墨、锂和钴的开采量将增加近 500%。数字化高速发展无疑会带来矿石开采的高能耗。其次,ICT 用电量惊人。根据欧盟的战略报告,目前 ICT 占全球用电量的 5%—9% 和温室气体排放量的 3% 左右。另据中国信息通信研究院的测算,预计到 2030 年,全国各地区数据中心二氧化碳的排放量将超过 2 亿吨,成为我国经济体系第一大碳排放源。

最后,数字垃圾也成为新的污染源。据联合国多个机构联合发布的《2020年全球电子垃圾监测》称,到2030年,全球电子垃圾将达7 400万吨。数字产业自身节能降碳迫在眉睫。

第二,不是所有绿色技术都需要赋予数字化外壳,微小技术改造能产生巨大节能效果。数字化绿色化协同转型中的技术协同路径并不必须在绿色技术上附加数字技术。对传统工艺流程的绿色改造,引进节能减排的新技术、新工艺和新设备依然可以产生巨大的节能效果。比如,某不锈钢企业采用的无硝酸清洗技术、18辊6连轧、退火炉设备无污染排放技术,某钢铁企业为解决蒸汽跑冒滴漏问题,对蒸汽系统节能改造,使蒸汽的热量更高效地被传递利用,实现了余能回收和绿色低碳供能双重效果。以上案例均没有附加数字化技术。

第三,"双化"两大系统不是完全重合或割裂,研究其平衡的熵值是未来一大重要课题。数字化与绿色化,以前往往作为两个单独的系统存在,两大系统之间好似割裂,但也有其融合的场景。这一场景可以描述为:数字化转型能够产出绿色低碳结果,而绿色发展又不拖累生产和经济进步。实现这一场景就需要将两大系统进行平衡和协调,这种平衡的熵值究竟是多大,将是未来需要研究的课题。

在技术、经济、制度三种动力中,制度创新是一种自上而下由政府主导的发展动力,经济和技术则是一种自下而上由企业探索形成的发展动力。"制度"动力需要部门协同和专项政策支持。除了既有的项目专项资金、技术研发资金、标杆奖励等政策投入外,政府还需不断细化政策举措,如将资金保障写入政策,探索"双化"试验场等;"经济"动力需要资本的注入和可持续的商业模式。比如,能源行业的"能源即服务"(EaaS)模式、交通行业的"出行即服务"(MaaS)模式,以及"绿电+多元碳汇"交易模式等都是典型的"双化"商业模式;"技术"动力更多地聚焦在场景应用上。包括以数字技术为底座、应用于绿色场景,以绿色技术为底座、应用于数字场景两个方面。比如,利用数字化手段对绿色生产全程监测、控制和治理,使用绿色技术降低数据中心能耗,帮助智能工厂排污等。

本书用八章的篇幅深入研究"双化协同发展"的时代背景、研究进展、发展模式、推进机制、实现路径、工业双化策略、"双化协同"评价方法、实践案例等。由王振、范佳佳负责统筹协调、框架搭建和文字统稿。具体执笔分工:第一章,王振;第二章,海骏娇;第三章,范佳佳;第四章,夏蓓丽;第五章,张美星;第六章,高庆浩;第七章,范佳佳;第八章案例部分,由上海社会科学院信息研究所智慧城市研究室提供。

  本书的出版要感谢研究团队的通力合作,感谢上海社会科学院出版社对本书的编辑校审,以及中国信息通信研究院华东分院的大力支持。同时,本书作为全国第一部专门研究"双化协同"的著作,还有很多不尽完美的地方,敬请广大读者批评指正。

王振　范佳佳

上海社会科学院信息研究所

2023 年 11 月 20 日

目　　录

丛书序一　　　　　　　　　　　　　　　　　　　　　　　　　1
丛书序二　　　　　　　　　　　　　　　　　　　　　　　　　1
前言　　　　　　　　　　　　　　　　　　　　　　　　　　　1

第一章　数字化绿色化协同发展的时代背景　　　　　　　　　1
　第一节　数字化绿色化协同发展上升为国家战略　　　　　　　1
　第二节　数字化转型浪潮　　　　　　　　　　　　　　　　　4
　　一、从互联网时代迈入人工智能时代　　　　　　　　　　　4
　　二、数字化转型浪潮的标志　　　　　　　　　　　　　　　6
　第三节　绿色化转型浪潮　　　　　　　　　　　　　　　　　8
　　一、应对全球气候变化　　　　　　　　　　　　　　　　　9
　　二、绿色化转型浪潮的标志　　　　　　　　　　　　　　　11
　第四节　"双化协同"新浪潮　　　　　　　　　　　　　　　　13
　　一、数字化转型引领赋能绿色化转型　　　　　　　　　　　14
　　二、绿色化转型带动提升数字化转型　　　　　　　　　　　16

第二章　数字化绿色化协同发展的研究进展　　　　　　　　　19
　第一节　国内外绿色化发展相关研究综述　　　　　　　　　　19
　　一、绿色化发展研究概况　　　　　　　　　　　　　　　　20
　　二、绿色化发展研究主题　　　　　　　　　　　　　　　　21
　第二节　国内外数字化发展相关研究综述　　　　　　　　　　26
　　一、数字化发展研究概况　　　　　　　　　　　　　　　　27
　　二、数字化发展研究主题　　　　　　　　　　　　　　　　28

第三节　信息化绿色化协同发展研究综述　33
　　一、信息化绿色化协同研究概况　33
　　二、信息化绿色化协同发展研究主题　36
第四节　数字化绿色化协同发展的开创性研究　37
　　一、"双化协同"研究概况　38
　　二、"双化协同发展"研究主题　41

第三章　数字化绿色化协同发展模式　46
第一节　技术赋能模式　46
　　一、模式概念和内涵　46
　　二、技术赋能模式的特征　48
　　三、技术赋能模式实施的条件　50
　　四、代表性案例　52
第二节　网络驱动模式　53
　　一、模式概念和内涵　53
　　二、网络驱动模式的基本特征　54
　　三、网络驱动模式实施的条件　56
　　四、代表性案例　58
第三节　市场交易模式　59
　　一、模式概念和内涵　59
　　二、市场交易模式的基本特征　60
　　三、市场交易模式实施的条件　62
　　四、代表性案例　64

第四章　数字化绿色化协同发展的推进机制　66
第一节　创新协同机制　66
　　一、关键技术联合攻关机制　67
　　二、创新成果转移转化机制　74
第二节　区域协同机制　79
　　一、区域合作共建机制　79
　　二、区域利益协调机制　83

第三节　产业协同机制　　87
　　一、产业融合机制　　87
　　二、产业链协同机制　　90

第五章　数字化绿色化协同发展的实现路径　　93
第一节　数字技术赋能传统产业绿色发展　　93
　　一、发展瓶颈　　94
　　二、推进路径　　96
第二节　促进数字核心产业绿色化发展　　102
　　一、发展瓶颈　　103
　　二、推进路径　　105
第三节　构建双化协同生态体系　　109
　　一、发展瓶颈　　110
　　二、推进路径　　111

第六章　工业行业数字化绿色化协同发展分析　　117
第一节　新型工业化下数字化绿色化协同发展的必然性　　117
　　一、数字技术变革对新型工业化发展的影响　　118
　　二、绿色低碳转型对新型工业化发展的影响　　119
　　三、新型工业化下数字化绿色化协同发展意义重大　　121
第二节　工业行业数字化绿色化协同进展及面临的问题　　122
　　一、工业行业数字化绿色化协同发展阶段性进展　　122
　　二、制约工业行业数字化绿色化协同发展的问题　　125
第三节　工业行业数字化绿色化协同发展的场景与方向　　126
　　一、工业行业数字化赋能和带动绿色化发展的重点场景　　126
　　二、工业行业绿色化拉动和牵引数字化发展的重点方向　　130
第四节　工业行业数字化绿色化协同发展的框架与策略　　134
　　一、工业行业数字化绿色化协同发展总体框架　　134
　　二、工业行业数字化绿色化协同发展推进策略　　138
第五节　工业行业数字化绿色化协同发展的未来展望　　140

第七章　数字化绿色化协同发展的评价方法　142
第一节　相关评价方法综述　142
一、欧盟《实现数字化绿色化转型的影响因素》　142

二、联合国环境署《数字化下绿色投资和金融发展影响经济可持续性指数》　144

三、工业和信息化部《工业企业信息化和工业化融合评估规范》　146

四、赛迪研究院与中国工经联《工业数字化转型评价体系》　149

五、北京商道融绿《上市公司应对气候变化指数》　153

第二节　双化协同指标评价体系　155
一、指标设置原则　155

二、指标体系框架　156

三、测算方法　158

第八章　2023年上海数字化绿色化协同发展最佳实践案例集　165
一、能源行业案例　166

二、工业行业案例　180

三、建筑行业案例　199

四、交通行业案例　219

五、大数据行业案例　232

第一章　数字化绿色化协同发展的时代背景

我们正同时迎来数字化转型、绿色化转型、数字化绿色化"双化协同"三大浪潮。"双化协同"发展，更是孕育着一场更加深刻的技术创新、产业创新和社会变革。二十多年前徐徐展开、蔚然成势的信息化与工业化深度融合，为人类社会进入21世纪后的发展，注入了巨大且持久的新经济动能，孕育了一场新的科技革命与产业变革。如今逐渐展开的数字化与绿色化协同发展，也在为人类社会再次开辟出新赛道、注入新动能，并且架起了数字文明与生态文明两大文明建设互为动能、互为底座的接口和通道。

在2022年11月18日于泰国召开的亚太经合组织第二十九次领导人非正式会议上，习近平主席发表了重要讲话，其中特别提出了"加速数字化绿色化协同发展"。"双化协同"正式上升为国家战略，在推进中国式现代化建设的开幕场中，数字化绿色化协同发展成为重要抓手，并且成为中国影响乃至引领世界的又一重要领域。

第一节　数字化绿色化协同发展上升为国家战略

国家层面首提数字化绿色化协同发展的战略概念，是在中央网络安全和信息化委员会印发的《"十四五"国家信息化规划》中。①该规划提出了"十四五"时期的五大主攻方向，②其中第四个主攻方向"促进健康和谐共生，实现更可持

---

① 该信息化规划突出了数字化的规划主线，提出在"十四五"时期，信息化进入加快数字化发展、建设数字中国的新阶段。（2021年12月28日公开发布）
② 五大主攻方向为：深化创新驱动，引领更高质量发展；优化要素资源配置，推动更有效率发展；支撑共建共治共享，促进更加公平发展；促进健康和谐共生，实现更可持续发展；防范化解风险，确保更为安全发展。

续发展",明确提出"深入推进绿色智慧生态文明建设,推动数字化绿色化协同发展"。在该规划的第四部分"重大任务和重点工程",完整提出了十大体系建设,其中第五项重大任务是"构建产业数字化转型发展体系",提出"大力推进产业数字化和绿色化协同转型"。构建产业数字化转型发展体系的推进路径,其中一条重要路径就是,推动数字化绿色化协同发展。①"在推进数字化转型过程中实现绿色化发展,大力发展绿色智能终端、绿色信息网络、绿色数据中心等,挖掘各环节节能减排潜力。以数字化赋能'生产、生活、生态',加速数字化推动农业、制造业、服务业等产业的智慧绿色增长。以数字化引领绿色化,以绿色化带动数字化。大力发展数字和绿色的融合新技术和产业体系,打造高质量发展的新动能,推动生产生活方式的深刻变革,助力碳达峰、碳中和目标实现"。②《"十四五"国家信息化规划》首次对数字化绿色化协同发展的概念内涵进行了比较全面的科学界定。

2021年9月,中央网信办会同国家发改委、工信部、生态环境部、国家能源局等部门,开始组织实施"双化协同"行动计划,围绕推动数字产业绿色低碳发展、加快数字技术赋能绿色化转型、发挥绿色化转型对数字产业的带动作用等3个方面部署了18项重点行动。上述行动较快初见成效,比如到2022年,全国5G基站单站址能耗比2019年商用初期降低了20%以上,全国规划在建的大型以上数据中心平均电能利用效率(PUE值)已降到1.3以下,国内大型数字科技企业都纷纷响应国家号召,率先制定了低碳发展计划。③

2022年1月17日,由中央网信办组织召开的数字化绿色化协同转型发展部际联席会议第一次会议,提出要进一步强化统筹协调、整体推进和督促落实,加快推进数字化绿色化协同转型发展工作。会议强调,要充分认识推动"双化协同"的重要意义,切实增强做好工作的责任感、紧迫感、使命感,进一步发挥数字技术在赋能绿色化转型、助力实现碳达峰碳中和等方面的重要作用,为建设数字中国和美丽中国提供有力支撑。会议作出部署,加强组织领导和统筹协调,鼓励引导社会资本、基金会等社会组织积极参与"双化协同",凝聚工作合力;强化监测评估和督促落实,加快建立监测体系,推动监测和评估工作常态化、制度化;加强试点示范和宣传推广,组织开展"双化协同"试点,积极

---

① 构建产业数字化转型发展体系的五条推进路径,包括了推进传统产业优化升级、实施文化产业数字化战略、促进新业态新模式发展、推动区域协同发展、推动数字化绿色化协同发展。
② 中央网络安全和信息化委员会:《"十四五"国家信息化规划》(2021年12月)。
③ 国务院新闻办公室:《携手构建网络空间命运共同体》,http://www.scio.gov.cn/gxzt/dtzt/2022/49382/(发布时间:2022年11月7日)。

筹备"双化协同"峰会,加大对典型案例的宣传推广力度,努力营造全社会关心支持"双化协同"的良好氛围。①2022年9月,国家网信办公示"2022年度数字科技企业双化协同典型案例",全国共有来自航天、金融、钢铁、互联网等多个领域的50家企业入选。

2022年11月18日,亚太经合组织第二十九次领导人非正式会议在曼谷举行。习近平主席出席会议并发表题为《团结合作勇担责任 构建亚太命运共同体》的重要讲话,提出"保护生态环境、应对气候变化是全人类面临的共同挑战。我们要加强经济技术合作,加速数字化绿色化协同发展,推进能源资源、产业结构、消费结构转型升级,推动经济社会绿色发展"。这是习近平同志首次明确提出"加速数字化绿色化协同发展",把"双化协同发展"上升到国家推进的战略层面。

呼应习近平同志在国际重要会议上提出的"加速数字化绿色化协同发展"的重要提议,国家网信网在11月17日权威发布,中央网信办、国家发展改革委、工业和信息化部、生态环境部、国家能源局联合印发通知,确定在张家口、大连、齐齐哈尔、盐城、湖州、济南、深圳、重庆高新区、成都、拉萨等十个地区首批开展数字化绿色化协同转型发展（双化协同）综合试点。试点工作自2023年1月开始,为期2年,重点围绕数字产业绿色低碳发展、传统行业双化协同转型、城市运行低碳智慧治理、双化协同产业孵化创新、双化协同政策机制构建等方面探索可复制、可推广经验。②通知要求各试点地区要积极推动互联网、大数据、人工智能、第五代移动通信（5G）等新兴技术与绿色低碳产业深度融合,聚焦重点领域、优先方向和瓶颈问题,以试点方式破解难题、总结经验、探索路径、促进发展,整体提升双化协同能力和水平。要加快推动数字产业绿色低碳发展,推动数字技术赋能行业绿色化转型,发挥行业绿色化转型对数字产业的带动作用,形成数字化绿色化良性循环,带动新的技术进步、引领新的发展方式,为全国提供可复制可推广的路径模式。双化协同综合试点的五项重点任务,也明示了双化协同国家战略的实质内涵。

2023年2月,中共中央、国务院正式发布《数字中国建设整体布局规划》,提出要全面赋能经济社会发展,推进数字技术与经济、政治、文化、社会、生态文明建设"五位一体"深度融合。要"建设绿色智慧的数字生态文明""加快数

---

① 中国网信网:《数字化绿色化协同转型发展部际联席会议第一次会议在京召开》,https://www.cac.gov.cn/2022-01/22/c_1644462551036464.htm（发布时间:2022年1月22日）。
② 中国网信网:《中央网信办、国家发展改革委、工业和信息化部、生态环境部、国家能源局联合开展数字化绿色化协同转型发展（双化协同）综合试点》,http://www.cac.gov.cn/2022-11/17/c_1670316380455086.htm（发布时间:2022年11月17日）。

字化绿色化协同转型"。推动生态环境智慧治理,加快构建智慧高效的生态环境信息化体系,运用数字技术推动山水林田湖草沙一体化保护和系统治理,完善自然资源三维立体"一张图"和国土空间基础信息平台,构建以数字孪生流域为核心的智慧水利体系。

第二节 数字化转型浪潮

人类正从信息文明迈向数字文明。习近平主席在向2021年世界互联网大会乌镇峰会所致的贺信中提出,"让数字文明造福各国人民,推动构建人类命运共同体"。以人工智能、元宇宙、大数据、云计算、物联网、工业互联网、区块链为代表的新一代信息技术创新,孕育了以数据为关键资源要素的数字技术产业,并全面渗透到各个领域,经济数字化、生活数字化、治理数字化,正激发出巨大新动能,全面带动经济社会的结构性变革,甚至被称为一场数字化改革。

当下数字化转型浪潮开始进入第二波。第一波应该源于"互联网+"形成的平台经济浪潮。2016年G20杭州峰会通过了《二十国数字经济发展与合作倡议》,发展数字经济在全球形成共识[1]。可以认为在这一时间节点的前后,数字化转型展现出第一波浪潮。数字经济在先发国家或地区率先成为经济主动能,呈现出基于互联网的云计算、物联网、大数据、区块链的新一代信息技术创新。在我国,2015年启动的"互联网+"行动计划,推动移动互联网、云计算、大数据、物联网等结合,电子商务和互联网金融迅速发展。浙江省在2017年底把发展数字经济列为全省"一号工程"。

数字化转型浪潮的第二波,其典型特征是,数字经济从互联网时代进入人工智能时代,数字化从经济领域全面进入社会生活和社会治理领域,也就是生活数字化与治理数字化。我们把数字化转型浪潮的第二波称为全面的数字化转型,数字技术与经济社会深度融合,利用数字化的技术和产品,全方位地赋能经济社会发展,推动新的生产方式和社会组织变革。

一、从互联网时代迈入人工智能时代

21世纪初人类社会迎来了互联网时代。经过近20年的技术进步、应用渗

---

[1] 这次峰会对"数字经济"进行了定义:"数字经济是指以使用数字化的知识和信息作为关键生产要素、以现代信息网络作为重要载体、以信息通信技术的有效使用作为效率提升和经济结构优化的重要推动力的一系列经济活动。"

透、商业创新和生态演化,互联网从网络收发邮件、微信聊天等通信工具,创新升级为内容和传播渠道、门户和搜索引擎,此后又创新升级到互联网平台,衍生出互联网平台经济,并进一步催生出以云计算、大数据等为代表的新一轮信息技术革命。通过"互联网+",互联网平台全面渗透到各行各业,同时互联网平台汇集了海量数据,数据变成了资源,数字技术创新及其数据资源支撑和激发了平台经济,平台经济体成为最活跃最强劲的新动能、新势力,造就了从信息化向数字化转型的新经济浪潮。平台经济体快速崛起,按 2016 年 12 月 23 日价格计算,十大平台经济体(苹果、谷歌、微软、亚马逊、脸书、阿里巴巴、腾讯、"Priceline.com"、百度、奈飞)市值超十大传统跨国公司(伯克希尔·哈撒韦、埃克森美孚、强生、摩根大通、通用电气、富国银行、美国电话电报公司、宝洁、雀巢、沃尔玛);十大平台经济体平均年龄仅为 22 岁,而十大传统跨国公司平均年龄达 129 岁。①

在平台经济成为主导的互联网时代,我们可以概括出五大产业特征:一是平台化。大型的制造企业、商业企业、金融机构等纷纷搭建专业化的互联网平台,平台企业成为经济主动能,特别是出现了平台企业的大型化趋势。二是网络化。也就是出现了万物互联的新趋势,网络基础设施的快速进步,特别是 3G、4G,再升级到 5G,促进了移动端的普及与升级,将更多的消费个体、终端引入平台网络。三是整合化。即在平台公司的平台牵引和重组下,乃至直接参与投资的渗透下,带动了产品链整合。最典型的成功案例就是我国的小米。四是中小化。面广量大的中小微企业甚至农业合作社、农户也都加入电商平台,成为大型平台企业的重要服务群体。五是个性化。个性定制、精准推送成为现实并走向普惠。从产业组织学的角度看,这个时代最典型的特征,就是平台企业更具控制力和垄断性,我们也可以用"大小通吃"予以形容,其最重要的投入要素是资本和网络技术。

2020 年以来席卷全球的新冠疫情,反而进一步推动了以数字技术为导向的新一代信息技术的突破性发展。其中最重要最耀眼的,就是人工智能新技术的创新突破及普及应用。2020 年的城市大脑热,2021 年的智能网联汽车热,2022 年的元宇宙热,2023 年年初就出现的 ChatGPT 热,一波一波的热浪

---

① 阿里研究院:《数字经济 2.0 报告——告别公司,拥抱平台》。该报告在 2017 年 1 月 7 日由阿里研究院主办的第二届新经济智库大会上发布。报告认为,1998 年,美国商业部发布《浮现中的数字经济》研究报告,揭开了数字经济 1.0 的大幕;经过近二十年发展,数字经济的发展正在迈入以互联网平台为载体、以数据为驱动的 2.0 时代,平台化、数据化、普惠化是数字经济 2.0 的核心特征。

持续不断。可以认为,我们已开始从互联网时代迈入人工智能时代。这一波浪潮的引发源头仍然始于美国,但我国紧随其后。比如2022年我国就有20多个城市陆续出台元宇宙行动计划及相关扶持政策,2022年7月,上海出台《上海市培育"元宇宙"新赛道行动方案(2022—2025年)》。

通过机器人、语言识别、图像识别、自然语言处理和专家系统等技术创新,人工智能正展现出巨大的变革潜能。我们从产业组织学角度进行概括,人工智能时代的产业特征显然与互联网时代有着明显的革命性进步,也可以概括出五个基本特征:一是计算化。算法成为关键核心技术,算力成为最重要的基础设施,而且算法、算力的大型化更是成为新一轮科技创新国际竞争的重要标志。二是数据化。数据成为最重要最基础的资源要素,同时要求加速实现数据资产化和数据流动,推动数据资源交易的创新突破。三是场景化。应用场景成为市场需求的产品或服务标志,这类场景不同于实体产品,以网上虚拟形式呈现给市场需求方,伴随数字孪生技术或元宇宙技术的创新突破,场景更趋近现实,在城市建设管理、企业生产经营、绿色低碳发展等诸多领域展现出积极的应用前景。四是智能化。在网络、大数据、物联网和人工智能等技术的支持下,自动处理的"拟人智能"大量呈现,如自适应、自校正、自协调、自诊断及自修复等,乃至按照与人类思维模式相近的方式和给定的知识与规则,通过数据的处理和反馈,对随机性的外部环境作出智能决策并付诸行动。五是类人化。类人智能机器人正在突破自动化机器、智能化系统的概念,通过具备学习能力和思维能力,可以如同人类那样与世界交互,并建立类人化的认知体系。从2016年"阿尔法狗"战胜人类围棋大师,到2023年初的ChatGPT热,已经预示着类人智能机器人正在走近人类,巨大的机遇与挑战也将同时出现。

与互联网时代比较,人工智能时代的显著特点,就在于"人工智能+",人工智能替代人力、脑力将趋于普遍,人才和数据成为最重要投入要素,而且更多需要中高端人才,尤其是理工人才,更多需要数据开放流动。

二、数字化转型浪潮的标志

根据中国信息通信研究院发布的《全球数字经济白皮书(2022年)》,2021年全球47个主要经济体的数字经济规模达到38.1万亿美元,比2020年增加15.5%,美国的数字经济规模达到15.3万亿美元,居世界第一,中国和德国分别居第二和第三位,规模达到 7.1 万亿美元和 2.9 万亿美元。①

"数字中国"的提出和实施,标志着我国全面迎来了数字化转型的重大战略机遇。国家"十四五"规划纲要专设专篇,"加快数字化发展　建设数字中国",用较大篇幅布局数字中国建设,提出"打造数字经济新优势"。"十四五"规划明确提出,到 2025 年数字经济核心产业增加值占 GDP 比重,要从 2020 年的 7.8% 提高到 2025 年的 10%,将成为国民经济最重要的部门之一。

各地积极抢占数字经济发展新赛道。北京市提出,实现全方位、全角度、全链条、全要素数字化转型,打造具有国际竞争力的数字产业集群,建设全球数字经济标杆城市。上海市提出,抢抓数字化发展先机,把数字牵引作为推动高质量发展的强劲动能,促进数字技术赋能提升"五个中心"建设,加快打造具有世界影响力的国际数字之都。深圳市提出,抢抓数字技术产业变革机遇,打造全球数字先锋城市。江苏省提出,加快构建数据驱动发展新模式,高水平推进网络强省建设,培育经济发展新动能,打造数字中国建设江苏样板。浙江省提出,以数字科技创新为核心动力,强化云上浙江和数字强省基础支撑,加快数字化改革,完善数字生态,打造全球数字变革高地。

(一) 整体性转型

整体性转型就是在经济、生活、治理三大领域呈现全面转型,而且三大领域相互协同、互为促进,经济数字化形成新供给、生活数字化满足新需求、治理数字化优化新环境。②经济数字化,包括了数字产业化和产业数字化。前者包括了人工智能、云计算、大数据、区块链、物联网、工业互联网、元宇宙等新一代信息技术,即数字技术的创新发展孕育出数字经济新兴产业,也称之为数字经济核心产业;后者即为数字新技术及其新业态、新模式在制造业、服务业、农业等各行各业得到广泛应用,对产业、企业进行全方位、全角度、全链条的数字化改造,实现数智化生产和运营。生活数字化,就是数字新技术与生活服务业、居民公共服务、生活基础设施深度融合,创造新消费,提升高品质生活服务供给能力,在智慧城市的全方位建设中变革人类生活方式。治理数字化,就是通过"一网通办"和"一网统管",建设数字政府,在公共服务、公共安全、应急管理、规划建设、社区管理、交通管理、市场监管、生态环境等重点领域,实现高效

---

① 这里的数字经济,包含数字产业化和产业数字化两个领域。
② 详见中共上海市委:《关于全面推进上海城市数字化转型的意见》(2020 年)。

处置一件事、态势全面感知、风险监测预警、趋势智能研判、资源统筹调度、行动人机协同等，全面提升社会治理能力和治理现代化。

（二）新基建驱动

数字新基建包括了千兆宽带、5G、卫星互联网等高速网络和高性能算力中心、绿色低碳数据中心；包括了"物联、数联、智联"的强大数字底座，把国家、城市、乡村、市场等运行的生命体征指标体系，纳入地理空间、生态环境、建筑结构、物品标识、人员活动、车辆状态、安全监测、能源状态、设施设备运行等数据，支撑数字技术创新与广泛应用。科学部署视频图像、监测传感、控制执行等感知终端，实现城乡要素全面 AIoT（人工智能物联网）化。围绕海量数据流动，建设一体化、枢纽化、国际化、智能化的数据市场设施统一大体系，包括数据跨区域乃至跨境流动设施、数据市场信息交互平台、数据市场交易设施，充分激发海量数据优势。

（三）革命性重塑

从企业生产经营到产业链组织，从社区治理到城市运行，各个领域的数字化转型同时也是全方位的流程再造、规则重构、功能塑造和生态构建。在企业层面，有基于数字技术创新的生产流程再造、基于数字化平台的管理服务流程再造、基于电子商务平台的销售流程再造、基于数据与智能处理的"决策革命"。在社会层面，数字公共服务普惠化、数字社会治理精准化、数字生活智能化，推动公共服务和社会管理模式及其规则的变革。在政府层面，以"一网通办""一网统管"驱动行政管理和公共服务流程再造和规则创新，以数据为基础精准施策和科学治理，实现"一件事一次办"，变"人找政策"为"政策找人"，变被动响应为主动发现。

第三节 绿色化转型浪潮

我们正迎来绿色化转型浪潮。在 2020 年 12 月 12 日的联合国气候雄心峰会上，习近平主席发表了题为《继往开来，开启全球应对气候变化新征程》的讲话，提出"中国历来重信守诺，将以新发展理念为引领，在推动高质量发展中促进经济社会发展全面绿色转型"。这也可以认为，中国开始进入以"双碳"为导向的绿色化转型阶段。早在 2020 年 9 月第七十五届联合国大会上，习近平主席宣布,中国将提高国家自主贡献力度,采取更加有力的政策和措施,力争 2030 年前二氧化碳排放达到峰值,努力争取 2060 年前实现碳中和。在联合国气候雄心峰会上又进一步宣布,到 2030 年,中国单位国内生产总值二氧化碳排放将比 2005 年下降 65% 以上,非化石能源占一次能源消费比重将达到 25% 左右,森林蓄积量将比 2005 年增加 60 亿立方米,风电、太阳能发电总装机容量将达到 12 亿千瓦以上。

一、应对全球气候变化

2021 年,诺贝尔物理学奖被授予真锅淑郎和克劳斯·哈塞尔曼两位气象学家,他们为地球气候建立了物理模型并可靠地预测全球变暖,其重要发现是从自然科学角度明确人类活动是导致全球变暖的重要因素。全球主要国际组织与各国观测数据以及数千位科学家对全球气候变暖的文献研究证实了人类大量排放二氧化碳是全球气候变暖的主要原因。《BP 世界能源统计年鉴》显示,全球能源消费量从 1965 年的 52.96 亿吨标准煤增长至 2020 年的 111.90 亿吨标准煤,产生的碳排放量从 190.09 亿吨增长至 323.19 亿吨[①]。IPCC(联合国政府间气候变化专门委员会)第六次评估报告《2022 年气候变化:影响、适应和脆弱性》分析指出,全球气候变化将比以前想象的更严重地影响我们,最脆弱的群体受到的打击最大;人类的健康和生计正在遭受破坏,独特的生态系统正在受到不可挽回的破坏。

气候问题关乎全人类的共同命运,面对全球环境治理前所未有的困难以及亟待解决的全球性气候环境问题,需要世界各国或地区共同采取积极行动,实施"碳达峰、碳中和"战略。早在 1972 年,联合国人类环境会议首次讨论环境问题,提议重视温室气体过度排放造成的环境问题。1979 年,首届世界气候大会在日内瓦召开,标志着应对气候变化问题成为国际社会关注的重要议程。1992 年,联合国环境与发展大会通过《联合国气候变化框架公约》,要求各成员国以"共同但有区别的责任"为原则自主开展温室气体排放控制,应对全球气候变化议题应运而生并不断发展。一直到 2015 年 12 月 12 日,在巴黎召开的第 21 届联合国气候变化大会,通过了具有里程碑意义的《巴黎气候协定》,打

---

① 根据《BP 世界能源统计年鉴》,1965、2020 年全球一次性能源消费量为 1.552 2 万亿亿焦和 5.571 0 万亿亿焦,并依据 IEA 的能源换算公式进行计算,即 1 千克煤当量等于 29 307 千焦。

破了全球气候治理的僵局,确立了全球气候治理史上首个普遍适用的全球治理体系,要求所有缔约方提出"国家自主贡献",建立了透明监测和报告各国气候目标的框架。其核心目标是将全球气温上升控制在低于工业革命前水平的2℃以内,并努力控制在1.5℃以内;要实现该目标,全球温室气体排放需在2030年前减少一半,在2050年左右达到净零排放,即碳中和。至此,碳中和作为一项国家层面的发展理念在全球得到广泛认同。

在《联合国气候变化公约》《巴黎协定》等框架下,越来越多的国家和地区政府将碳达峰、碳中和转化为国家战略。欧盟于2019年率先发布《欧洲绿色协议》,提出到2050年整个欧洲地区实现碳中和,并于2021年6月通过了《欧洲气候法案》。随后,包括中国、美国等国家和地区纷纷做出碳减排承诺。根据Climate Watch数据显示,截至2022年3月,全球已有157缔约方(代表156个国家)提交了新的国家自主贡献目标(NDC),约占全球83.2%的碳排放量;有51个缔约方提交了"到本世纪中叶长期低温室气体排放发展战略"(LTS),这些战略对将全球变暖限制在2℃目标以及努力控制在1.5℃的目标至关重要,以绿色低碳为特征的发展路径成为全球转型的主要方向。从碳中和承诺方式看,"Energy & Climate"数据显示,除了苏里南、不丹两个已实现碳中和的国家以外,德国、瑞典、日本、法国等13个国家以立法形式确定碳中和目标,普遍将碳中和目标年设置在2050年前,并提出实现碳中和的实施路径。中国、美国、意大利、澳大利亚、芬兰等32个国家已出台相关政策文件、做出政策宣示或向联合国提交长期战略并作出承诺。巴西、印度、阿根廷等18个国家作出声明或承诺,而瑞士、孟加拉国、巴基斯坦等60个国家仍在提议或讨论中。

碳达峰是二氧化碳排放量由增转降的历史拐点,标志着碳排放与经济发展实现脱钩。世界资源研究所(WRI)的统计显示,2020年全球已经有54个国家碳排放实现达峰;2020年全球碳排放排名前15位的国家中,美国、俄罗斯、日本、巴西、印度尼西亚、德国、加拿大、韩国、英国和法国已经实现碳排放达峰,欧盟27国作为整体早已实现碳达峰。从世界主要发达国家的碳达峰实现年份看,美国是2007年,日本是2013年,德国是1979年,法国是1991年,加拿大是2006年,韩国是2013年。①我国2030年实现碳达峰,与这些国家对比,

---

① 尚勇敏、王振:《全球共同的战略行动》,载王振、彭峰《全球碳中和战略研究》,上海社会科学院出版社2022年版。

确实存在较大差距,也反映了我国实现碳达峰的紧迫性。

作为世界上最大的发展中国家,中国将完成全球最高碳排放强度降幅,用全球历史上最短的时间实现从碳达峰到碳中和。这是一场伟大的战略部署,也是一场艰巨的战略行动。IEA(2021)数据显示,目前中国是全球最大的能源消费国和碳排放国,其二氧化碳排放占全球的近1/3;过去20年里,中国二氧化碳排放量增长速度是世界其他地区的6倍。中国未来几十年的碳减排速度将是全球能否将全球升温幅度控制在1.5℃的一个重要因素。根据国家统计局数据,2021年,我国煤炭消费量仍占能源消费总量的56.0%,能源密集型增长模式与碳密集型能源供应的结合,形成了巨大的碳足迹。中国是全球第二大经济体,但同时仍是世界上最大的发展中国家,仍处于自身发展的关键阶段,中国要在世界历史上最短时间内(2060年前)实现碳中和,充分体现了在积极应对气候变化方面肩负的自身责任,更为疫情后全球绿色复苏和共建人与自然生命共同体增添了新的动能,其魄力增强了全球碳减排的雄心。

二、绿色化转型浪潮的标志

日本政府在2020年12月发布的《2050年碳中和绿色增长战略》中,为日本实现碳中和提出了比较完整的战略构架和推进路径。2021年10月又进一步发布《基于巴黎协定作为成长战略的长期战略》,提出要加强创新驱动绿色发展,同时,要加速向低碳社会、循环经济和分散型社会的"三个转型",构建可持续发展、具有韧性的经济社会体系。向脱碳社会转变,即要全面推广应用可再生能源,最大限度地挖掘各地丰富的可再生能源潜力,使可再生能源成为主要电力来源。到2035年将100%出售电动汽车,实现无碳社会。向循环经济社会转变,重点是遏制废弃物产生,加快替代化石燃料塑料,建立可持续的废弃物循环利用系统。向分散型社会转变,就要推进远程办公,促进工作作场选择多样化、分散化,建设紧凑型城市、分布式电网。①

我国的绿色化转型,本书认为,就是从系统性流域性治理保护生态环境、大力建设美丽乡村、大幅减少污染排放的绿色化发展开始。进入当下,直面地球气候变化,展现中国的大国担当,全面启动波及面更广更深刻的减碳零碳行

---

① 金琳、王振:《日本碳中和战略研究》,载王振、彭峰《全球碳中和战略研究》,上海社会科学院出版社2022年版。

动,以期实现"3060"的国家承诺。我们可以概括出三个标志性特征:

(一)全面绿色转型

着力促进经济社会发展全面绿色转型,绿色是核心,全面是关键,转型是要害,重点要推动形成绿色低碳的生产方式和生活方式。[①]党的十九届五中全会报告明确提出,到2035年"广泛形成绿色生产生活方式,碳排放达峰后稳中有降,生态环境根本好转,美丽中国目标基本实现"。绿色生产方式,就是通过技术创新和生产方式变革,包括清洁生产、减污降碳、废弃物循环利用、使用可再生能源、提高能源利用效率等,推动生产生态化、绿色化,形成绿色循环低碳的可持续发展产业体系。绿色循环低碳发展是当今时代科技革命和产业变革的方向,是最具潜力的发展领域之一。绿色生活方式,就是要在思想观念、消费模式、社会治理等方面进行深刻变革,既要通过教育和宣传,形成广泛自觉的绿色生活民意和共识,又要通过社会准则、法规、政策、新模式等治理工具,加快淘汰或改进传统的生活方式和生活用品供给,增强绿色生活的引导性乃至强制性,如垃圾的分类和减量化、绿色出行、绿色家居、绿色产品消费、紧凑型城市、分布式光伏等。绿色生活方式将进一步推动生产方式的绿色转型。

推进经济社会发展全面绿色转型需要聚合强大的国家动能。《中共中央国务院关于完整准确全面贯彻新发展理念做好碳达峰碳中和工作的意见》(2021年9月22日)就明确提出,将碳达峰、碳中和目标要求全面融入经济社会发展中长期规划,强化国家发展规划、国土空间规划、专项规划、区域规划和地方各级规划的支撑保障;将碳达峰、碳中和相关指标纳入各地区经济社会发展综合评价体系,增加考核权重,加强指标约束,有关落实情况纳入中央生态环境保护督察;同时要优化绿色低碳发展区域布局,持续优化重大基础设施、重大生产力和公共资源布局,构建有利于碳达峰、碳中和的国土空间开发保护新格局;在京津冀协同发展、长江经济带发展、粤港澳大湾区建设、长三角一体化发展、黄河流域生态保护和高质量发展等区域重大战略实施中,强化绿色低碳发展导向和任务要求。

(二)降碳、减污、扩绿、增长协同推进

党的二十大报告提出,我们要推进美丽中国建设,坚持山水林田湖草沙一

[①] 郭克莎:《促进经济社会发展全面绿色转型》,《经济日报》2022年12月1日。

体化保护和系统治理,统筹产业结构调整、污染治理、生态保护、应对气候变化,协同推进降碳、减污、扩绿、增长,推进生态优先、节约集约、绿色低碳发展。在全面绿色转型中,降碳排在了首位,而且降碳还是一项新兴的生态保护与治理事业,围绕各行各业的降碳行动,将催生出一批新技术、新产业。2022年6月,生态环境部等7个部门联合印发《减污降碳协同增效实施方案》,对推动减污降碳协同增效作出了系统部署。减污降碳协同增效成为促进经济社会发展全面绿色转型的总抓手。《方案》强调,将碳达峰碳中和要求纳入"三线一单"(生态保护红线、环境质量底线、资源利用上线和生态环境准入清单)分区管控体系;突出重点领域,围绕工业、交通运输、城乡建设、农业、生态建设等领域推动减污降碳协同增效;优化环境治理,推进大气、水、土壤、固体废物污染防治与温室气体协同控制;开展模式创新,在区域、城市、产业园区、企业层面组织实施减污降碳协同创新试点。

(三) 推动实现三大结构转型

经济社会全面绿色转型,实质就是全面推进经济结构的调整优化,这个过程必然面对各种新的挑战甚至阵痛,但也将遇到各种新的发展机遇,孕育新的增长空间。其中三大结构调整是重中之重:一是调整优化产业结构。一方面要遏制"两高"盲目项目发展,严控增量项目,同时大力推进传统产业节能降碳改造;另一方面要加快推进绿色产业发展,包括绿色农业、绿色制造、绿色数字经济等,推动新兴技术与绿色低碳产业深度融合,推动产业结构由高碳向低碳、由低端向高端转型升级。二是有力有序调整能源结构。有序推进能源生产和消费低碳转型,控制化石能源消费总量,逐步提升非化石能源消费比重,加快构建清洁低碳安全高效能源体系。落实好能源消费强度和总量双控措施,统筹建立二氧化碳排放总量控制制度。实施煤电节能降碳改造,推动煤电加快从基础性电源向基础性和系统调节性电源并重转型。三是调整优化交通运输结构。改变传统运输工具的能耗和排放方式,倡导和推广绿色低碳的出行方式。加大对新能源车船的支持推广力度,构建便利高效、适度超前的充换电网络体系,加快交通运输电动化转型。优化公共交通基础设施建设,鼓励绿色低碳出行。

第四节 "双化协同"新浪潮

数字化转型、绿色化转型是中国式现代化建设和高质量发展的两大关键领域和主赛道。前者，以不断创新发展的数字技术、数字网络、数字新基建、数字经济，推动经济结构转型升级和高质量发展，形成了中国式现代化建设持续前行的巨大动能。也可以说，数字化转型、数字中国，让中国式现代化宏伟蓝图更加行稳，离我们越来越近。后者，"3060"的碳达峰碳中和，推动"美丽中国"的生态文明建设走向世界，展现出中国的大国担当和中国式现代化建设的实质，更是高质量发展的关键衡量标志。特别重要的是，数字化转型浪潮和绿色化转型浪潮的同时呈现，必然有其根本性的大势规律，这就是两大浪潮、两大赛道，是互为表里、互为动能、互为支撑的，孕育了"双化协同"的新浪潮。党的二十大报告强调，要深入实施科教兴国战略、人才强国战略、创新驱动发展战略，开辟发展新领域新赛道，不断塑造发展新动能新优势。数字化绿色化的双化协同，建设绿色智慧的数字生态文明，就是当下以及未来中长期的新领域和新赛道。

一、数字化转型引领赋能绿色化转型

数字化转型将从技术创新、基础底座、商业模式和红利溢出等四个方面全面引领赋能绿色化转型。

（一）技术创新赋能

近几十年来从信息技术到数字技术的科技进步，几乎代表了整个科技领域的最重大、最有影响的进步成就。而从未来的中长期看，数字技术进步仍将是科技进步的主战场，而且引领和驱动着诸如生物、物理、化学以及材料、医学、深空等领域的科技进步。在绿色化领域，数字技术在实现碳达峰碳中和、减少污染和恢复生物多样性等方面发挥着关键作用。比如，人工智能、物联网、区块链、云计算、大数据等数字技术应用到能源领域，可有力推动可再生能源技术、储能技术、资源循环利用技术、能源智慧管理技术、分布式电网技术、智慧电厂技术、能源安全技术的进步。智能仪表、传感器、数据管理平台、天基互联网等数字技术应用到碳排放监测，可有力提升碳管理体系或管理平台的技术水平，大大提升监测技术的精准水平和智慧处置能力，依据监测新技术形成的报告和核实，可提高碳定价科学水平。量子计算和数字孪生新技术则可以加速绿色新材料、生物新技术的研发创新。

(二) 基础底座赋能

支撑绿色生产生活方式的基础设施,不仅有常规化的生态保护治理硬设施,而且还必须配之以全生命周期的数字化基础设施。《数字中国建设整体布局规划》提出,推动生态环境智慧治理,加快构建智慧高效的生态环境信息化体系,运用数字技术推动山水林田湖草沙一体化保护和系统治理,完善自然资源三维立体"一张图"和国土空间基础信息平台,构建以数字孪生流域为核心的智慧水利体系。这是一项系统化的大型新基建,其中有三项关键新基建,即三维立体"一张图"、基础信息平台(数据中台)、数字孪生,这些都是数字技术应用于智慧绿色治理的关键基础设施。同时支撑和保障其高效运转的,则是数字基础设施大动脉,包括5G网络与千兆光网协同建设、IPv6规模部署和应用、移动物联网、星链等,以及算力基础设施,包括了数据中心、超算中心、智能计算中心、边缘数据中心等。在智慧绿色产业、智能绿色交通、智慧绿色建筑、绿色消费品牌等等领域,数字平台、数字孪生、数字模型、数字追溯,都已成为全面绿色转型的新基建。

(三) 商业模式赋能

数字化转型同时正在引发新一轮的商业模式变革。平台经济主导的互联网时代催生了影响广泛、无处不在的B2C、B2B线上新商业模式。在数字化转型进入第二波的人工智能时代,数字化的新商业模式正在孕育出数字化、智能化的新商业模式。比如在能源方面,正在出现能源即服务(energy-as-a-service, EaaS)的新商业模式,它改变了能源供应商和消费者的互动方式。现在的主流是能源供应商向用户提供电力、燃料和热能,而能源即服务的商业模式,能源服务供应商提供的是"交钥匙能源产品",而不仅仅是一种简单的能源形式。例如,将建筑物的温度保持在特定的温度范围内,其服务是一系列解决方案,包括能源效率、可再生能源供应和稳定电网的解决方案。数字驱动是提供这些互连解决方案的基础。智能电表和传感器可以提供数据基础,从而优化稳定的能源服务;物联网和人工智能提供数据收集和处理方法,并提供新的解决方案,如能源服务的自动化。同样在交通出行和运输领域,数字化和人工智能将通过把所有模式组合在一个统一的、可互操作的平台中,孕育出"出行即服务"或"运输即服务"新商业模式,推动形成更高效的多模式出行解决方案,这些都将有助于提高效率,提高消费者可选择性、可负担性和共享性,减少碳排放。

(四) 红利溢出赋能

绿色化转型,既要推动全社会树立绿色低碳新理念,还要推动扩展绿色低碳公共产品供给,更要为绿色低碳供给各方提供生态价值实现的路径,也就是践行"绿水青山就是金山银山"。生态价值实现,是绿色化转型的根本动能。作为未来经济主赛道的数字化转型,将创造和释放出巨大的经济红利和活跃动能,可以让生态价值的实现找到更加积极有效的新路径、新动能。比如电商平台、文旅平台与农业数字平台、生态环境数字平台衔接,可以更加客观地认证、定价和追溯绿色农产品、美丽乡村的生态价值,激活高端绿色消费,促进乡村振兴和共同富裕。生态碳汇交易是生态资源产品价值实现的新路径,就是通过数字化交易平台,通过自愿减排贡献和碳金融、碳财税政策激励,促使发达地区、数字平台企业和富裕阶层将获得的数字化转型红利,投资转移到生态功能区、农产品主产区,支持这类地区实现生态价值。

二、绿色化转型带动提升数字化转型

绿色化转型将形成广泛多样的数字技术、数字平台需求,并通过应用场景和海量数据,为数字化转型带来广泛多样的新空间、新市场;同时,更加广泛深入的绿色化转型社会共识和治理规则,也将把数字化转型这一主赛道全面引入绿色低碳发展轨道。

(一) 丰富应用场景

数字化场景和数据开放是数字化转型的两大关键性制度创新变量。数字化场景,就是为数字技术的研发创新和推广应用提供特定的试验场所和应用空间,对数字企业和产业来说,就是一种市场需求,是其创新成长的关键动能。数字化场景也被称为数字化转型的"牛鼻子"。国家"十四五"规划提出实施数字化应用场景建设工程,包括了智能交通、智慧能源、智慧农业与水利、智能教育、智慧教育、智慧医疗、智慧文旅、智慧家居、智慧社区、数字政府等十大领域。这些数字化应用场景都将导入绿色低碳的应用场景,包括了监测、控制、治理、技术创新、更新改造、价值实现等环节的数字技术、数据中台、数据传输、智能决策的融入、协同。绿色化转型的绿色能源、绿色交通、绿色建筑、绿色农业、绿色制造五大重点领域,覆盖经济社会发展的方方面面,具有广泛性、纵深性、多样性,在全球趋势、国家战略、政策聚力的驱动下,将造就非常丰富多样的数字化应用场景,成为数字化转型的主动能、主阵地。

(二) 海量数据优势

人工智能时代,数据成为最关键的新型生产要素,是数字化、网络化、智能化的基础,已快速融入生产、分配、流通、消费和社会服务管理等各环节,深刻改变着生产方式、生活方式和社会治理方式。我国的数字化转型具有非常显著的国际竞争比较优势,主要体现在拥有海量数据优势和丰富场景优势。海量数据优势表现在,我国14亿人口走向现代化和共同富裕所产生的国内大循环优势;我国作为世界第二大经济体且产业链供应链深度融入和影响全球经济的国际大循环优势;我国把"数字中国"列为重大国策聚力自主创新、原始创新所释放出来的科技创新优势。双碳时代的绿色化转型,既有在广泛推进绿色低碳生产生活方式中形成的海量数据,还有在展现大国担当、推进绿色"一带一路"建设中形成的海量数据,再有在数字新技术不断转化应用到绿色能源、绿色交通、绿色建筑、绿色农业、绿色制造等领域,形成更加先进强劲的数据采集能力,进一步释放出海量数据。绿色化转型中的三大海量数据如同今天红红火火的新能源,厚植了数字化转型的基础资源优势。

(三) 数字产业全面绿色低碳

在数字经济成为经济主赛道、第一重要经济领域的同时,它也随之成为能耗大户和碳排放大户。根据欧盟的战略报告,信息和通信技术(ICT)占全球用电量的5%—9%和温室气体排放量的3%左右;在消费设备的使用和生产不断增加,网络、数据中心和加密资产需求的推动下,ICT功耗还将继续增长;在线平台、搜索引擎、虚拟现实概念(如元宇宙)以及音乐或视频流媒体平台的使用增加,功耗也将增加。[①]瑞典研究院的预计显示,到2030年ICT行业全球耗电量最高将增长61%,达到约3.2万亿千瓦时;研究显示,若不加以控制,到2040年,全球ICT产业的温室气体排放量可能会从2007年的1%—1.6%增长到14%以上。[②]数据中心是数字基建中耗电和碳排放的最大来源。据中国信息通信研究院测算,2021年全国各地区数据中心二氧化碳的排放量约为

---

① 欧盟委员会:《2022年战略前瞻报告——在新的地缘政治背景下实现绿色和数字化转型》(2022年6月)。
② 《数字经济产业成"碳排放大户"! 高能耗困局如何破?》,《中国经营报》2023年4月24日。

1.35亿吨,到2030年将超过2亿吨,成为我国经济体系第一大碳排放源。[①]AI大模型热的出现,对算力和大数据存储提出了更大的需求,同时也更需要配置更多的电力以及水资源予以保障。2023年联合国发布的《2020年全球电子垃圾监测》预测,到2030年,全球电子垃圾将达7 400万吨。在全球高度一致共同应对气候变化、全面推进绿色化转型的大格局下,作为经济主赛道的数字产业绿色低碳发展也必然成为绿色化转型的重要战场。全球范围内的大型互联网龙头企业已纷纷布局减碳行动,如微软承诺至2030年实现从环境中去除公司自1975年以来产生的所有碳排放,实现"负碳"目标。大力推进数字基础设施绿色化,积极推动绿色低碳新技术和节能设备广泛使用,促进全产业链绿色低碳发展,已是全球大势所趋。

执笔:王振(上海社会科学院信息研究所)

[①] 王乐、孙早:《"三问"数字产业绿色低碳发展》,《光明日报》2023年3月26日。

第二章　数字化绿色化协同发展的研究进展

数字化绿色化协同发展研究可追溯到20世纪90年代,并在21世纪第二个十年伊始,得到学界越来越多的关注。目前,促进数字化绿色化协同发展已成为全球共识,也是我国"十四五"乃至更长时期经济社会高质量发展的必由之路。2021年9月,《中共中央　国务院关于完整准确全面贯彻新发展理念做好碳达峰碳中和工作的意见》明确提出要"推动互联网、大数据、人工智能、第五代移动通信(5G)等新兴技术与绿色低碳产业深度融合";2021年12月中央网络安全和信息化委员会印发"十四五"国家信息化规划》,明确提出"深入推进绿色智慧生态文明建设,推动数字化绿色化协同发展","以数字化引领绿色化,以绿色化带动数字化"。与此同时,28个欧洲国家于2021年3月签署《欧盟绿色和数字化转型宣言》,欧盟将2022年战略远见报告的主题设定为《在新的地缘政治背景下实现绿色和数字转型》。由此,数字化绿色化协同发展(简称"双化协同")研究热度快速提升,研究内容不断深化。

信息化是数字化的初级阶段,因此,本章分别从绿色化、数字化、信息化绿色化协同发展、数字化绿色化协同发展四个方面,系统探讨国内外相关研究概况及重点内容,以期较为全面地体现"双化协同"研究进展,为"双化协同"的理论研究提供基础。

第一节　国内外绿色化发展相关研究综述

在区域经济学视角下,绿色化发展是指经济主体通过一系列政策或实践行动(如,减少温室气体排放、推广可再生能源、提高能源效率、减少废弃物、衡量自然资源和生态系统服务价值、支持环境可持续投资等),实施绿色经济(或环境友好型经济)发展路径,实现区域经济可持续性转型的过程。在研究中,通常与"绿色经济""绿色增长""绿色发展""绿色治理"等概念内涵相近。

绿色化发展研究起源于西方国家19世纪中期的绿色思潮,并随着20世纪中后期罗马俱乐部的成立与可持续发展理念的兴起,日益引起各国政府和民众的重视。[①]近年来,随着全球环境和气候问题越发严峻,以及各地谋求经济绿色复苏的需求日益上升,绿色化相关研究成为学者关注的热点领域之一。

一、绿色化发展研究概况

为了较为全面地体现国内外学者关于"绿色化发展"的研究成果,分别以"绿色化"或"greening"为关键词,在中国知网和"Web of Science"平台进行主题检索。

在中国知网平台上,截至2022年末,共可检索到"绿色化"相关文献8 117篇,其中核心期刊1 407篇。从年度发文数量来看,我国以"绿色化"为主题的文献可追溯到1993年,该文献提出产品的绿色化转型发展。随后绿色化研究文献数量总体呈波动上升趋势,其中,2016年是绿色化研究的高峰年份,其主要原因在于响应国家2015年提出的"五化"发展格局。中共中央政治局于

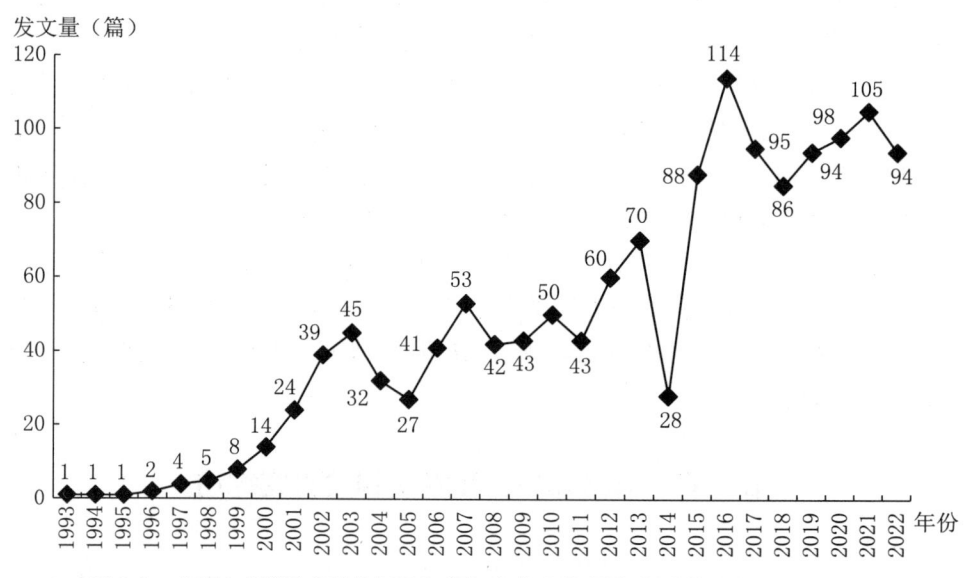

图2-1 中国知网"绿色化"主题文献年度发文数量变化趋势(1993—2022年)

---

① 史云贵、刘晓燕:《绿色治理:概念内涵、研究现状与未来展望》,《兰州大学学报(社会科学版)》2019年第3期。

2015年审议通过《关于加快推进生态文明建设的意见》,明确提出要"协同推进新型工业化、信息化、城镇化、农业现代化和绿色化","绿色化"首次与"新四化"并提,成为"五化"协调发展的新领域。2016年以来,绿色化主题文献年均发文量维持在100篇左右(图2-1)。

在"Web of Science"核心合集,截至2022年末,共可检索到以"greening"为主题的相关论文9 685篇。将研究领域进一步聚焦于"business economics""geograghy"和"urban studies"之后,得到相关论文3 052篇。从年度发文数量来看,以"greening"为主题的文献最早可追溯到1988年。总体而言,1988—2000年期间,绿色化主题发文数量较少;2000年以来,相关研究文献数量基本呈逐年上升趋势;至2012年,年均发文数量突破100篇;2016—2020年,发文数量增长较快,研究热度持续上升;近三年,绿色化主题年均发文数量维持在400篇左右(图2-2)。

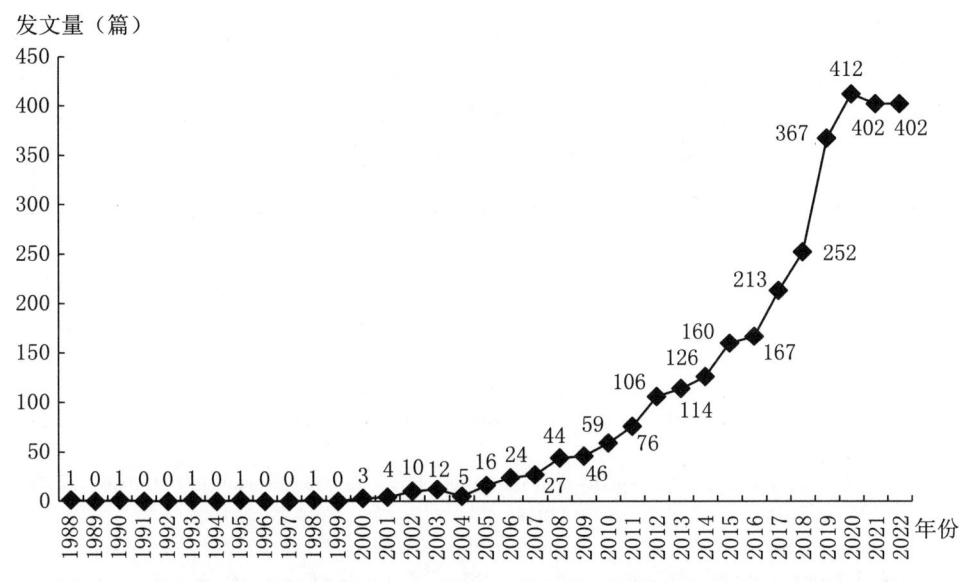

图2-2 "Web of Science""绿色化"主题文献年度发文数量变化趋势(1988—2022年)

二、绿色化发展研究主题

经济学领域的绿色化发展研究大体集中在产业(企业)绿色化发展、城市绿色化发展、绿色化管治等几个方面。

(一) 产业(企业)绿色化发展

产业(企业)绿色化发展研究主要围绕"绿色增长"这一概念展开,绿色增长的核心是将经济增长与环境恶化分离。①相关实证研究分别深入探究了产业(企业)绿色化转型的影响因素、绿色化发展路径以及绿色化发展绩效。

首先,产业(企业)绿色化转型的驱动因素研究普遍认为,监管压力、利益相关者的期望、资源利用率的提升与成本节约等因素可以有效影响产业(企业)的绿色化转型行为。②

其次,在产业(企业)绿色化发展路径研究中,建立可持续供应链、实施绿色营销等是企业绿色发展路径的热点领域,③④⑤而产业绿色发展路径一般包括传统产业绿色化和新兴绿色产业化两大方面,传统产业绿色化强调节能降污减排,涉及绿色技术革新、循环产业园区等具体实现路径,新兴绿色产业化则聚焦促进新能源(可再生能源)产业、静脉产业、生态环保产业发展等主题。

最后,产业(企业)绿色化发展的绩效研究是学界探究最为深入的领域之一。多数学者认为,绿色化转型对经济绩效有促进作用。例如,在微观层面的企业战略研究中,一些学者发现采取环境可持续性行动的公司可以形成竞争优势,并产生更好的财务绩效。⑥⑦在宏观层面的产业转型升级研究中,关于绿色全要素生产率的研究是热点之一,该领域学术研究常常涉及产业环境规制的成效分析。⑧⑨同时,经济合作与发展组织(OECD)等国际组织对于绿色增

---

① Barbier E B, *A Global Green New Deal: Rethinking the Economic Recovery*, Cambridge Books, 2010.
② Darnall N, Henriques I, Sadorsky P, "Adopting Proactive Environmental Strategy: The Influence of Stakeholders and Firm Size", *Journal of Management Studies*, Vol.47, No.6, 2010.
③ Carter C R, Rogers D S, "A framework of sustainable supply chain management: Moving toward new theory", *International Journal of Physical Distribution & Logistics Management*, Vol.38, No.5, 2008.
④ Eccles R G, Serafeim G, "The performance frontier: Innovating for a sustainable strategy", *Harvard Business Review*, Vol.91, No.5, 2013.
⑤ Groening C, Sarkis J, Zhu Q, "Green marketing consumer-level theory review: A compendium of applied theories and further research directions", *Journal of Cleaner Production*, Vol.172, No.2, 2018.
⑥ Chen J, Wang Y, "Green development and corporate strategy: An empirical analysis of top Chinese firms", *Journal of Environmental Management*, Vol.92, No.10, 2011.
⑦ Banerjee S B, Iyer E S, Kashyap R K, "Corporate environmentalism: Antecedents and influence of industry type", *Business Strategy and the Environment*, Vol.27, No.8, 2018.
⑧ 李玲、陶锋:《中国制造业最优环境规制强度的选择——基于绿色全要素生产率的视角》,《中国工业经济》2012年第5期。
⑨ 余硕、王巧、张阿城:《技术创新、产业结构与城市绿色全要素生产率——基于国家低碳城市试点的影响渠道检验》,《经济与管理研究》2020年第8期。

长的态度积极,出台一系列报告证实绿色增长的可行性,指出可再生能源和能效措施的投资可以促进经济增长、创造就业机会、减少碳排放。[①]

(二) 城市绿色化发展

城市既是人口、资源消耗和污染排放集中的地方,也集中了更多的资源,更有机会实现绿色转型,因此,城市是绿色发展的最佳实践场地,城市绿色化研究得到了越来越多学者的关注。[②]城市绿色化发展研究可以大体分为绿色发展水平评价、绿色空间建设、城市绿色化效用分析等三个方面。

首先,绿色发展水平评价研究主要是通过构建评价指标体系或评价指数,测度城市和区域绿色化现状,或描述环境保护与经济发展的关系,能够为城市绿色化转型的机制和路径等研究提供基础。其中,环境库兹涅茨曲线刻画了经济增长与环境的关系,相关研究在21世纪初期得到重点关注。[③]联合国、世界银行等国际组织提出的代表性的区域绿色发展水平评价指数有绿色GDP(或可持续收入,或绿色GNP)、包容性财富指数(IWI)、环境经济账户(SEEA)等,为传播区域绿色转型理念发挥重要作用。而学者们则主要以复合生态系统理论、生态现代化理论以及压力—状态—响应模型等为基础,构建不同适用性的综合指标体系评价各地绿色发展现状。[④][⑤]

其次,城市绿色空间建设研究关注城市空间的绿色化发展,强调生态设计和土地利用规划对于创造可持续/宜居城市的重要性,相关研究可以进一步细分为三个维度。第一个维度是绿色基础设施(green infrastructure)相关研究,主要关注绿色廊道、环境功能区等城市蓝绿空间的功能与适用性、布局与可达性等问题。[⑥][⑦][⑧][⑨]第二个维度是城市房屋建筑和基础设施

[①] Capozza I, Samson R, "Towards Green Growth in Emerging Market Economies—Evidence from Environmental Performance Reviews", OECD, 2019.
[②] 海骏娇、曾刚、邹琳:《基于主路径分析的城市可持续性研究综述》,《世界地理研究》2018年第6期。
[③] 李玉文、徐中民、王勇等:《环境库兹涅茨曲线研究进展》,《中国人口·资源与环境》2005年第5期。
[④] 秦伟山、张义丰、袁境:《生态文明城市评价指标体系与水平测度》,《资源科学》2013年第8期。
[⑤] 尚勇敏、王振:《长江经济带城市资源环境承载力评价及影响因素》,《上海经济研究》2019年第7期。
[⑥] 裴丹:《绿色基础设施构建方法研究述评》,《城市规划》2012年第5期。
[⑦] 栾博、柴民伟、王鑫:《绿色基础设施研究进展》,《生态学报》2017年第15期。
[⑧] Benton-Short L, Keeley M, Rowland J, "Green infrastructure, green space, and sustainable urbanism: geography's important role", *Urban Geography*, 2017.
[⑨] Ying J, Zhang XJ, Zhang YQ, Bilan S, "Green infrastructure: systematic literature review", *Economic Research-Ekonomska Istraživanja*, Vol.35, No.1, 2022.

的绿色化研究,如绿色建筑、绿色交通等,在经济学视角下,常常围绕其推进机制和节能减碳目标而展开。①②第三个维度是基于城市宏观角度,提出海绵城市、韧性城市、紧凑城市等理念,并研究其布局形态、实现路径等问题。③④⑤

最后,在城市绿色化转型的效用分析中,研究表明,生态系统可以提供多种服务价值,城市绿色基础设施不仅可以改善空气质量、减少城市热岛效应、促进心理健康和福祉,也可以提高财产价值,促进创新,产生经济效益。⑥⑦⑧同时,绿色建筑、绿色交通、紧凑城市等实践是节能减碳的重要环节,通过新建高能效建筑、既有建筑深度节能改造、交通运输电气化转型等措施,可以形成显著的减排成效,并存在很大减排潜力。⑨城市紧凑度对于人均能源消耗量具有显著影响。⑩

(三) 绿色化管治

为了促进城市和产业实现绿色化转型,一批学者以环境规制为主要切入点,研究环境规制的治理结构、驱动因素、行动路径和实施成效。

首先,关于治理结构的研究可以分为两个方面。一方面,关注各个空间尺度的治理协调,例如,以英国经济地理学家 Gibbs 教授为代表的西方学者以利益集团规制理论和后福特主义社会规制特征为基础,强调地方治理的

---

① 李明、李干滨:《基于生态环境效益补偿的绿色建筑激励机制研究》,《科技进步与对策》2017年第9期。
② 李张怡、刘金硕:《双碳目标下绿色建筑发展和对策研究》,《西南金融》2021年第10期。
③ 黄永斌、董锁成、白永平等:《中国地级以上城市紧凑度时空演变特征研究》,《地理科学》2014年第5期。
④ 吴丹洁、詹圣泽、李友华等:《中国特色海绵城市的新兴趋势与实践研究》,《中国软科学》2016年第1期。
⑤ 赵瑞东、方创琳、刘海猛:《城市韧性研究进展与展望》,《地理科学进展》2020年第10期。
⑥ 何娟、丁磊、牛小丹:《城市开放空间价值评估:Hedonic 法应用研究》,《中国人口·资源与环境》2016年第S1期。
⑦ Kardan O, Gozdyra P, Misic B, et al., "Neighborhood greenspace and health in a large urban center", *Scientific Reports*, Vol.5, No.1, 2015.
⑧ Arias-Arevalo P, Gomez-Baggethun E, et al., "Widening the Evaluative Space for Ecosystem Services: A Taxonomy of Plural Values and Valuation Methods", *Environmental Values*, Vol.27, No.1, 2018.
⑨ 史作廷:《新时期中国重点领域节能增效潜力分析及对策建议》,《宏观经济研究》2021年第10期。
⑩ 程开明:《城市紧凑度影响能源消耗的理论机制及实证分析》,《经济地理》2011年第7期。

重要性;①而一些中国学者基于环境问题的跨域性以及中国制度环境,更加强调中央政府在环境治理结构中的作用。②③另一方面,关注城市内部各部门、各群体之间的合作,尤其强调公民参与,因此区域管治和地方合作网络成为环境治理结构研究的另一个热点,旨在厘清演化的利益关系,争取扩大绿色发展联盟。④⑤

其次,绿色发展的重要性不言而喻,然而在实际行动中,政府、居民等主体参与绿色化转型的意愿参差不齐,因此,一些研究聚焦于政府和居民实施绿色治理、采取绿色行动的动因。概括而言,政府推行绿色治理的动力包括环境压力、经济可行性、政治可行性、技术可行性。⑥⑦⑧而公众环境参与的影响因子主要包括个人经济状况、环境污染程度、政府规制强度等。⑨

再次,绿色化管治路径研究主要分析环境规制的类型、特征与实施现状。该类研究需要首先界定环境规制的内涵和分类,较为主流的研究是从机制出发,将环境规制分为命令控制型、市场激励型和自愿参与型三类。⑩其中,碳交易、绿色信贷等绿色金融政策为代表的市场激励型环境规制是当前研究热点。在内容领域方面,早期环境规制偏重环境建设,而近年来,其涉及内容向自然

---

① Gibbs D C, Jonas A E G. "Governance and regulation in local environmental policy: the utility of a regime approach", *Geoforum*, Vol.31, No.3, 2000.
② 海骏娇:《城市环境可持续性政策的驱动因子和成效研究》,华东师范大学,2019年。
③ 许佩、吴姗姗:《环境分权体制下中央政府与地方政府协同环境治理研究》,《经济与管理研究》2020年第12期。
④ While A, Jonas A E G, Gibbs D, "The environment and the entrepreneurial city: searching for the urban 'sustainability fix' in Manchester and Leeds", *International Journal of Urban & Regional Research*, Vol.28, No.3, 2004.
⑤ 初钊鹏、卞晨、刘昌新等:《雾霾污染、规制治理与公众参与的演化仿真研究》,《中国人口·资源与环境》2019年第7期。
⑥ Sharp E B, Daley D M, Lynch M S, "Understanding Local Adoption and Implementation of Climate Change Mitigation Policy", *Urban Affairs Review*, Vol.47, No.3, 2011.
⑦ Kwon M, Jang H S, Feiock R C, "Climate Protection and Energy Sustainability Policy in California Cities: What Have We Learned?", *Journal of Urban Affairs*, Vol.36, No.5, 2014.
⑧ Hawkins C V, Krause R M, Feiock R C, et al., "Making meaningful commitments: Accounting for variation in cities' investments of staff and fiscal resource s to sustainability", *Urban Studies*, Vol.53, No.9, 2016.
⑨ 曾婧婧、胡锦绣:《中国公众环境参与的影响因子研究——基于中国省级面板数据的实证分析》,《中国人口·资源与环境》2015年第12期。
⑩ 赵玉民、朱方明、贺立龙:《环境规制的界定、分类与演进研究》,《中国人口·资源与环境》2009年第6期。

资源保护、区域公平与协同等问题扩展。①②

最后,对于绿色化管治的成效,即环境规制与经济增长关系,学者们的看法莫衷一是。持消极态度的学者认为,环境政策会提高理想税率,增加企业成本,使资本的报酬率减少,因而不利于经济增长。③持积极态度的学者认为,环境规制可以促进企业形成"成本洞穴引起的隧道效应",④通过创新形成技术优势、品牌优势、新的产品市场,促进人力资本积累,从而形成补偿机制,对经济增长起到促进作用。⑤

第二节 国内外数字化发展相关研究综述

数字化发展是指将数字技术应用于社会经济生活各个领域。区域经济学视角下的数字化研究主要关注数字经济发展,是以数字技术为核心驱动力,通过新技术形成新产业、新产业催生新模式、新技术赋能传统产业三条路径,推动经济数字化转型与高质量发展。⑥在研究中,通常与"数字经济""新经济""信息经济""信息化"等概念内涵相近。

20世纪40年代世界第一台通用计算机的诞生标志着数字信息技术的兴起。至20世纪90年代,随着信息通信技术、互联网技术等的快速发展,全球逐渐进入数字经济时代。1993年起,美国政府率先实施《国家信息基础设施行动计划》(NII)和《全球信息基础设施行动计划》(GII),确立了信息技术发展的先发优势;1996年,美国《商业周刊》提出"新经济"概念,指代通过网络信息技术革新,从传统的工业经济迈入以计算机网络技术为主体的经济形态。⑦进入21世纪,数字经济的浪潮逐渐席卷全球,急剧改变着人类的生产、生活方式,成

---

① Berke P R, Conroy M M, "Are We Planning for Sustainable Development?", *Journal of the American Planning Association*, Vol.66, No.1, 2000.
② 胡志高、李光勤、曹建华:《环境规制视角下的区域大气污染联合治理——分区方案设计、协同状态评价及影响因素分析》,《中国工业经济》2019年第5期。
③ Eliasson L, Turnovsky S J, "Renewable resources in an endogenously growing economy: Balanced growth and transitional dynamics", *Journal of Economic Growth*, Vol.115, No.6, 2003.
④ 曹凤中、吴迪、李京等:《循环经济本质的探讨》,《黑龙江环境通报》2008年第3期。
⑤ Ambec S, Cohen M A, Elgie S, et al., "The Porter Hypothesis at 20: Can environmental regulation enhance innovation and competitiveness?", *Review of Environmental Economics & Policy*, Vol.7, No.1, 2013.
⑥ 陈晓红、李杨扬、宋丽洁等:《数字经济理论体系与研究展望》,《管理世界》2022年第2期。
⑦ 张美慧:《国际新经济测度研究进展及对中国的借鉴》,《经济学家》2017年第11期。

为各国政府激发经济新动能的首要手段。

一、数字化发展研究概况

分别以"数字化"或"digitalization"为关键词，在中国知网和"Web of Science"平台进行主题检索，以体现数字化领域相关研究概况。

在中国知网平台，截至 2022 年末，共可检索到"数字化"相关文献 163 196 篇，其中核心期刊文献 32 499 篇。为了聚焦于经济领域的数字化研究成果，将上述文献进行进一步筛选，限定在"信息经济与邮政经济""企业经济""工业经济""贸易经济""经济体制改革""农业经济""宏观经济管理与可持续发展"等经济学相关领域，剩余核心期刊文献 4 460 篇。从年度发文数量来看，我国以"数字化"为主题的文献可追溯到 1992 年，然而该时期"数字化"研究关注度不高；进入 21 世纪，数字化研究热度逐渐提升，在 2000—2018 年期间，该领域文献量维持在每年数十篇；2019 年以来，"数字化"研究进入爆发期，文献数量大幅增加，2022 年"数字化"主题研究论文达到 1 710 篇（图 2-3）。

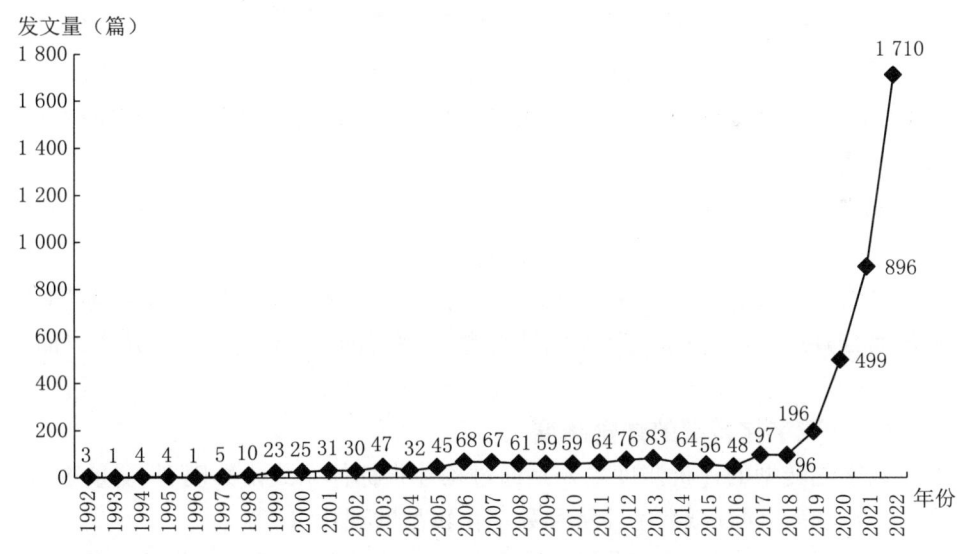

图 2-3　中国知网"数字化"主题文献年度发文数量变化趋势（1992—2022 年）

在"Web of Science"核心合集，截至 2022 年末，共可检索到以"digitalization"为主题的相关论文 10 487 篇。将研究领域进一步聚焦于"business economics""geograghy"和"urban studies"之后,得到相关论文3 349篇。从年度发文数量来看,以"digitalization"为主题的文献最早可追溯到1998年。总体而言,1998—2009年期间,明确提出数字化主题的发文数量较少;2010—2017年,相关研究逐渐起步;2018年起,数字化研究热度快速提高;2021年与2022年,年均发文数量维持在将近1 000篇(图2-4)。

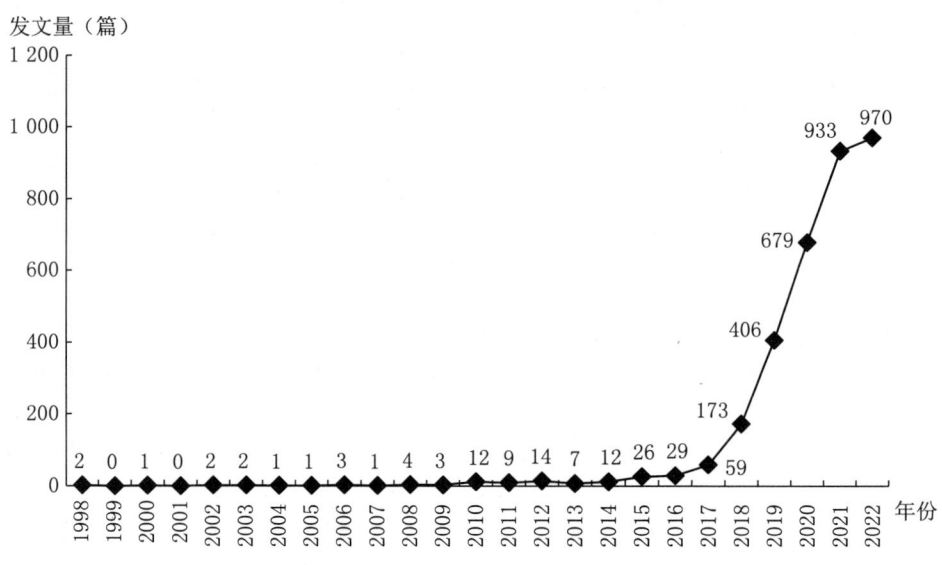

图2-4 "Web of Science""数字化"主题文献年度发文数量变化趋势(1998—2022年)

二、数字化发展研究主题

经济学领域的数字化发展研究聚焦于数字化技术对于经济体系的影响,具体而言,可以分为数字化转型的评价测度、影响效应、驱动因素等几个方面。

(一) 数字化转型的评价测度

数字化转型的评价测度主要是通过构建指标体系或指数模型,衡量区域、产业、企业等不同领域数字经济和数字化转型的现状水平。

首先,区域层面的数字化转型水平评价研究成果众多。一批国际组织、咨询公司、研究机构通过建立不同维度的指标体系,测度区域数字经济发展整体现状,例如,经合组织发布的《2020年数字经济展望》、欧盟委员会发布的《2021年数字经济与社会指数(DESI)》,我国国家互联网信息办公室发布的《数字中国建设发展报告（2022年）》、阿里研究院和毕马威联合发布的《2018全球数字经济发展指数》、赛迪研究院发布的《2020中国数字经济指数白皮书》等。此外，智利、澳大利亚、南非、马来西亚等国建立了数字技术卫星账户（digital economy satellite account，DESA），用于测算区域数字经济发展水平。①

其次，产业数字化转型水平评价研究的理论性相对更强，主要通过核算各行业数字技术资本存量和数字经济增加值，测度产业数字化转型水平。其中，较有代表性的成果是中国信息通信研究院发布的"中国数字经济发展白皮书"，他们通过数字产业化和产业数字化两个维度核算数字经济增加值规模，其中产业数字化维度主要基于增长核算模型（KLEMS），从国民经济各产业的增加值中剥离出数字技术对该产业的贡献，采用二分法将生产要素划分为数字技术资本和非数字技术资本，通过测算数字技术资本存量，再加总网络基础设施、新兴产业及传统产业中数字经济贡献的部分，得到各产业数字经济规模②。根据不同机构与学者的产业测算结果，总体而言，不同产业适应数字化转型的方式和速度有所差异，从三大产业数字化转型进程比较来看，服务业高于工业，工业高于农业；从产业链上下游转型进程比较来看，越靠近消费端的下游，数字化转型进程越快；从行业知识密集度转型进程比较来看，知识密集度高的行业转型程度高；从行业资本密集度转型进程比较来看，资本密集型行业数字化转型进程更快、潜力更大。③

最后，企业数字化转型水平评价属于微观研究。一方面，在智库研究中，较有代表性的企业数字化转型测评成果有埃森哲连续多年发布的"中国企业数字化转型指数"，④通过构建四级指标体系，对中国企业的数字化转型进行综合分析，数据获取方法包括高管调研和企业评估等。另一方面，在学者研究论文中，张鹏等以装备制造企业为研究对象，构建了装备制造企业数字化转型水平测度评价指标体系，通过对随机选取的28家陕西省规模以上装备制造企业进行调查问卷和实地访谈获取评价数据；⑤刘媛等以建筑业企业为研究对象，

---

① 葛明、方雪、赵素萍：《数字经济研究新进展：评价体系、赋能机理与驱动因素》，《西安财经大学学报》2022年第5期。
② 《中国数字经济发展报告2022》，中国信息通信研究院，2022年。
③ 陆洋、王超贤：《数字化转型量化评估研究的比较分析与最新进展》，《科技进步与对策》2021年第9期。
④ 埃森哲：《数字化转型：可持续的进化历程——2022埃森哲中国企业数字化转型指数》，2022年。
⑤ 张鹏、周恩毅、刘启雷：《装备制造企业数字化转型水平测度——基于陕西省调研数据的实证研究》，《科技进步与对策》2022年第7期。

从组织体系、数字化基础、数字化研发、数字化应用、创新成绩、效能效益等方面,构建建筑企业数字化转型评价体系,并将其应用于3家建筑企业的评估实践。①

(二) 数字化转型的影响效应

数字化转型的影响效应研究主要聚焦于积极视角下数字化转型对于区域经济和社会发展的赋能机理,大体上可以分为数字化对产业的影响、对区域治理的影响两个维度。

首先,数字化是经济高质量发展的新动能,其对于产业的影响可以从产业数字化和数字产业化两个方面展开。一方面,产业数字化研究主要关注数字技术对于传统产业的影响,其核心机制在于数字技术可以用于自动化流程、优化人力资本结构、优化资源利用、降低物料成本,从而提高生产效率。②大量实证研究表明,数字化转型显著提高了企业全要素生产率。③④另一方面,数字产业化研究主要关注数字化转型催生的新经济增长点和新兴产业发展,其核心机制在于将大数据作为生产要素,挖掘多种数据类型和巨大数据体量下的商业价值,实现数据到价值创造的有效转化,从而催生电子商务、平台经济、共享经济、零工经济等新的商业模型与业态。⑤⑥⑦同时,也有学者关注到数字化转型产生的"数字鸿沟"可能加剧区域分化、工作流离失所等现象,呼吁转型期实施政策调控,包括但不限于教育和技能培训等。⑧⑨⑩

---

① 刘媛、付功云:《构建建筑企业数字化转型评价体系的探索》,《科技管理研究》2022年第5期。
② 赵宸宇、王文春、李雪松:《数字化转型如何影响企业全要素生产率》,《财贸经济》2021年第7期。
③ Mithas S, Rust R T, "How information technology strategy and investments influence firm performance: Conjecture and empirical evidence", *Mis Quarterly*, Vol.40, No.1, 2016.
④ 涂心语、严晓玲:《数字化转型、知识溢出与企业全要素生产率——来自制造业上市公司的经验证据》,《产业经济研究》2022年第2期。
⑤ Gossling S, Hall C M, "Sharing versus collaborative economy: how to align ICT developments and the SDGs in tourism?", *Journal of Sustainable Tourism*, Vol.27, No.1–3, 2019.
⑥ 谢富胜、吴越、王生升:《平台经济全球化的政治经济学分析》,《中国社会科学》2019年第12期。
⑦ 祝合良、王春娟:《"双循环"新发展格局战略背景下产业数字化转型:理论与对策》,《财贸经济》2021年第3期。
⑧ 胡鞍钢、周绍杰:《新的全球贫富差距:日益扩大的"数字鸿沟"》,《中国社会科学》2002年第3期。
⑨ 孙杰、苗振龙、陈修颖:《中国信息化鸿沟对区域收入差异的影响》,《经济地理》2019年第12期。
⑩ Poudyal N C, Omkar J, Taylor A M, et., "Prospects of Wood-Based Energy Alternatives in Revitalizing the Economy Impacted by Decline in the Pulp and Paper Industry", *Forest Products Journal*, Vol.67, No.7–8, 2017.

其次,数字信息技术为区域高效管理和规划提供了一种新的工具,在数字城市、数字乡村、助力区域一体化和城乡融合等领域均有大量研究成果。在数字城市领域,相关研究强调了现代城市管理与规划对于数据和信息的需求,数字技术可以通过数字基础设施和数字化公共服务两大领域,帮助城市管理者在交通、环境、公共设施等领域为居民提供更好服务。①②在实践中,很多城市致力于盘活城市数字资源,规划树立智慧城市形象,形成一批深入的案例研究,如上海"国际数字之都"、深圳"全球数字先锋城市"、杭州城市大脑与"数智杭州"等。③④在数字乡村领域,研究关注农业农村的数字化转型,通过数字技术赋能乡村振兴,聚焦最多的作用路径主要包括以下几个方面:精准农业和智慧农业通过集成先进感知与遥感、数据采集与传输、人工智能决策与预警等数字技术,助力农业生产方式变革,促进农业生产提质增效;农村电商通过平台经济模式,有助于提高农产品销量、塑造农产品品牌、带动乡村创新创业,同时促进农村文化风貌的传扬;数字乡村治理通过农村政务服务电子化、乡村资产管理数字化等方式,打造"数字乡村一张图",精准掌握乡村运行情况,提高乡村基层工作效率,等等。⑤⑥在城乡融合领域,一些学者研究发现,数字普惠金融的发展有助于缩小城乡收入差距;⑦数字平台有助于商品流和信息流的快速整合,提高城乡之间商品和要素流通效率;⑧互联网医院和远程教育等方式有助于城乡公共服务均等化。⑨在区域一体化领域,研究认为,通过"互联网+政务服务"和数据共享,区域内各个城市之间可以通过数据连接,以更低成本、更

---

① Kourtit K, Nijkamp P, Steenbruggen J, "The significance of digital data systems for smart city policy", *Socio-Economic Planning Sciences*, Vol.58, 2017.
② 师博:《数字经济促进城市经济高质量发展的机制与路径》,《西安财经大学学报》2020年第2期。
③ 郁建兴、樊靓:《数字技术赋能社会治理及其限度——以杭州城市大脑为分析对象》,《经济社会体制比较》2022年第1期。
④ 顾丽梅、李欢欢:《我国城市数字化转型的三种典型模式之比较——以上海、深圳和成都为例》,《公共管理学报》2023年5月20日。
⑤ 殷浩栋、霍鹏、汪三贵:《农业农村数字化转型:现实表征、影响机理与推进策略》,《改革》2020年第12期。
⑥ Ancin M, Pindado E, Sanchez M, "New trends in the global digital transformation process of the agri-food sector: An exploratory study based on Twitte", *Agricultural Systems*, 2022.
⑦ 陈啸、陈鑫:《普惠金融数字化对缩小城乡收入差距的空间溢出效应》,《商业研究》2018年第8期。
⑧ 谢璐、韩文龙:《数字技术和数字经济助力城乡融合发展的理论逻辑与实现路径》,《农业经济问题》2022年第11期。
⑨ 秦秋霞、郭红东、曾亿武:《乡村振兴中的数字赋能及实现途径》,《江苏大学学报(社会科学版)》2021年第5期。

高效率跨越行政治理边界,从而推动城市间相互融合。①

(三) 数字化转型的驱动因素

如何促进区域经济数字化转型也是研究热点之一。一般认为,技术创新、组织结构、制度环境、需求环境等因素都会对数字化转型产生影响。

首先,数字技术的发展及渗透是实现数字化转型的基础条件。一方面,企业自身的技术水平和技术投入强度与企业数字化转型程度息息相关。研究表明,国家高新技术企业的数字经济融合工作开展比率远远高于非国家高新技术企业,设立了技术中心的企业在数字化转型进程中走在前列,研发支出越高的企业数字经济开展情况越好,与科研机构、大学合作程度越紧密,数字经济融合程度越高。②另一方面,外部环境中的数字技术更新速度加快,已成为企业数字化转型的核心驱动力。大数据、物联网、人工智能、云计算等数字技术的多点突破和融合互动推动了新模式、新业态和新产业的兴起,加速了企业朝智能化、数字化方向转型升级。③

其次,企业自身的组织结构与组织创新是产业和企业实现数字化转型的关键因素。数字技术资产需要与决策改善、流程更新、商业创新等互补性资产相互协同,才能更好地推进数字化转型;只有将数字化融入企业经营实践各方面,才能最终体现为经营绩效跃升。实证研究也表明,高管学历、企业规模等组织因素与数字化转型程度呈现一定的相关性,两者能够形成良性循环、相互促进,④支持性的组织文化是企业能否数字化转型成功的重要因素。⑤

此外,制度环境和需求环境也对数字化转型具有促进作用。其一,发展战略、法律法规、考核机制等制度因素可以增加政府、企业等主体的数字化变革意愿,提高各主体在数字化转型过程中的协同性。⑥⑦其二,财政金融政策,如

---

① 锁利铭:《数据何以跨越治理边界 城市数字化下的区域一体化新格局》,《人民论坛》2021年第1期。
② 郑琼洁、姜卫民:《数字经济视域下制造业企业数字化转型研究——基于企业问卷调查的实证分析》,《江苏社会科学》2022年第1期。
③ 吴江、陈婷、龚艺巍等:《企业数字化转型理论框架和研究展望》,《管理学报》2021年第12期。
④ 童雨:《中国制造业数字化转型的影响因素研究》,《技术经济与管理研究》2022年第3期。
⑤ Saarikko T, Westergren U H, Blomquist T, "Digital transformation: Five recommendations for the digitally conscious firm", Business Horizons, Vol.63, No.6, 2020.
⑥ 何帆、刘红霞:《数字经济视角下实体企业数字化变革的业绩提升效应评估》,《改革》2019年第4期。
⑦ 张鸣:《从行政主导到制度化协同推进——政府数字化转型推进机制构建的浙江实践与经验》,《治理研究》2020年第3期。

税收激励、金融支持等可以对数字化转型产生直接激励作用。①其三,消费者需求变化可以带来市场激励,推动企业通过数字化转型提高市场敏锐度与营销水平,提高竞争力。②③

第三节　信息化绿色化协同发展研究综述

信息化作为数字化的基础与初级阶段,信息化绿色化的协同研究始于20世纪90年代,国内外学者共同关注到信息技术的发展有可能促进经济社会实现可持续转型,就此展开早期探索,但是研究热度一直不高。

一、信息化绿色化协同研究概况

为了较为全面地搜集国内外学者关于信息化绿色化协同研究的学术成果,分别以"绿色化""可持续发展""信息化""信息经济"等关键词,在中国知网和Web of Science平台进行主题检索。

(一) 国内信息化绿色化协同研究概况

在中国知网平台,截至2022年末,以"信息化""信息经济""信息技术"等3个关键词进行主题检索,在此基础上,筛选"绿色化""绿色经济""绿色发展""生态化""生态经济""生态文明""循环经济""可持续"等8个关键词进行联合检索,并将研究领域限定在"信息经济与邮政经济""企业经济""工业经济""贸易经济""经济体制改革""农业经济""宏观经济管理与可持续发展""服务业经济"等经济学相关领域后,共检索到核心期刊相关文献731篇(图2-5)。

在研究脉络方面,我国信息化绿色化协同研究可追溯到1996年,章新华在《论信息经济与可持续发展》一文中提出:加快国民经济信息化进程,是实现

---

① 曾皓:《税收激励促进了企业数字化转型吗?——基于前瞻性有效税率的经验证据》,《现代财经(天津财经大学学报)》2022年第10期。
② Abrell T, Pihlajamaa M, Kanto L, et al., "The Role of Users and Customers in Digital Innovation: Insights from B2B Manufacturing Firms", *Information & Management*, Vol. 53, No. 3, 2016.
③ 王鑫鑫、韩啸、张洪:《制造业企业数字化转型的特征及对策——基于上市企业年报的文本分析》,《经济纵横》2022年第9期。

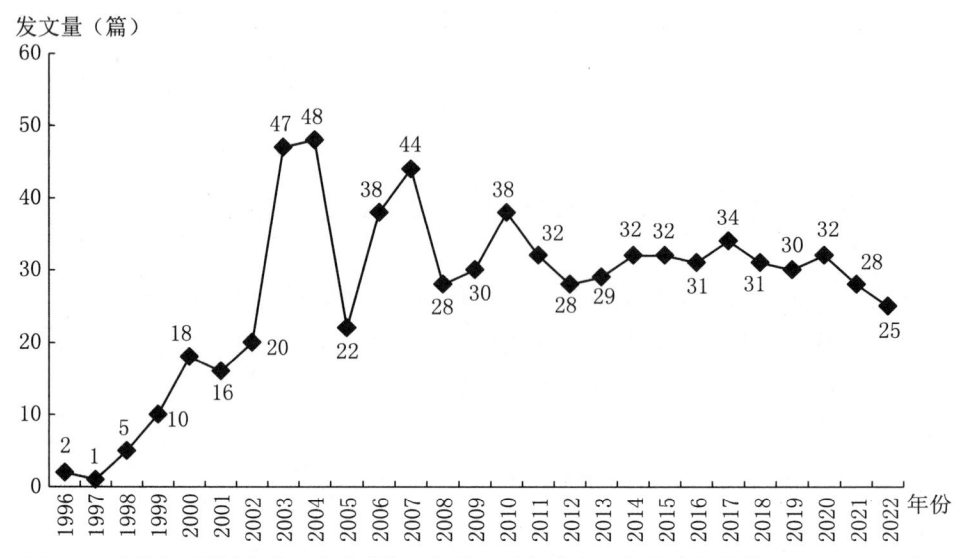

图 2-5　中国知网"信息化绿色化"协同主题文献年度发文数量变化趋势（1996—2022 年）

可持续发展战略的重大措施，因为信息经济可以通过优化资源、优化管理、高效增长三个路径促进可持续发展，并倡导以信息技术为先导，加速实现我国经济社会可持续发展战略。[①]1996—2002 年期间，每年都有少量文章同时涉及信息化与绿色化（可持续发展）两个概念，但是研究热度不高。

随着党的十六大报告明确指出，"坚持以信息化带动工业化，以工业化促进信息化，走出一条科技含量高、经济效益好、资源消耗低、环境污染少、人力资源优势得到充分发挥的新型工业化路子"，2003—2004 年，以"新型工业化"为主题的一批文章集中讨论了以工业化与信息化互动促进可持续发展的问题，信息化绿色化协同研究进入第一个小高峰，年发文量达到近 50 篇。

2005 年以来，相关研究热度略有降低，年发文量基本稳定在 30 篇左右，研究内容仍然较多围绕信息化与可持续发展的关系展开，并以信息化为手段，以可持续发展目标。值得注意的是，在 2005—2012 年的研究中，可持续发展通常作为"新型工业化"的目标，侧重对产业领域进行分析；而在 2013 年之后，随着党的十八大以来"新型城镇化"和"新四化"等概念兴起，可持续发展往往作为"新型城镇化"的目标之一，较多分析信息化对于城市（区域）空间可持续性的影响及智慧城市建设。

---

① 章新华：《论信息经济与可持续发展》，《改革与战略》1996 年第 2 期。

此外，2015 年，国家发布《关于加快推进生态文明建设的意见》，提出"把生态文明建设融入经济、政治、文化、社会建设各方面和全过程，协同推进新型工业化、城镇化、信息化、农业现代化和绿色化"，首次提出"绿色化"，并将已有的"新四化"扩展成为"新五化"。①因此，2015 年以来，相关研究关键词逐渐从"可持续发展""生态文明"等向"绿色化"转移，其中一批研究开始集中于评价和分析"五化"的协同和耦合问题。

（二）国外信息化绿色化协同研究概况

在 Web of Science 核心合集，截至 2022 年末，以信息化领域的"informatization""information economy""information technology""new economy"等 4 个关键词为主题进行联合检索，并合并绿色化领域的 9 个关键词"greening""green economy""green development""green deal""circular economy""sustainability""sustainable""environmentally friendly""eco-friendly"，共检索到相关论文 5 061 篇。将研究领域进一步聚焦于"business economics""geograghy"和"urban studies"，并将文献类型限制在论文、会议论文和综述论文之后，得到相关论文 2 881 篇（图 2-6）。

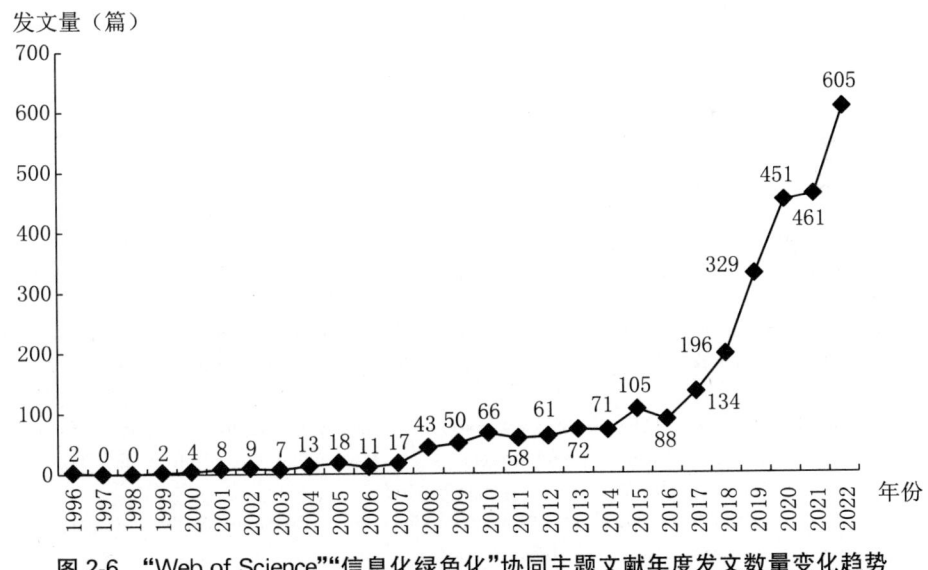

图 2-6 "Web of Science""信息化绿色化"协同主题文献年度发文数量变化趋势
（1996—2022 年）

---

① 《光明日报》编辑部：《为什么要在"新四化"之后增加"绿色化"》，《光明日报》2015 年 5 月 6 日。

区域经济学视角下的国外信息化绿色化协同研究可以追溯到1996年，Chichilnisky提到：信息技术和环境议程是世界经济中最重要的两个趋势。①如果把两者结合，可以带来与环境内在兼容的增长。此后近二十年，相关研究热度一直不高，但是涉及领域广泛，如精准农业②、智能电网③、企业绿色转型④、绿色信息技术⑤、绿色信息系统⑥等，这些早期的探索性研究体现了信息化与绿色化协同研究的多种切口与维度，也极具代表性，时至今日均已拥有很高的引用数量。2017年以来，信息化与绿色化协同研究发文数量逐年攀升，相关研究内容逐渐深化，包括绿色信息技术资本⑦、可持续供应链管理⑧、科技企业绿色增长⑨等主题。

二、信息化绿色化协同发展研究主题

信息化绿色化协同发展的早期主题主要集中在两个方面：一是分析以信息化促进可持续发展，二是测度信息化与绿色化的双化耦合程度。

---

① Chichilnisky G, "The economic value of the Earth's resources", *Trends in Ecology & Evolution*, Vol.11, No.3, 1996.
② Zhang N, Wang M, Wang N, "Precision agriculture—a worldwide overview", *International conference on engineering and technological sciences*, 2000.
③ Mcdonald J, "Adaptive intelligent power systems: Active distribution networks", *Energy Policy*, Vol.36, No.12, 2008.
④ Elliot S, "Transdisciplinary Perspectives on Environmental Sustainability: A Resource Base and Framework for IT-Enabled Business Transformation", *MIS Quarterly*, Vol.35, No.1, 2011.
⑤ Jenkin T A, Webster J, Mcshane L, "An agenda for 'Green' information technology and systems research", *Information & Organization*, Vol.21, No.1, 2011.
⑥ Butler T, "Compliance with institutional imperatives on environmental sustainability: Building theory on the role of Green IS", *The Journal of Strategic Information Systems*, Vol.20, No.1, 2011.
⑦ Chuang S P, Huang S J, "The Effect of Environmental Corporate Social Responsibility on Environmental Performance and Business Competitiveness: The Mediation of Green Information Technology Capital", *Journal of Business Ethics*, No.150, 2016.
⑧ Jeble S, Dubey R, Childe S J, et al., "Impact of Big Data & Predictive Analytics Capability on Supply Chain Sustainability", *The International Journal of Logistics Management*, Vol.29, No.2, 2018.
⑨ Fernando Y, Jabbour C C, Wah W X, "Pursuing green growth in technology firms through the connections between environmental innovation and sustainable business performance: Does service capability matter?", *Resources Conservation and Recycling*, Vol.141, 2019.

(一) 以信息化促进可持续发展

以信息化促进可持续发展的研究可以主要分为三大领域：一是从新型工业化的内涵和路径出发，探讨以工业化与信息化互动促进可持续发展的问题。研究认为，新型工业化是在可持续发展基础上的工业化，信息化和工业化融合能够显著降低地区能源强度。①二是从新型城镇化的内涵和路径出发，分析信息化对于城市（区域）空间可持续性的影响及智慧城市建设。研究认为，信息化使城乡地域生态系统可持续性和可调控性增强。②三是分析农林业信息化的发展动因、特征及影响。

(二) 信息化与绿色化的耦合分析

随着"新五化"（新型工业化、城镇化、信息化、农业现代化和绿色化）理念的兴起，我国一批论文构建了"五化"融合指标体系，定量分析了各区域"五化"发展耦合关系。绿色化和信息化作为"五化"之二，其耦合协同发展研究为新"双化协同"研究提供了基础参考。例如，刘凯等建立了中国"五化"协同度指标体系，运用加权求和法计算"五化"发展指数以及"五化"综合发展指数，研究发现绿色化与其他"四化"之间的协同度整体低于其他"四化"中每"两化"之间的协调度。③丁志伟等概括地对"五化"耦合研究进行评价，认为协调水平的研究方法主要以耦合度、耦合协调度为主，辅以关系拟合与趋势预测法、DEA 动态效率＋HR 模型、同步度模型等，并出现了系统性研究方法以及多种方法的交叉。并提出，在"五化"协同测度中，"化"的过程性、阶段性分析不足，"化"与"化"协调发展的转折点及转型机制分析不足。④

第四节　数字化绿色化协同发展的开创性研究

数字化绿色化协同发展，旨在以数字化引领绿色化发展，通过应用数字化技术助力绿色经济发展，实现节能减碳等目标；同时以绿色化带动数字化发展，规范

---

① 陈庆江、杨蕙馨、焦勇：《信息化和工业化融合对能源强度的影响——基于 2000—2012 年省际面板数据的经验分析》，《中国人口·资源与环境》2016 年第 1 期。
② 许大明、修春亮、王新越：《信息化对城乡一体化进程的影响及对策》，《经济地理》2004 年第 2 期。
③ 刘凯、任建兰、张存鹏：《中国"五化"协同发展水平演变研究》，《经济问题探索》2016 年第 4 期。
④ 丁志伟、张改素、王发曾等：《中国工业化、城镇化、农业现代化、信息化、绿色化"五化"协调定量评价的进展与反思》，《地理科学进展》2016 年第 1 期。

数字经济以环境友好的形式发展,控制其能耗与生态足迹。2020年以来,在中国"数字化绿色化协同"以及欧盟"绿色化和数字化双重转型"(twin transition)战略的共同推动下,国内外学者聚焦新"双化协同",开启新一轮研究探索。

一、"双化协同"研究概况

为了较为全面地搜集国内外学者关于"双化协同"研究的学术成果,分别以"绿色化""绿色经济""数字化""数字经济"等关键词,在中国知网和 Web of Science 平台进行主题检索。

(一)国内"双化协同"研究概况

在中国知网平台,截至2023年4月末,以"数字化""数字经济""数字技术"等3个关键词进行主题检索,在此基础上,筛选"绿色化""绿色经济""绿色发展""生态化""生态经济""生态文明""循环经济""可持续""双碳"等9个关键词进行联合检索,并将研究领域限定在"信息经济与邮政经济""企业经济""工业经济""贸易经济""经济体制改革""农业经济""宏观经济管理与可持续发展""经济理论及经济思想史"等经济学相关领域后,共检索到核心期刊相关文献475篇(图2-7)。

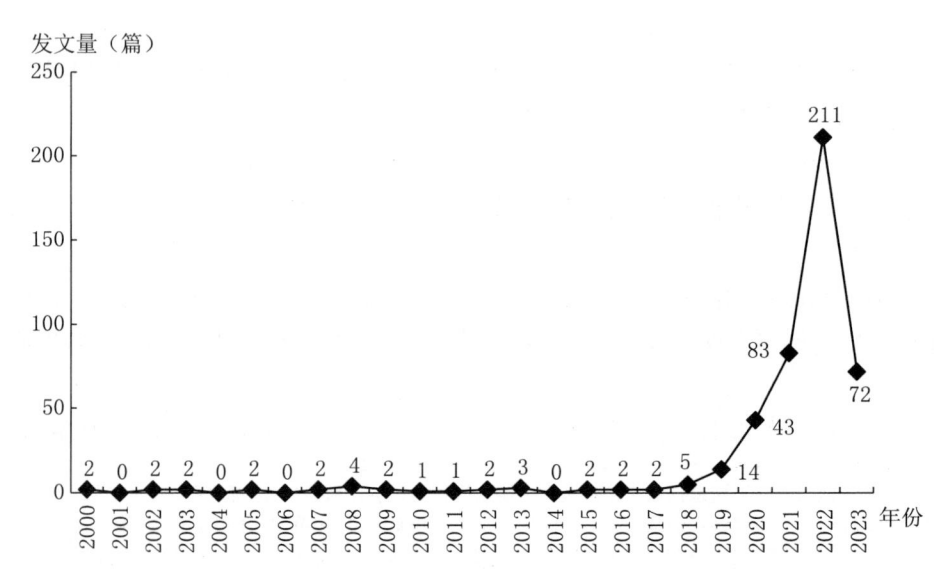

图 2-7 中国知网"数字化绿色化"协同主题文献年度发文数量变化趋势(2000—2023年)

2000年以来,在文献中同时提及数字化与绿色化相关概念的文章陆续出现。2000年,林晓明等率先在这批双化协同的早期文献中提出,数字地球战略是世界各国可持续发展的必然依托,是新经济建设增长点。分析了数字地球对社会、经济和科学技术发展的重要意义,提出了我国发展数字地球的对策。① 此后近二十年,相关研究仅零星出现,但是涉及领域多样。例如,严炜等提出"数字化循环经济"概念,认为数字技术是促进循环经济发展的重要因素。②刘金爱解读了"数字农业"的内涵及其对实现农业的可持续发展的重要意义。③谢雄标等分析了数字化转型对企业绿色发展的作用机制,以及数字化背景下企业绿色发展的路径与政策。④

2019年以来,"双化协同"研究热度开始提升。随着2021年《"十四五"国家信息化规划》明确提出"推动数字化绿色化协同发展""持续推广智能绿色制造、绿色高效能源、信息载体绿色化""强化生态环境数字化治理","双化协同"研究热度在2022年爆发性增长,达到211篇,2023年前4个月已发文72篇。一批学者开始从相互作用关系、影响机制、发展路径等方面系统聚焦绿色经济与数字经济的协同发展问题,部分学者开始关注经济数字化转型过程带来的环境压力。⑤2022年,国家确定在大连等10个地区首批开展"数字化绿色化协同转型发展(双化协同)综合试点",同年,习近平主席在亚太经合组织第二十九次领导人非正式会议上表示,要加速数字化绿色化协同发展;2023年,《数字中国建设整体布局规划》发布,重申"建设绿色智慧的数字生态文明,加快数字化绿色化协同转型"。可以预见,"双化协同"研究的热度将会继续攀升与深化。

(二)国外"双化协同"研究概况

在Web of Science核心合集,截至2023年4月末,以数字化领域的"digitalization""digital economy""digital technology""digital transition""digital strategy"等5个关键词为主题进行联合检索,并合并绿色化领域的9个关键词"greening""green economy""green development""green deal""circular

---

① 林晓明、周洞汝:《建设"数字地球"促进新经济发展》,《科技进步与对策》2000年第6期。
② 严炜、李光:《论科学技术对循环经济发展的影响》,《武汉大学学报(人文科学版)》2008年第3期。
③ 刘金爱:《"数字农业"与农业可持续发展》,《东岳论丛》2010年第2期。
④ 谢雄标、吴越、严良:《数字化背景下企业绿色发展路径及政策建议》,《生态经济》2015年第11期。
⑤ 王蕾、朱彤:《数字经济是否增加能源消费?——基于ICT应用研究的分析》,《城市与环境研究》2021年第3期。

economy""sustainability""sustainable""environmentally friendly""eco-friendly",共检索到相关论文 7 877 篇。将研究领域进一步聚焦于"business economics""geograghy"和"urban studies",并将文献类型限制在论文、会议论文和综述论文之后,得到相关论文 4 304 篇(图 2-8)。

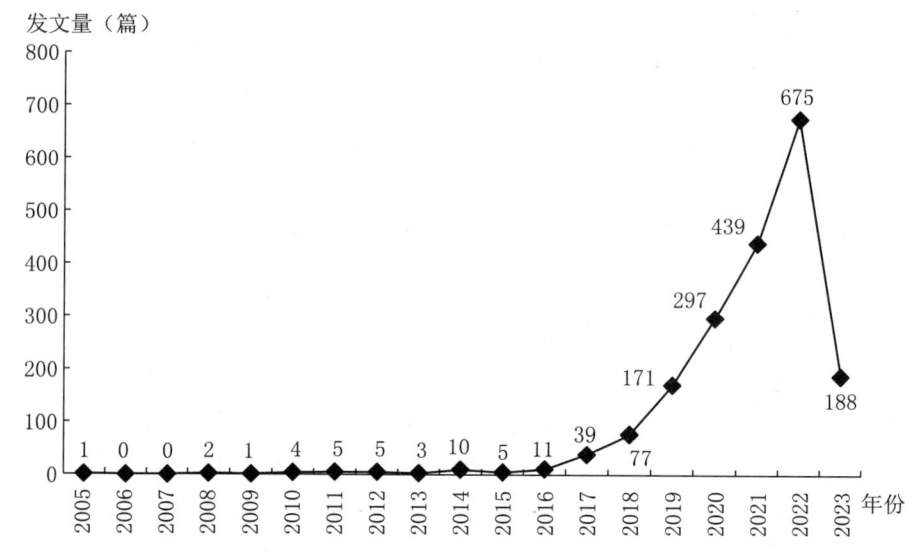

图 2-8 "Web of Science""数字化绿色化"协同主题文献年度发文数量变化趋势
(2005—2023 年)

2005 年,日本学者 Sudoh Osamu 在研究中指出,数字经济和信息网络将为一种新的环境友好的社会发展形式做出贡献。①此后,关于数字化和绿色化的相关研究陆续展开,但是关注度总体不高。2017 年起,双化协同(或双重转型)的研究热度逐步提高,2022 年发文量达到 675 篇,2023 年前 4 个月发文 188 篇。与早期研究相比,相关研究更加重视第四次工业革命(IR 4.0)中的核心数字化概念与技术对于绿色化转型的价值,重点涉及智能机器(可持续能源系统)②、智能工厂与循环经济③、数字农业、数字化可持续供应链等主题。

---

① Sudoh, Osamu, "The Knowledge Network in the Digital Economy and Sustainable Development", *Digital Economy and Social Design*, 2005.
② Vlasov AI, Shakhnov VA, Filin SS, et al., "Sustainable energy systems in the digital economy: concept of smart machines", *Entrepreneurship and Sustainability Issues*, No.6, 2019.
③ Kristoffersen E, Blomsma F, Mikalef P, et al., "The smart circular economy: A digital-enabled circular strategies framework for manufacturing companies", *Journal of Business Research*, No. 120, 2020.

值得注意的是，近几年一些期刊以相关主题组稿特刊，体现了双化协同研究的关注度与重要性。例如，2019 年 *Technological forecasting and social chance* 设立特刊，集中探讨了大数据对于可持续发展转型的作用；*Sustainability* 于 2019 年设立特刊，旨在将数字化、商业模式创新和工业可持续性联系起来，为未来的研究和交流设定方向；2023 年 3 月 *Sustainability* 进一步发布"双重转型：影响、挑战与管理"特刊组稿通知，旨在全面聚焦与推动双化协同（双重转型）研究。

总体而言，人们越来越期待数字化通过广泛的数据来源、增强的分析能力、协作的数字生态系统为实现绿色发展目标提供助力。然而，目前的研究和实践仍处于早期阶段，实现双重转型仍然面临一系列经济、技术、环境、社会和政治的不确定性。

二、"双化协同发展"研究主题

"双化协同发展"研究大体上包括如下主题：分析数字化与绿色化的相互作用关系，以及分析促进或影响双化协同转型的因素。

（一）数字化对于绿色经济的影响

随着双化协同理念的提出，学界更加重视探寻和挖掘数字化转型对于绿色经济的促进作用。从总体目标来看，一些学者实证检验了数字化对于绿色化的积极影响。例如，Balogun 提出数字化有可能促进气候友好型城市环境和社会发展，通过城市案例，评估并认可数字化在应对气候危害方面的潜力和价值。[1] Pappas 等提出数字化转型与可持续发展模式（digital transformation and sustainability model），描绘了大数据和业务分析生态系统如何为数字化转型和可持续社会铺平道路。[2] 在不同产业领域，数字化对于绿色化的积极影响同样正在接受检验。例如，在农业领域，Finger 等提出精准农业是农业生产与环

---

[1] Balogun AL, Marks D, Sharma R, et al., "Assessing the Potentials of Digitalization as a Tool for Climate Change Adaptation and Sustainable Development in Urban Centres", *Sustainable Cities and Society*, 2020.

[2] Pappas I O, Mikalef P, Giannakos M N, et al., "Big data and business analytics ecosystems: paving the way towards digital transformation and sustainable societies", *Information Systems and e-Business Management*, No.16, 2018.

境保护之间的纽带。①Zavratnik等通过深入阐释智能乡村的概念及斯洛文尼亚试点经验,表明数字化转型对农村地区可持续发展的重要性。②在工业领域,Meng等提出通过智能工厂的设计和实施,可以将可持续制造和智能制造的目标相融合,并着重分析了第四次工业革命以来的智能制造技术对可持续发展的贡献及对可持续能源产业的影响。③在企业管理领域,Przychodzen等利用德国上市公司数据,证明绿色信息技术(GIT)的实施对股东价值创造和财务绩效的各个方面可能产生积极影响。④

从具体作用机理来看,数字化通常可以从传感器技术的监测作用、大数据技术的预测作用、电子商务的简化作用等方面,支持绿色发展。首先,监测和传感器技术可以提供实时信息,实现更好的维护、更多的回收和再利用,促进循环经济的发展,⑤通过准确控制水肥,提高农业生产力,促进数字农业发展。⑥其次,模拟和预测技术(如数字孪生)可以提高管理效率,模拟产品的整个生命周期,发展智能制造,⑦提高供应链的可持续性,⑧模拟城市运行全过程(数字孪生城市),尤其是在交通领域,可以优化交通流量,从而减轻拥堵和污染。第三,远程办公和在线购物可以减少对环境的影响,远程工作主要通过通勤距离的减少能耗,办公能耗的降低也会带来额外辅助的节能作用⑨。

---

① Finger R, Swinton S M, Benni N E, et al., "Precision Farming at the Nexus of Agricultural Production and the Environment", *Annual Review of Resource Economics*, Vol.11, No.1, 2019.
② Zavratnik V, Kos A, et al., "Smart Villages: Comprehensive Review of Initiatives and Practices", *Sustainability*, Vol.10, No.7, 2018.
③ Meng Y, Yang Y, Chung H, et al., "Enhancing Sustainability and Energy Efficiency in Smart Factories: A Review", *Sustainability*, Vol.10, No.12, 2018.
④ Przychodzen W, Gómez-Bezares F, Przychodzen J, "Green information technologies practices and financial performance—The empirical evidence from German publicly traded companies", *Journal of Cleaner Production*, No.201, 2018.
⑤ Ghoreishi M, Happonen A, "New promises AI brings into circular economy accelerated product design: a review on supporting literature", *E3S Web of Conferences*, No.158, 2020.
⑥ 阮俊虎、刘天军、冯晓春等:《数字农业运营管理:关键问题、理论方法与示范工程》,《管理世界》2020年第8期。
⑦ 吴雁、王晓军、何勇等:《数字孪生在制造业中的关键技术及应用研究综述》,《现代制造工程》2021年第9期。
⑧ Jeble S, Dubey R, Childe S J, et al., "Impact of Big Data & Predictive Analytics Capability on Supply Chain Sustainability", *The International Journal of Logistics Management*, Vol.29, No.2, 2018.
⑨ Hook A, Court V, Sovacool B, et al., "A systematic review of the energy and climate impacts of teleworking", *Environmental Research Letters*, Vol.15, No.9, 2020.

此外，一些学者也关注到数字化转型战略对于绿色创新的作用，数字化对企业绿色创新表现具有"增量提质"的双重效应，①②③直接或间接应用数字化技术对于促进知识创造与环境绩效具有积极影响。④

（二）绿色化对于数字经济的影响

虽然数字经济的增长可以提高生产力并使本地和全球经济受益，但是数字化也对社会公平和环境福祉带来挑战。传统意义上，多数学者认为数字化发展会增加环境压力，不可避免地造成能耗增长、⑤电子废弃物垃圾增加⑥等。Lee等通过系统考察东盟国家数据，发现信息和通信技术对经济增长和二氧化碳排放都具有显著的促进作用。⑦Li等通过考察中国省级层面的现代化指标，发现工业化、农业现代化、信息化和城市化均对二氧化碳排放产生了较大影响。⑧由此，在绿色发展的全球趋势下，数字化技术的绿色使用至关重要。双化协同转型的前提是保证减少数字技术对环境的影响，绿色数字解决方案的资源消耗、排放和污染必须在其整个生命周期内减少。

鉴于此，可持续数字化（sustainable digitalization）、绿色计算（green computing）、绿色信息技术等理念被提出，主要关注降低IT系统的能源消耗，要求各领域数字化转型过程绿色环保、节能高效。⑨相关研究主要涉及绿色建筑和工程设计领域。其中，与区域经济学较为相关的研究主题是电子废弃物回

---

① 周雪峰、韩露、肖翔：《"双碳"目标下数字经济对企业持续绿色创新的影响——基于数字化转型的中介视角》，《证券市场导报》2022年第11期。
② 申明浩、谭伟杰：《数字化与企业绿色创新表现——基于增量与提质的双重效应识别》，《南方经济》2022年第9期。
③ 王锋正、刘向龙、张蕾等：《数字化促进了资源型企业绿色技术创新吗？》，《科学学研究》2022年第2期。
④ Ordieres-Meré J, Remón TP, Rubio J, "Digitalization: An Opportunity for Contributing to Sustainability From Knowledge Creation", *Sustainability*, No.12, 2020.
⑤ 王蕾、朱彤：《数字经济是否增加能源消费？——基于ICT应用研究的分析》，《城市与环境研究》2021年第3期。
⑥ 张馨艺：《全球电子废弃物增长迅速》，《生态经济》2020年第10期。
⑦ Lee J W, Brahmasrene T, "ICT, CO_2 Emissions and Economic Growth: Evidence from a Panel of ASEAN", *Global Economic Review*, Vol.43, No.2, 2014.
⑧ Li S, Zhou C, Wang S, "Does modernization affect carbon dioxide emissions? A panel data analysis", *Science of The Total Environment*, No.663, 2019.
⑨ Dao V, Langella I, Carbo J, "From green to sustainability: Information Technology and an integrated sustainability framework", *Journal of Strategic Information Systems*, Vol.20, No.1, 2011.

收产业的发展布局,及其与智能化循环经济的联系。①

(三) 双化协同转型的影响因素

数字化与绿色化之间的作用关系复杂而多样。Ahmadova 等通过分析 2014—2019 年间 10 个行业 47 个国家的 5 015 家公司的面板数据,刻画了数字化与环境绩效之间的倒 U 形关系。②即在第一阶段,数字化对环境绩效有积极影响(例如,提高能源效率和资源管理),但随后它达到了一个临界点,过度的数字化会导致反弹效应,从而增加资源的使用,导致更高的污染。因此,通过制度调控影响双化协同发展,使倒 U 形曲线更加变平,是应用研究的重要议题。概括而言,这些因素可以概括为经济、技术、社会和政治因素等几个方面。

第一,经济因素,包括协同转型的成本、协同转型能创造的经济机会、增长和衰退部门之间的就业转移、必要的投融资等。Ferreira 等研究发现,国民经济发展水平对国家创业体系组成部分和双重转型之间的关系产生了积极的调节作用。③Guo 等利用 2011 年至 2019 年中国 280 个城市的面板数据分析了数字经济对城市可持续发展的影响机制,发现数字经济对城市可持续发展的促进作用在中国东部地区、中型以上城市和非资源型城市中更为突出。④

第二,技术因素,包括技术生态系统的完善程度、共享数据(数据可用性和安全性)、数据分析能力。Chraye 强调了清洁能源研发在欧盟绿色和数字复苏中的关键作用。⑤Hassoun 等以食品工业为对象,指出工业 4.0 技术正在迅速成为实现可持续发展目标的重要组成部分,但是现阶段这些技术在食品行业

---

① Alves D S, Farina M C, "Disposal and reuse of the information technology waste: a case study in a Brazilian university", *European Business Review*, Vol.30, No.6, 2018.
② Ahmadova G, B L Delgado-Márquez, Pedauga L E, et al., "Too good to be true: The inverted U-shaped relationship between home-country digitalization and environmental performance", *Ecological Economics*, 2022.
③ Ferreira J J, Fernandes C I, Veiga P M, et al., "The interactions of entrepreneurial attitudes, abilities and aspirations in the(twin) environmental and digital transitions? A dynamic panel data approach", *Technology in Society*, No.71, 2022.
④ Guo Q Q, Ma X Y, "How Does the Digital Economy Affect Sustainable Urban Development? Empirical Evidence from Chinese Cities", *Sustainability*, Vol.15, No.5, 2023.
⑤ Chraye H, "A critical role for R&I for clean energy for the EU green and digital recovery", 2020 22nd European Conference on Power Electronics and Applications(EPE'20 ECCE Europe), 2020.

的应用仍然有限，预计未来几年将采用更多的绿色和数字解决方案。①Braun等以建筑业为例，系统分析了英国建筑数字化，特别是建筑信息建模的发展，如何从一种数字设计工具演变为建立国家数据资产系统，从而通过数据价值创造更大的节能减排效应。②

第三，社会因素，包括公平（数字鸿沟和弱势群体），意愿（需要提高认识和进行包容性的社会辩论，以改变共同的行为和价值观）。Chuang等通过研究中国台湾地区制造业企业数据发现，企业环境社会责任对于企业建立绿色信息技术资本具有积极的促进作用。③Isensee等通过文献荟萃分析，分析了组织文化对企业环境可持续性水平和数字化水平的作用。④

第四，政治因素，包括监管框架、标准等（设计良好的治理体系和避免市场失灵的市场机制可以减轻实施绿色数字解决方案的意外副作用，避免反弹效应）。Linkov等认为，各个国家的可持续数字化转型治理可能分为三种策略：一是政府自由放任、由行业主要驱动的路径；二是政府采取预防和先发制人的战略路径；三是政府采取积极管理和监督，在促进私营部门创新的同时降低数字化带来的风险。⑤Ahmadova等提出，体制框架更强的国家，更容易实现双化协同发展。⑥

执笔：海骏娇（上海社会科学院信息研究所）

---

① Hassoun A, Prieto M A, Carpena M, et al., "Exploring the role of green and Industry 4.0 technologies in achieving sustainable development goals in food sectors", *Food Research International* (Ottawa, Ont.), Vol.162, 2022.
② Braun K, Kropp C, Boeva Y, "From Digital Design to Data-Assets: Competing Visions, Policy Projects, and Emerging Arrangements of Value Creation in the Digital Transformation of Construction", *Historical Social Research*, Vol.47, No.3, 2022.
③ Chuang S P, Huang S J, "The Effect of Environmental Corporate Social Responsibility on Environmental Performance and Business Competitiveness: The Mediation of Green Information Technology Capital", *Journal of Business Ethics*, No.150, 2016.
④ Isensee C, Teuteberg F, Griese K M, et al., "The relationship between organizational culture, sustainability, and digitalization in SMEs: A systematic review", *Journal of Cleaner Production*, No.275, 2020.
⑤ Linkov I, Trump B D, Poinsatte-Jones K, et al., "Governance Strategies for a Sustainable Digital World", *Sustainability*, Vol.10, No.2, 2018.
⑥ Ahmadova G, BL Delgado-Márquez, Pedauga L E, et al., "Too good to be true: The inverted U-shaped relationship between home-country digitalization and environmental performance", *Ecological Economics*, 2022.

第三章 数字化绿色化协同发展模式

本章从数字化绿色化协同发展的概念和内涵出发,通过理论分析、政策梳理和对大量实践案例的深度剖析,总结出数字化绿色化协同发展的三种模式:技术赋能模式、网络驱动模式、市场交易模式。技术赋能模式主要包含数字技术引领实体经济、绿色技术带动数字产业两个方面;网络驱动模式是利用信息网络、数据网络和人际网络,依托互联网等信息基础设施,提高信息传输效率和生产率;市场交易模式通过推动碳资源及其相关要素合理配置,引导碳排放主体低碳减排。主要由碳交易、碳汇交易、碳普惠兑换三部分构成。

研究数字化绿色化协同发展模式,旨在从理论和实践相结合的角度深刻理解"双化协同"的概念和内涵,梳理纷繁复杂的应用场景,更加直观清晰地把握"双化协同"发展全局。通过梳理国内外大量公开资料,我们发现,数字化绿色化协同发展模式研究还处于萌芽阶段,可参考的成果较少。我们便从现有的材料出发,通过通读200余篇"双化协同"研究报告、论文,相关书籍,以及参考"工业化信息化两化融合"等产业发展模式研究成果,得出"双化协同"具有三种发展模式的结论。

第一节 技术赋能模式

一、模式概念和内涵

(一) 模式概念

技术赋能是以绿色技术与数字技术为载体,对传统经济模式进行创新升级,以实现绿色化、数字化协同发展。数字化是指通过数字技术对传统产业进行数字化改造,实现生产要素的高效配置和生产流程的优化重组;绿色化是指通过绿色技术赋能,促进产业结构调整和经济增长方式转变,实现资源高效利用和生态环境保护的目标,带动数字化产业的绿色发展。两者协同发展是数字技术与绿色技术创新应用于实体经济和数字经济领域,并充分发挥其作用的过程。而技术赋能则是实现上述目标的核心发展模式,是以技术创新为先导,将绿色化、数字化成果应用于产业发展,以提升经济发展质量和效益为目标,构建数字技术与绿色技术融合创新体系,推动产业结构优化升级、产业链延伸拓展和价值链提升。从功能作用来看,数字化绿色化协同发展是以绿色技术为支撑,通过数字技术对传统产业进行数字化改造,实现生产流程的优化重组,提升资源利用效率;通过数字化技术对传统产业进行智能化改造,促进生产过程的自动化、智能化,进而提升经济发展质量和效益;通过绿色技术对数字产业进行绿色化改造,提高其节能减排和资源循环利用的能力。

(二) 模式内涵

技术赋能模式主要包含数字技术引领实体经济、绿色技术带动数字产业两个方面。数字技术引领实体经济是指数字技术与实体经济深度融合,以大数据、云计算、物联网、人工智能等信息技术为支撑,通过数字技术赋能企业研发设计、生产加工、经营管理、销售服务等业务,提升企业生产经营效率和核心竞争力。绿色技术带动数字产业是指利用绿色技术优势,以数字经济为基础,以创新为驱动力,促进资源能源高效利用、生态环境优化修复的新兴产业体系,是数字经济高质量发展的重要支撑。

一方面,**数字化与绿色化"一体两翼"**。"双化技术"在赋能实体经济过程中发挥着重要作用。数字化和绿色化是推动实体经济高质量发展的"一体两翼",二者相辅相成、相互促进、共同发展,具有良好的协同性和互补性。数字技术赋能实体经济是数字化转型的基础,推进数字技术与传统产业融合发展是实现高质量发展的重要路径。数字经济与绿色经济的深度融合能够降低资源能源消耗和生态环境破坏,推动产业绿色转型升级。

另一方面,**数字化与绿色化"双向牵引"**。数字技术对绿色技术创新具有显著的牵引作用。数字技术作为新一代信息通信技术,是数字化转型的核心驱动力,是绿色经济发展的重要基础。数字技术能够有效提升实体经济数字化水平,提高数据要素价值,促进要素资源合理配置和高效利用。同时,绿色技术创新能够推动数字产业的快速发展,实现数字产业的低碳节能。随着绿色技术研发投入力度不断加大,新一代信息通信技术与绿色技术深度融合,在推动数字化转型过程中催生了一批绿色低碳数字产业。

二、技术赋能模式的特征

数字化绿色化协同的技术赋能模式作为一种新型的协同发展模式,其核心特征在于利用数字技术和绿色技术实现低碳发展目标。该模式不仅能降低社会生产中能源消耗和环境污染,而且能推动各部门之间、产业之间、区域之间的协同发展。其优势在于既能够充分发挥企业技术创新主体作用,又能够促进政府部门发挥政策引导作用。该模式主要有以下特征:

(一) 技术协同

以大数据、云计算、物联网、人工智能等信息技术为核心,绿色技术为支撑,多种技术协同推动经济发展的转型为主要特征。具体来看,数字化绿色化协同的技术赋能模式在提高生产效率方面发挥着重要作用,实现了多种技术协同发力:

一是数字技术为绿色生产提供数字支持。数字技术可将各项资源数据化、系统化,通过数据分析掌握生产过程中的资源消耗情况,监测能源利用效率并及时优化调整;在绿色产品设计环节,数字技术可以帮助进行绿色产品设计与仿真、绿色工艺与辅助制造、绿色产品试制与验证等;在经营管理方面,数字技术参与设备数字化管理、物料跟踪管理、智能仓储、精准配送、产品远程运维等环节。

在实际生产生活中,区块链、物联网、人工智能、云计算等数字技术综合应用落地,形成数字化绿色体系。利用区块链技术可有效记录生产流程,溯源生产和供应链环节;利用物联网技术可实时监测生产、加工、运输等过程,及时发现并解决问题;利用人工智能技术可实现智能化设备管理,提高设备运转效率;利用云计算技术存储和管理企业生产和经验管理数据,帮助企业调配各项资源。①

二是绿色技术为数字产业提供转型动力。数字产业以数据为核心,以信

---

① 中国信息通信研究院产业与规划研究所工业互联网产业联盟碳达峰碳中和工作组:《数字技术赋能工业碳达峰碳中和应用指南 V1.0》,2022 年 4 月。

息为加工对象,绿色发展已成为数字产业转型升级的必然方向。数据中心作为数据载体在数字产业中处于核心地位,随着数字经济进一步发展,社会对数据的需求量不断增大,传统数据中心面临着能耗高、单位能耗强度大等诸多问题。绿色技术的发展与应用能够助力传统数据中心节能减排,助推数字产业绿色转型。如使用新型高效电源模块等高性能半导体,可降低数据中心输入电源的损耗,减少传输过程中的功耗;采用智能微电网技术实现机房内多路供电,降低配电系统损耗,提升供电系统能效;数据中心采用液冷和自然冷却技术,提高设备制冷效率;[1]分布式光伏、储能技术的使用能够降低数据中心对外部能源的依赖。在绿色技术的加持下,数据中心单位实际能耗强度将不断下降,总体能效逐步优化提升。

另外,绿色技术与工业互联网深度融合,推动工业互联网绿色低碳发展。通过统筹绿色低碳基础数据和工业大数据资源,建立产品全生命周期绿色低碳基础数据平台,落实产业各个环节的减碳固碳技术,实现产业的全链减排。例如,在工控生产端采用CCUS技术实现对碳的直接转化与贮存,[2]减少碳排放;在工控全链进行碳足迹监测与追踪。绿色技术的全链贯通为工业互联网绿色转型提供了动力。[3]

(二) 场景支持

政府政策为技术赋能模式提供应用场景。在技术赋能模式中,政府发挥着积极的引导作用。

如多级行政区域协同推进智慧储能、智慧电网、智慧交通等基础设施搭建,统筹制定分级分步战略,积极开展区域性示范区建设。通过对区域的产业优势与技术优势整合,根据主导产业特色,因势利导推进生产低碳化转型。政府通过积极引导,在供给侧,运用数字化技术推动绿色能源走向核心地位;在输送侧,建立输送网络,形成低碳输送链条;在需求侧,各级政府打通需求终端设施。通过一体化政策为数字化绿色化技术的全链落地,提供上下联通的多元化场景支持。[4]

---

[1] 2021数据中心高质量发展大会:《低碳数据中心发展白皮书(2021年)》2021年5月13日。
[2] 亚洲开发银行:《2022年中国碳捕集利用与封存技术CCUS示范与部署路线图更新报告英文版》,2022年。
[3] 中国信息通信研究院:《中国信通院数字化绿色化协同发展白皮书(2022年)》,2022年。
[4] 中国信息通信研究院:《中国信通院区域碳达峰碳中和发展规划白皮书(2022年)》,2022年。

同时，政府通过搭建数字技术与绿色技术配套基础设施，形成数字化绿色低碳产业园区，促进企业聚集，推动企业生产模式转型，发挥产业园区的规模效应，实现数字化绿色化与企业的自身生产实际结合，助力传统高耗能高碳排产业绿色化转型。①

（三）市场导向

市场在资源配置中起决定性作用，在数字化绿色化协同的技术赋能模式中同样起决定性作用。从当前来看，市场在数字化绿色化协同的技术赋能模式中的作用主要体现在市场为产业提供创新产品和服务以及市场化机制。

市场为企业提供创新产品和服务。在数字经济时代，企业是最主要的创新主体，是数字化绿色化协同的技术赋能模式的最大受益者。市场通过激励和约束机制，倒逼企业绿色低碳发展，推动企业从传统经济模式向绿色低碳模式转变。此外，数字经济时代的市场机制具有灵活性、包容性、适应性和创新性等特征，这也为企业提供了更多创新产品和服务的机会。②以碳排放交易为例，碳排放权交易市场作为"碳减排"市场的重要组成部分，可以使企业充分利用碳市场机制进行减排，激励企业从传统的高能耗、高排放向低碳绿色转型发展。

市场为企业提供市场化机制。市场机制是推动经济发展的重要动力。随着企业和产业的数字化转型进程加快，企业对数字化绿色化技术赋能的内在需求逐渐增强。在此背景下，市场为企业提供了市场化机制。通过市场化服务，增强企业绿色转型内生动力；市场为企业打通新应用、新技术、新产品和新服务的供需渠道，鞭策企业持续创新、持续优化；市场为企业搭桥建设数字化绿色化平台，扩大产品销售份额。③

三、技术赋能模式实施的条件

（一）数字技术与绿色技术的基础性创新

随着技术水平发展，数字技术与绿色技术不断融合创新，这是技术赋

---

① 中国信息通信研究院：《中国信通院中国智能制造发展研究报告：智能工厂》，2022年。
②③ 中国信息通信研究院云计算与大数据研究所：《中国通信院企业数字化转型蓝皮报告新IT赋能实体经济低碳绿色转型》，2021年12月。

能模式的基础条件。比如：数字技术与绿色技术融合，实施绿色、低碳、环保产品设计开发；用智能化设备实现绿色制造；利用数字化手段进行数据采集，经过数据整理、分析，对生产过程进行优化，从而完成产品的绿色化改造。数字技术与绿色技术创新融合能够帮助企业实现绿色生产，提升产品质量。

除此之外，应利用数字技术对企业内部各个部门之间的业务流程进行优化，减少生产过程中产生的废弃物。比如，利用信息技术将内部业务流程中产生的数据进行分类，根据不同类别对数据进行分析与处理，实现企业内部各个部门之间的协同分工。同时，绿色技术与数字技术融合理念进一步融入企业经营各个环节，实现企业绿色化转型，以及绿色技术的实际应用，从而减少浪费以及能源不合理使用情况，提高企业生产效率和能源利用效率。[1]

(二) 企业自身的绿色发展需求

在数字化绿色化协同的技术赋能模式实施过程中，企业需要将自身的发展与绿色发展相结合，积极承担社会责任。通过优化自身流程、整合自身资源，充分发挥数字化绿色化技术赋能的优势，提高企业的生产效率，减少资源浪费，减少对环境的污染。

在这一过程中，企业本身对于降本增效追逐经济利益的需要，使得企业进一步推动自身发展以及生产转型，加强管理水平和信息化水平。企业通过数字化绿色化技术赋能模式解决生产过程中遇到的问题，不仅提高生产效率，减少资源浪费，更起到绿色节能的效果。

(三) 配套政策支撑

数字化绿色化技术赋能模式的实施需要相应的配套政策。基于对高质量发展的追求，政府提供配套政策及措施才能保证企业顺利实施技术赋能，并带来规模化正向影响。政府出台相关的支持政策，对企业实施税收优惠、资金补助以及绿色金融等政策，推动企业参与经济高质量发展。

除此之外，政府加强宣传力度，引导企业树立正确的价值观，把绿色发展理念渗透到企业文化中。通过宣传教育的方式让企业树立绿色生产和低碳发

---

[1] 施耐德电气、阿里云、中国通信院、工信国际：《数字化与碳中和：园区篇》，2022年。

展理念,增强员工的环保意识和责任意识。政府将绿色环保理念纳入到产业结构调整、企业升级转型中,建立起绿色产业体系。政府设立相关机构,为企业提供咨询服务和技术支持等,帮助企业落实数字化绿色化技术与生产结合,实现绿色转型。

四、代表性案例

(一) 欧盟的农场可持续发展工具(FaST)

欧洲农业的数字化工具为实现零污染的农村经济做出贡献。2020年,欧盟首批成员国开发了一个名为农场可持续发展工具(FaST)的开源平台,欧盟将其本地化并部署到其他成员国。公共行政部门将化肥使用义务和限制转化为数字格式,使之可机器读取,并通过农民使用的应用程序访问。该模块化平台实现了公共部门数据和用户数据的重用和互操作。该数字工具通过移动应用程序和基于网络的解决方案为农民提供化肥使用建议,帮助农民遵守化肥管理的法律要求,以减少化肥污染。①

(二) 欧洲的 AI 四城项目

AI 四城是欧洲首个利用人工智能实现城市碳中和的商业前采购(PCP)行动,于 2020—2022 年实施。AI 四城项目致力于利用人工智能技术与清洁技术减少空气污染,加速碳中和。项目汇集了领先的欧洲城市和地区,包括赫尔辛基、阿姆斯特丹、哥本哈根、塔林、斯塔万格和巴黎大区等,在"智慧城市"和温室气体减排的交叉点上,加速和引导突破性和创新性解决方案落地,支持城市气候承诺。②

(三) 伊利集团的数字化碳汇

伊利集团在伊利现代智慧健康谷建成中国第一个零碳五星示范区。在区内,伊利通过数字化、节能减排等技术,配合智慧管理平台、低碳技术交易平台等对能源进行管理,在产品全生命周期实现牧场种养一体化和绿色制造。伊利现代智慧健康谷引领了行业绿色低碳的高质量发展,应用产业驱动全链路,以数字赋能智慧城市建设、以绿色引领产业与城市融合,形成产

---

①② 欧盟委员会:《零污染数字解决方案》,2021 年。

城融合的发展模式。①

第二节　网络驱动模式

一、模式概念和内涵

(一) 模式概念

网络驱动模式促进资源充分流动和利用,提高要素利用效率。网络驱动模式是指各类生产要素、产品、企业和相关机构依托网络实现自身充分利用,最大化自身价值,从而推动数字化引领绿色化。

网络驱动模式以网络为载体,网络的共享性和开放性是实现数字化引领绿色化的关键。网络打破了人、设备、产品、资本和信息等要素的时空限制,使得各种资源能在不同业务、不同企业和不同系统中高效流动,通过对资源要素的合理配置和充分利用,最大化资源要素的社会价值。目前随着相关技术的不断完善和发展,网络在实现数字化引领绿色化过程中发挥着越来越重要的作用,已成为数字化引领绿色化中必不可少的媒介。

网络驱动模式离不开平台的建立,各类平台利用前沿技术,连接各类生产主体,整合资源信息,通过提高资源的流转速度实现数字化引领绿色化。

(二) 模式内涵

数字化绿色化协同的网络驱动模式主要由信息网络、数据网络和人际网络三个部分构成。

信息网络主要依托互联网等信息基础设施,让个体信息迅速传播,提高了信息的流通速度,极大降低了信息获取成本。

数据网络分为两类,一是企业、行业和区域利用自身内部数据,借助数据建模手段和生产要素,进行数据分析,提高生产效率,优化产品和服务流程。二是企业、行业和区域利用全社会的外部数据,依托云计算等技术,进行分析处理,实现资源要素在全社会优化配置。

人际网络注重企业和产品间的连接,人际网络的发展使得企业和产品间

---

① 中华工商网:《伊利减碳新动向:碳汇和数字化》,https://baijiahao.baidu.com/s?id=1740780784152903067&wfr=spider&for=pc(发布时间:2022年8月10日)。

联系增强,丰富企业供应链,提高企业价值链,完善相关产业体系。

二、网络驱动模式的基本特征

数字化绿色化协同的网络驱动模式的主要特征包括技术导向性、互联互通性和政府统筹性。

(一) 技术导向性

数字化绿色化协同的网络驱动模式离不开技术的支持。其中5G技术、大数据技术、云计算技术与传统实体经济的有机结合是促进节能减排的有力手段。

5G通信技术依托其高速率、低时延和大连接的优秀特质,实现人、机、物、系统全面互联,提高网络供给能力,5G通信技术的发展加速了全社会资源的数字化进程,为精准监测社会能耗、排放、污染等问题奠定了基础,使得数字化绿色化向更广更远的方向发展。大数据技术通过对信息的采集、筛选和存储,提高了社会生产要素和各主体间的信息网络化共享程度和社会资源集约化整合水平。云计算技术通过超强的计算能力,与大数据技术相互配合,集成相关资源。一方面,云计算技术根据用户需求提供个性化服务,提高设备运转效率,提升生产管理的精准性,实现高效生产。另一方面,云计算技术帮助实时监测企业能耗,促进企业低碳化改造,实现企业节能降耗。

(二) 互联互通性

数字化绿色化协同的网络驱动模式的互联互通性主要体现在信息、网络和数据三个层面。

在信息层面,网络驱动模式通过优化人际网络,加速人际网络间的信息流通速度实现数字化引领绿色化。网络驱动模式不仅降低了同行业企业的沟通成本,使企业以低沟通成本在行业内进行信息交换,提高了行业内企业间的沟通效率,还打破了不同行业间的沟通壁垒,使企业以低信用成本同社会各主体进行信息交换,加速了绿色技术和清洁能源的推广应用,推动了各产业数字化、绿色化改造。

在网络层面,网络驱动模式的主要载体是物联网。物联网是互联网的延伸和扩展,是由各种信息传感设备与网络结合起来而形成的一个巨大网络,物联网通过末端智能感知,将技术与设备高效连接,通过建立任何时间、任何地点、人、机、物的互联互通,实现对物体的智能化识别、定位、跟踪、监控和管理。物联网在多个维度推动了企业数字化绿色化转型。在生产经营方面,物联网的应用增加了传统产品的信息技术含量,提高了产品的智能化水平和附加值,促进了产品的升级和更新换代,推动产品向环境影响小、资源利用高、经济效益好的绿色化方向发展。在经营管理方面,物联网优化企业核心竞争力,使得传统行业向规模化产业化绿色化方向发展,通过深化各行业的企业信息技术应用,促进业务创新和管理创新,推动企业绿色低碳转型。

在数据层面,网络驱动模式通过数据共享开放,加速了数据的开放性和流动性,推动数字化引领绿色化。对政府而言,数据的共享开放有助于政府充分了解社会各主体的污染排放行为,对企业和产业绿色转型进行更有针对性的引导。对行业而言,数据的共享开放降低行业间沟通成本,提高沟通效率。对企业而言,数据的共享开放加快了企业获取先进技术信息的速度,促进了新产品和新服务的开发进程,提高了企业生产效率,推动能源效率提升和能源结构优化。对个人而言,数据的共享开放为个人提供更多绿色低碳行为选择,如共享单车、智能地图、远程会议等。

(三) 政府统筹性

数字化引领绿色化的网络驱动模式离不开政府的统筹规划,政府在推动数字化引领绿色化的统筹规划包括规则制定和平台建设。

政府通过制定法律法规,规定网络驱动模式的参与主体、目标要求、行为准则,明确网络驱动模式在数字化引领绿色化中的关键点和着力点,为企业和社会指明了网络驱动模式的发展方向。政府推动以数据中心、5G 为代表的信息基础设施绿色高质量发展,通过构筑绿色底座,助力实现碳达峰、碳中和目标。同时,政府通过不断完善财政税收、知识产权、人才培养等配套政策制度,为网络驱动模式注入新动力,推进数字化引领绿色化稳定运行。

除了制定相关政策,政府还在平台建设中发挥主导作用,一方面,政府利用自身统筹能力,建立网络对接平台和相关行为规范,推动各类生产要素数字化,有效整合社会资源。另一方面,政府利用自身引领能力,鼓励社会各方力量深度参与平台建设,通过明确各主体在推动数字化引领绿色化中的定位,打破高校、科研院所、企业及协会等机构间的沟通障碍,进一步形成政府牵头、学界支撑、企业参与的平台驱动格局,有效推进各界合作和对接,促进了不同领域、不同行业间信息的交流沟通。

三、网络驱动模式实施的条件

（一）平台的重要媒介功能

网络驱动模式的实现以平台为基础，平台建设的主体主要分为政府、第三方机构、企业三大类。

政府建立的平台主要集中在国家层面和重点领域。第一，政府依托自身领导力和号召力，凝聚高校、科研院所、企业、协会等社会各方力量，建立国家层面绿色信息交流沟通平台，加速绿色技术和绿色理念的推广应用，助力产业低碳化转型。第二，政府围绕低碳转型重点领域设立专项工作组，由相关部委牵头运行，充分调动相关领域社会力量，通过建立相应平台，整合社会资源，推进低碳转型具体工作，重点攻关国家关键共性技术和产业前沿低碳技术突破，提升产业创新能力和绿色水平。

第三方机构建立的平台主要集中在行业层面。第三方机构依靠自身链接性，在相关领域联合各方资源，建立低碳网络交流平台，充分发挥自身"牵线搭桥"作用，帮助产业实现转型创新和节能减排的发展诉求。第三方机构平台的出现极大丰富了社会性交流平台的类型。目前，第三方机构在社会性平台建设方面发挥着越来越重要的作用。

企业建立的平台主要集中在自身产业链层面。通过建立相应平台，企业能够及时获得用户需求信息，实时把控市场动向，为用户提供个性化服务，提高自身资源配置效率。同时，平台的建立有助于企业对自身人员、设备、活动等进行数字化管理，汇集产品的全生命周期所涉及各环节的上下游资源，打破数据信息孤岛，优化配置方式，提高资源利用率。此外，企业利用平台技术，实时监测生产、消费、传输、运营、管理、交易等各环节的能源消耗情况，通过及时调整和改进高能耗环节，优化自身能源结构，提升能源利用效率，实现节能降耗减排。

（二）数据流通的基础性保障

数据是数字化引领绿色化的网络驱动模式的核心要素，网络驱动模式的成功运转离不开大数据的支撑。充分利用具有安全性、真实性、共享性和及时性的海量数据，是推动数字化绿色化协同转型的关键。目前，提供大数据的主体主要包括政府和市场。

政府导向的数据流通分为行业主导模式、区域一体化模式和场景牵引模式三类。行业主导模式主要由垂直领域行业管理部门或中央企业负责建立公共数据管理平台,向社会主体提供数据服务,行业主导模式不仅能加快数据在行业内流动速度,帮助行业内企业进行有效交流,还能帮助政府对行业发展进行实时引导。区域一体化模式由一定区域内综合数据运营方建立公共数据运营平台,通过引入不同行业数据运营机构,开展各行业公共数据运营服务,区域一体化模式以区域发展为目标,通过集合区域内各行业力量,推动区域数字化引领绿色化。场景牵引模式以政府和公共服务部门信息化设施为基础,由政府中数据管理部门制定实施公共数据开放共享及开发利用管理制度,并统筹建设公共数据管理平台,通过多次分类授权引入垂直领域高质量数据运营方,提供公共数据服务。

市场导向的数据流通主要采用数据信托和数据中介两种模式。数据信托模式是一个多模块信息系统,其中数据存储模块负责数据汇总,数据共享平台负责数据再传播,数据研发中心负责提高数据提供范围和传输效率,数据可视化与分析负责数据处理。[①]中介则一般指以中间人的身份帮助促成数据源到数据使用者之间数据流动的机构,[②]数据中介通过为第三方收集汇聚、处理分析和售卖信息,加速各类数据在数据持有者和数据使用者间的流通速度,降低信息交换的交易成本。

(三) 政策引导的坚实后盾

政府的政策引导在网络驱动模式发挥着两重作用。

一方面政府基于社会发展情况,定期颁布法律法规,为各产业数字化绿色化协同转型提出行动纲领,建立国家数字化绿色化发展体系,明确社会各主体在数字化绿色化转型中的地位和作用,规范数字化引领绿色化的网络驱动模式,推动网络驱动模式规范化发展。

另一方面政府通过政策保障、创新资金使用、项目管理等方式,统筹协调各方利益和诉求,推动产业领域的技术合作,把握重点领域和技术方向,为企业数字化低碳化转型提供技术、资金等方面的支持,助力企业低碳化转型,加快网络驱动模式数字化绿色化协同发展。

---

①② 中国软件评测中心:《公共数据运营模式研究报告(2022年)》,2022年5月。

四、代表性案例

(一) 法国打造欧洲大数据农业典范①

2017年法国农业部制定大数据门户网站目标,该目标的实现主要依托大数据技术。大数据技术通过提升农民的话语权,改变农民和银行、保险公司、农业互助合作社等利益相关者的关系,彻底改变现有的农业生产方式。该计划还倡导互联网企业积极进入农业数据行业,一方面互联网信息鱼龙混杂,企业可以通过筛选有效信息获得利润,为企业进入农业数据行业提供了动力,另一方面多企业竞争避免了垄断现象的出现,使得法国农业生产方式向多样化方向发展。

(二) 晋南钢铁"5G+工业互联网"项目②

晋南公司提出的5G+工业互联网系统方案是利用互联技术,给每个铁水罐附上独特电子标签,通过电子识别技术和数字识别系统对产品的质量、位置和生产情况进行实时监督和调整,提高了铁水管的生产安全性和利用效率。

通过实施5G+工业互联网方案,晋安钢铁的调度方式由人工调度升级为自动调度,最大程度提高了工作效率,简化了生产流程,节省了运送调度时间,最大限度避免了由于人工操作失误导致的成本损失,同时5G+工业互联网项目的实施帮助企业优化生产流程,提高企业一键炼钢的能力。项目中对罐包设备的全生命周期管理通过实时监测罐包状态,及时对设备进行保养维护等方式,不仅可以保障设备安全性,避免生产事故的发生,还能延长设备的使用寿命,提高设备的利用率。通过结合5G技术与远程PLC(可编程逻辑控制器)协同控制技术,晋南钢铁集团实现了低延时高可靠的远程操控技术,提高了协同控制能力。晋南钢铁集团5G+工业互联网项目践行了碳达峰碳中和的发展理念,推进了企业自身节能降碳。

---

① 农业行业观察:《数字农业——欧美案例分享》,载商业新知,https://www.shangyexinzhi.com/article/3675972.html(发布时间:2021年4月20日)。

② 《工业互联网赋能绿色低碳发展优秀案例集——晋南钢铁"5G+工业互联网"项目》,https://mp.weixin.qq.com/s?biz=Mzg5NjI1NjEyNg==&mid=2247506143&idx=1&sn=3bdd374c974813d3719e4f2011697267&chksm=c00149cef776c0d80a3b6b457b7f3f6444d75491764bc5a93231bbf6f950beb86c6bd517a87b&scene=27(发布时间:2022年2月6日)。

(三) 太原市"天地空"一体碳监测"路径"[①]

在被生态环境部列为碳监测评估基础试点城市后,太原市加快推进高精度二氧化碳和高精度甲烷的监测工作。太原市布设4个高精度碳监测点位,采用无人机、走航车、遥感卫星等高科技手段,推进碳监测等工作。太原市综合工业排放源分布、地形地貌、主导风向等因素,并按照避免靠近人为和自然温室气体排放源、扩散均匀等技术要求,确定了4个高精度碳监测点位。并在4个点位开展连续24小时高精度二氧化碳、甲烷、一氧化碳监测及高精度气象参数监测(风向和风速、温度、湿度、气压、降水量)。太原派出无人机,对全市范围内工业区、商业区、生活区、公园等区域进行监测,作为固定源的补充监测;派出走航监测车,对全市范围内工业区、城市主次干道等区域进行监测,通过站点及敏感区域周边走航,可快速识别二氧化碳和甲烷高值区域,支撑温室气体溯源;卫星遥感数据,拟与技术支撑单位生态环境部卫星环境应用中心获取,依托卫星中心联合分析解片,对太原市区域大尺度进行数据解析,获取其时空演变规律,并对多源数据的反演结果进行评估和精度验证,为排放清单的校验提供数据支撑。利用上、下风向浓度差值,将估算太原市的碳排放通量,并结合碳同位素(碳-14)监测,区分估算太原市主要人为源(化石源)和自然源排放量。

第三节 市场交易模式

一、模式概念和内涵

(一) 模式概念

市场交易模式推动碳资源及其相关要素合理配置,引导碳排放主体低碳减排。市场交易模式是指国家、企业和个体利用市场机制,以碳资源为核心,实现相关要素交易,从而达成数字化引领绿色化的方式。

市场交易模式的核心是碳资源,通过建立碳资源等虚拟资产和传统行业之间的桥梁,推动碳资源及其相关要素在个体、企业、国家乃至世界间进行合理配置,鼓励碳排放主体减少碳排放行为、增加碳吸收活动,从而达成国家的

[①] 太原日报:《"天地空"一体监测 太原市确定碳监测"路径"》,https://baijiahao.baidu.com/s?id=1759387324447672019(发布时间:2023年3月4日)。

碳排放目标,并进一步推动世界范围内碳达峰碳中和目标的实现。

碳资源的市场交易离不开技术的支持,碳捕捉、碳利用和碳封存技术为碳资源市场化交易奠定了基础,使得利用市场机制进行碳排放配额交易成为可能,碳排放的精确量化、审计和模型分析推动碳资源在各市场主体间充分流动,并带动相关要素实现社会资源合理化配置。

(二) 模式内涵

数字化引领绿色化的市场交易模式主要由碳交易、碳汇交易、碳普惠兑换三个部分构成。

碳交易侧重排放主体间温室气体排放权的交易,具体而言,政府首先根据国家减排目标将排放总量分配至各企业和机构,各企业和机构再依据自身排放情况,通过市场购买或出售相应配额,从而在国家层面完成减排目标。目前随着碳捕捉、碳追踪等数字化技术的发展,碳交易成本逐步下降,参与碳交易的企业也不断增加。

碳汇交易侧重生态补偿,依靠自身无法达到规定碳排放标准的国家和企业可以通过碳汇交易,借助森林、湿地和湖泊等自然资源对大气中的二氧化碳进行吸收和清除的活动,[1]抵消自身碳排放量,从而实现碳排放目标。近年来碳汇量化技术的进步,使得碳汇资源从农林业向海洋资源转移。

碳普惠兑换侧重个体减排行为,公众通过购买绿色认证产品、乘坐绿色交通工具等减排行为获得积分,再使用积分兑换相应产品和服务,碳普惠兑换方式量化了公众的低碳行为,激发了公众的减排热情。

二、市场交易模式的基本特征

数字化绿色化协同的市场交易模式的主要特征分别包括碳资源核心性、技术引导性和政府主导性。

(一) 碳资源核心性

数字化引领绿色化市场交易模式的核心交易对象是碳资源,通过碳资源这一虚拟资产同金融行业、实体行业相连接,建立绿色基础设施和数字资产间

---

[1] 联合国大会:《联合国气候变化框架公约》,1992年5月9日。

的桥梁，促进全国乃至全球的碳资源利用，并以碳资源的充分利用带动其他社会生产要素的流动，从而促进社会资源合理配置。

市场交易模式的内核是碳资源经过资源化、资产化和资本化转变，释放自身潜在价值，实现价值变现的过程。其中资源化是指企业利用科学评估方法计算节能减排、本地碳汇开发等活动产生的碳排放量，并进一步确定权益性碳资源的过程。资产化是指碳资源经过市场交易，由确权的虚拟资产转化为自身资产收益，释放碳资源的经济价值的过程。资本化是指通过碳资源与传统金融产品结合，加快碳资源交易速度，促进碳资源流通变现的过程。

由于参与碳资源市场交易的主体众多，除了常见的控排主体，还包括各类投资机构、中介公司、个人投资者、互联网企业和产品消费者，形成了丰富的碳资源交易产业生态圈。因此碳资源的交易产品种类也极为丰富，在碳排放配额和国家核证自愿减排量交易的基础上，还衍生出碳资源同期权、保险、证券、碳基金、碳信用等金融产品结合产生的碳金融市场产品，[1]以及碳资源同出行、购物等实体消费结合产生的碳实体市场产品。

(二) 技术引导性

数字化引领绿色化的市场交易模式需要依托碳资源相关技术，从交易流程看，市场交易模式的技术引导主要集中在碳资源核算与确权、碳价预测和交易本身三个方面。

碳资源的精确核算和确权是碳资源进行市场交易的前提。企业利用碳计量设备采集碳排放数据后，依托5G、云计算、大数据等先进碳核算技术对碳排放数据进行计算和确权，再通过灵活运用过程生命周期法、投入产出生命周期法、混合生命周期法等碳核算方法最终实现碳资源的精确核算和确权。

利用人工智能对碳排放权交易价格进行预测，是实现市场交易模式的重要环节。一方面对于排放主体企业而言，准确及时的碳价预测有助于规避碳价格波动带来的资产损失；另一方面对于碳资源市场交易的其他参与者而言，可靠的碳价信息能够优化自身投资策略，降低波动带来的风险损失，激励更多人参与到碳交易生态中来，促进整个经济社会的绿色低碳意识与积极性。

区块链技术使得碳资源市场交易模式更加透明公开。区块链技术拥有商业数据保密性与环境数据公开性的特征，因此企业可以借由区块链技术，在链

---

[1] 泽平宏观：《碳足迹碳交易碳中和带来碳市场巨大机会》，2022年。

上完成碳排放交易。区块链技术对碳资产和碳排放权进行实时透明且不可篡改的碳资产管理,实现了碳交易从配额下发到排放权获取,再到交易、流通、核销、统计等各个环节的全过程数据链上存储和共享,保证交易的真实可信,增强了碳资源交易市场活力,推动碳排放权交易市场有序发展,降低交易成本。

(三) 政府主导性

碳资源交易市场以功能差异划分为一级市场和二级市场。一级市场主要负责对碳排放量进行调控,是交易产生的基础。在一级市场中,政府根据国家发展战略和发展目标,通过行政、法律等手段确定企业的碳排放权和碳资产数额,规定参与碳资源交易的企业和社会机构的条件。二级市场则负责碳资源的交易,通过碳资源进行定价,引入碳期权、碳期货等与碳排放权挂钩的债券等方式,充分发挥市场机制作用,提升企业参与碳交易积极性,实现碳资源在社会内的充分流动。

在碳普惠方面,政府是建立碳普惠机制的主体之一,主要负责多元碳普惠机制的建立。多元碳普惠机制指以政府平台和多元企业合作用户减排场景和激励机制的新型碳普惠机制,其中政府负责碳普惠机制的顶层设计,通过政策引导促进碳普惠减排量的交易,企业主体负责碳普惠平台共建,提供减排场景及市场化的激励模式,多元碳普惠机制使得公众能在政府和企业各自碳普惠平台上查询到个人碳账本,提高公众参与低碳行为的积极性。多元碳普惠机制充分利用政府和企业的力量,共同推动全民绿色低碳行动,是新型的环境治理体系下碳普惠发展的新模式,是政府主导、企业主体、社会组织和公众共同参与的现代环境治理体系的具体体现。在多元碳普惠机制的影响下,政府、企业和第三方机构等各类主体越来越活跃,各种主体间合作内容也不断拓宽,正在逐步形成政府组织、技术引领、平台承载、用户响应的创新共同体。

三、市场交易模式实施的条件

(一) 碳核算

碳核算的准确性是衡量企业碳排放量的关键,也是碳交易市场的基础。碳核算的精确性受到碳计量设备、碳核算技术和碳核算方法的影响。

碳计量设备的准确度直接影响到碳核算质量。计量器具制造企业需对计量器具进行定期巡检、校准、维修和保养,保障设备完好正常使用,确保测量数据的可靠性和可信性。

常用的碳核算方法包括过程生命周期法、投入产出生命周期法、混合生命周期法三类。[①]其中最常用的是过程生命周期法,该方法利用"自下而上"的结构进行碳排放核算,通过对碳资源排放进行实地监测调研,灵活获取产品或服务在生命周期内所有的碳输入输出,从而对总的碳排量进行精确核算。投入产出生命周期法通过引入经济投入产出表,从投入产出表、平衡方程和对应关系三个维度测算生产过程中的碳排放水平。混合生命周期法是将过程分析法和投入产出法相结合核算碳排放的方法。在实际应用中需要根据企业性质、产品类型和行为活动灵活选择碳核算方法,规避截断误差,针对性地进行核算碳排放,实现碳资源的精确核算。

云计算技术和大数据技术等新型碳核算技术的应用加快了碳核算速度,提高了碳核算的精确性。云计算技术一方面能以较低成本为企业提供碳数据应用和管理所需的规模级存储和计算功能,对碳数据计算和存储进行动态弹性管理,最大程度避免因电路故障或其他故障导致服务停止运行等问题,提高物力资源的价值,降低企业运行成本。另一方面,云计算技术还可以与碳排放、社会引领等行业级碳管理平台相连接,推进企业与行业碳管理大数据平台对接,提升数据信息的统计、监测、分析和核查水平。大数据技术则侧重对数据进行实时监测和处理,通过对设备、产品、产线、区域碳排放的精确核算,及时监控碳排放,精确核算碳排放监测对象。

(二) 数据可信性

碳资源是数字化绿色化协同发展市场交易模式的核心交易对象,碳资源数据的真实性、准确性是保障资源市场交易能顺利进行重要条件,而区块链技术的应用极大程度保障了碳资源数据的可信度。

区块链技术能够为碳资源市场交易主体提供一种高度信任的环境,通过代码化碳排放数据核算方法,建立碳资源计算模型,使得碳数据能够在没有第三方的情况下进行自动封闭运行,有效减少了人为因素和外部因素的干扰,降低了核算的误差,提高了数据挖掘和分析的准确性。同时区块链会留存碳资源从采集监测到计算分析,再到流通交易的每一步数据记录,保证碳资源交易的真实度和可信度,为碳资源数据提供强信任背书,使得碳资源数据和每笔碳

---

① 泽平宏观:《碳足迹碳交易碳中和带来碳市场巨大机会》,2022年。

资源交易都有确权证书,将碳资产变为受保护的虚拟资产,强化了碳资源数据以及数据访问权的资产属性,提高数据价值。区块链技术还能协助政府部门和第三方核查机构开展碳资源监管分析工作,碳资源的确权使得政府部门和第三方核查机构能够获得安全准确的碳排放的各种数据和记录。政府部门通过实时监管碳排放数据和碳资源交易数据,及时调整国家低碳发展政策,优化社会资源配置。第三方核查机构则利用区块链技术快速核查企业碳排放数据和记录,并通过区块链分布式账本功能将核查报告同步反馈给企业和政府部门。

(三)"双碳"目标

碳达峰和碳中和是国家重要发展战略,碳资源的市场交易是实现碳达峰碳中和目标的重要途径。为此,国家和政府制定了一系列政策,完善碳资源市场交易。从政策性质看,政策主要分为规范性政策和引导性政策两类。

规范性政策主要指政府通过出台碳资源法律法规,确定市场交易结构,规范市场交易行为。例如,《京都议定书》提出了国际排放贸易、联合履行和清洁发展三种碳排放的交易机制,建立了碳排放权交易体系的雏形。我国政府在此基础上通过相关政策规范,确定了以碳排放配额交易为主、自愿减排市场交易为辅的碳交易结构,在碳交易市场中引入了碳排放配额与国家核证自愿减排量两种基础交易产品。

引导性政策则是指国家和政府通过设计碳资源市场交易建设工作方案和管理办法,出台相关方法和标准,优化碳资源市场交易环境。同时利用资金支持和政策激励的方法,丰富碳资源交易参与主体,提高社会各方参与市场交易的热情,推动碳资源在社会中合理配置,最终实现碳达峰碳中和的目标。

四、代表性案例

(一)美国 NCX 公司的碳交易市场建设[①]

2021年6月1日,NCX 开启了气候和社区计划并成立了基于数据的森林碳交易市场。该市场的作用体现在将森林管理的收益进行货币化,在碳信用

[①] 陈洁:《美国 NCX 公司利用数据技术建立碳交易市场减少碳排放》,《中国林业产业》2022年第5期。

购买者和森林所有者之间建立沟通桥梁。NCX能够对进行完整的数据测量以此来产生碳信用,让企业付出高补偿来支持森林所有者实现净零耗能的目标。

NCX公司联合创始人兼首席执行官表示,NCX公司能够衡量森林对气候所产生的影响,使林主能够获得砍伐木材之外的收入,在减排的同时增加林主收入。公司成立的碳交易市场允许承诺净零排放的企业购买到所需的碳信用。

(二)韩国光州市"碳银行"

光州市于2008年开始推行"碳银行"制度。制度的具体内容如下:参与碳银行活动的家庭可以领取光州银行发行的"碳绿卡"。该独特的"银行卡"用于记录持卡人以及其亲属获得的"碳积分"。碳积分的获得路径有:购买经过绿色认证的产品、搭乘公交车等绿色出行工具以及其他减少碳排放的行为。所获得的碳积分能够代替金钱用以购买环境友好的家庭用品、享受特定景区的门票折扣。

(三)万碳魔方区块链低碳服务平台项目[①]

万碳魔方区块链低碳服务平台项目,是通过区块链、物联网及安全云等多种先进技术,为平台使用者提供碳排放足迹可靠溯源和管理,为企业的低碳经济数字化转型提供决策支持。

作为碳资产管理平台,万碳魔方在技术方面整合了区块链、知识图谱、人工智能等多项技术,可以清晰地追踪企业产品诞生至完工整个生命周期的碳排放情况,保证所获取碳排放数据能够追溯、确权,帮助企业有效识别碳排放风险,建立可持续发展目标和供应链碳排放的数据化管理体系,设计能够达成的合理碳中和目标。

执笔:范佳佳(上海社会科学院信息研究所)

---

① 万向区块链:《万向区块链推出"万碳魔方区块链低碳服务平台",灵活配置满足多个场景需求》,https://foresightnews.pro/article/detail/12392(发布时间:2022年8月24日)。

第四章　数字化绿色化协同发展的推进机制

在大数据、云计算、5G、区块链、人工智能等新技术迅速渗透各行各业的今天,数字化与绿色化协同发展已成为具有国家战略意义的重要组成部分。数字化绿色化协同发展的推进机制是对"数字化引领赋能绿色化发展、绿色化带动提升数字化转型"的支撑和保障。这一理念在国际上得到了多个国家的认可,被视为实现可持续发展目标的可行方式。联合国可持续发展目标(SDGs)中包含了数字化和绿色化要素,全球各国积极探索如何将新技术与碳达峰、碳中和相结合,如欧盟的"绿色新政"、美国的"清洁能源计划"、日本的创新基金投入和节能法案修订等都是典型案例。在推进双碳战略过程中,各国着眼于"双化"在创新协同、区域协同、产业协同等方面的推进机制,强调促进新技术快速发展和创新应用于能源、工业、交通、建筑、消费等"3060"碳达峰、碳中和重点领域的管理和建设机制。以系统科学、协同学、产业链现代化等为理论基础,借鉴近几年国内外数字化绿色化协同发展的体制机制创新经验,探讨我国"双碳"背景下促进数字化绿色化协同发展的推进机制,是关乎经济发展与环境保护如何平衡、各地区各部门如何推进国家战略和产业规划落地的重要议题。这一议题不仅强调了数字化与绿色化的协同发展对于实现碳中和目标的关键性作用,也是各国在应对气候变化和推动经济增长方面的共同目标。

第一节　创新协同机制

创新协同是指创新资源和要素有效汇聚,通过突破创新主体间的壁垒,充分释放彼此间"人才、资本、信息、技术"等创新要素活力而实现深度合作。①协同创新关注创新主体合作创新的状况和程度,以及不同来源的创新要素有机配合而产生整体效应最优的协作过程。②

数字化与绿色化创新协同机制,即通过配置、调整、重组、改革与双化技术协同创新相关的数据、人、财、物等资源,以及组织结构、制度规范等来保障创新主体之间、创新过程中的协同,共同提升技术创新能力,实现"2+2＞5"的功能效应。具体表现为在"双碳"领域同时引入大数据分析、人工智能(AI)、区块链、5G、物联网(IoT)等数字化技术,以及清洁能源技术、碳捕获利用和存储(CCUS)技术、能源效率技术、生物智能和生物燃料技术、电动汽车等绿色化技术,通过创新主体之间跨领域的合作,共同推动新技术的研发、应用和普及,以解决能源结构问题、工业高能耗问题以及环境可持续问题,共同推进高质量发展。

实践中,我国为加强科技支撑碳达峰碳中和的创新协同能力,由科技部等九部门联合印发《科技支撑碳达峰碳中和实施方案(2022—2030年)》,制定了涉及基础研究、技术研发、应用示范、成果推广、人才培养、国际合作等具体行动,与数字化绿色化创新协同相关的行动,如"能源绿色低碳转型科技支撑行动、低碳与零碳工业流程再造技术突破行动、建筑交通低碳零碳技术攻关行动、前沿颠覆性低碳技术创新行动",以及"碳达峰碳中和创新项目、基地、人才协同增效行动,绿色低碳科技企业培育与服务行动,碳达峰碳中和科技创新国际合作行动"等。③

从技术研发和应用角度而言,数字化绿色化创新协同的关键机制应包括关键技术联合攻关机制和创新成果转移转化机制。

一、关键技术联合攻关机制

关键技术联合攻关是指,在政府部门引导下,以关键核心技术攻关重大任务为牵引,由专业和创新能力突出的优秀企业牵头,将产业链上下游优势企

---

① 沈王一、谢磊:《为创新驱动发展提供机制保障》,http://theory.people.com.cn/n1/2015/1221/c49154-27954444.html(发布时间:2015年12月21日)。
② 王振等:《中国区域经济学》,上海人民出版社2022年版,第65页。
③ 新华社:《做好科技支撑"双碳"工作 科技部等九部门印发最新实施方案》,https://www.gov.cn/zhengce/2022-08/18/content_5705889.htm(发布时间:2022年8月18日)。

业、科研机构和高等院校有效组织起来①,建立优势互补、分工明确、成果共享、风险共担的合作机制,按照市场机制联合组建研究开发平台、技术创新联盟、创新联合体等,协同推进研究开发与科技成果转化,提高科技成果转移转化成效②的过程。

在数字化绿色化协同发展领域,关键技术联合攻关的内涵主要包括:(1)组织形式是企业、高校、研究机构及其他组织,根据电力、交通、制造、建筑等传统高能耗产业智能化绿色化转型发展情况,以及数字能源、绿色新基建、智慧农业、智慧绿色工厂等新型低碳产业发展需求,在政府引导下,结合市场需求,由能力突出的优势企业牵头,组建的研发平台、技术创新联盟、创新联合体等。(2)基础和原则是,优势互补、资源共投、责权分明、风险共担、收益共享、共同推进可持续发展。(3)目的是在实现技术创新的同时,提升区域乃至国家创新能力,促进产业和区域创新系统构建趋于完善。

关键技术联合攻关的运作机制,从创新载体、过程管理、要素管理三个方面看,可总结为以下内容:

(一) 创新共同体

创新共同体是具有共同创新价值认同、共同经济社会利益和需求,并依据一定方式和规范组合而成的相互关联的群体或组织,创新共同体的成员通常由高校、科研院所、企业、创新中介组织、金融机构、创新促进平台或机构等组成。③创新共同体已成为双化协同促进关键技术创新和研发的重要载体,其组织形式在实践中至少有两种:一种是由当地创新资源整合能力强的行业企业牵头组建,联合国内相关企业、高等学校、科研院所或其他组织机构等多个独立法人单位组成,④又可称"创新联合体",如内蒙古2022年在"双碳"科技创新重大示范工程"揭榜挂帅"项目的揭榜方应以"创新联合体"申报。另一种是以

---

① 浙江省科学技术厅:《浙江省科学技术厅关于组织开展2021年浙江省创新联合体培育工作的通知》,http://zjjcmspublic.oss-cn-hangzhou-zwynet-d01-a.internet.cloud.zj.gov.cn/jcms_files/jcms1/web3255/site/attach/0/0b042700f5db4632a0efb29b49b53b43.pdf(发布时间:2021年6月1日)。
② 2021年版《科学技术进步法》第三章"应用研究与成果转化"第三十一条,http://www.npc.gov.cn/npc/c30834/202112/1f4abe22e8ba49198acdf239889f822c.shtml(发布时间:2021年12月25日)。
③ 王振等:《中国区域经济学》,上海人民出版社2022年版,第28页。
④ 内蒙古自治区科学技术厅:《关于发布2022年内蒙古自治区"双碳"科技创新重大示范工程"揭榜挂帅"项目第一批技术榜单的公告》,https://kjt.nmg.gov.cn/kjdt/tzgg/202205/t20220531_2064788.html(发布时间:2022年5月31日)。

国家重大创新需求为导向,以"科创+产业"为引领,由区域经济各地区联合构建跨学科、跨领域、跨区域的若干创新联合体组成。①比如,2020年科技部在《长三角科技创新共同体建设发展规划》中建立的长三角地区的创新共同体,要求地区之间秉持"战略协同、高地共建、开放共赢、成果共享"的基本原则。

创新共同体不同于传统的围绕国家实验室、国家科研机构等建立的关键核心技术攻关机构,而更强调龙头企业的主导作用,利用龙头企业在行业、地区的影响力,有效整合分布在不同创新主体中的分散化创新资源,以市场需求牵引科技发展,推动创新链与产业链融合,打通从科技强到企业强、产业强、经济强的通道。②

无论是本土型创新共同体还是区域型创新共同体,在数字化绿色化协同发展的背景下实施关键技术的联合攻关,都首先需要建立组织协调机制来保障创新战略协同、创新资源共建、创新成果共享。

建立"联合攻关"组织协调机制,以"领导小组+办公室+工作专班"的形式构建"联合攻关"组织是目前普遍采用的政策工具组合,国家和区域层面的联合攻关的领导小组,往往由国家科技、生态环境、能源、工信等与数字化绿色化技术创新相关的部门,通过创新共同体建设办公室制度框架组建,并由科技部或能源部门牵头组建数字化绿色化技术创新协同若干工作专班,负责国家重点项目或区域合作等日常管理协调。如我国长三角地区依据《长三角科技创新共同体联合攻关合作机制(2022)》建立部省(市)协同的组织协调机制,由长三角一体化发展领导小组领导,建立科技部、三省一市协同的长三角科技创新共同体联合攻关机制,由科技部战略规划司和三省一市科技厅(委)共同组建的长三角科技创新共同体建设工作专班负责统筹推进实施,下设联合攻关专题推进组负责日常管理协调。

并且,在"双碳"背景下关键技术攻关的组织协调保障机制中,部门协调机制尤为强调网络安全的重要性。如美国的"双碳"关键技术攻关项目主要由能源部门牵头,该部门在2018年《能源行业网络安全多年计划》(MYPP)的部署下,明确由能源效率和可再生能源办公室(EERE)指导网络安全研发(R&D),并与能源安全和应急响应办公室(CESER)的网络安全研发协调和整合工作保

---

① 科技部、上海市人民政府、江苏省人民政府、浙江省人民政府、安徽省人民政府:《关于印发〈长三角科技创新共同体联合攻关合作机制〉的通知》,https://www.most.gov.cn/xxgk/xinxifenlei/fdzdgknr/qtwj/qtwj2022/202208/t20220826_182144.html(发布时间:2022年7月24日)。
② 戴建军、田杰棠、熊鸿儒:《组建创新联合体亟需新机制》,《科技中国》2022年第11期。

持一致,以支持该计划在可再生能源、交通运输、制造业、建筑(公共设施、商业建筑、住宅等)四个领域的顺利实施。①

建立多部门交叉创新合作机制,在保障组织协调的同时,为创新主体注入跨领域的研发资源和能力,确保关键共性技术能够最大限度为传统产业数字化绿色化转型赋能。如美国在制造业高性能计算项目中,引入多部门交叉合作研究/横断研发机会(crosscutting RD&D opportunities),允许工业合作伙伴通过与国家实验室人员合作,在国家实验室使用能源部的高性能计算能力。②

联合攻关在形成创新共同体、建立组织协调机制和交叉合作机制之后,则需要通过重大项目、专题项目在资金支持、项目实施、成果评价等方面提供创新过程的指引和保障。

(二) 场景驱动创新

场景驱动创新是在数据成为新型生产要素和重要创新驱动力的趋势下,以场景为载体,以使命或战略为引领,驱动技术、市场等创新要素有机协同整合与多元化应用。既是将现有技术应用于某个特定场景,进而创造更大价值的过程;也是基于未来趋势与需求愿景,驱动战略、技术、组织、市场需求等创新要素及情境要素整合共融,突破现有技术瓶颈,创造新技术、新产品、新渠道、新商业模式,乃至开辟新市场、新领域的过程。③

实践中,数字化与绿色化协同领域的场景驱动关键技术创新特征明显,在地方"双碳"战略布局中发挥重要作用。比如,安徽省暨合肥市首届碳达峰碳中和专题场景对接会上,发布了首批"双碳"专题场景清单,开放"能源清洁低碳转型、节能降碳增效、工业领域碳达峰、城乡建设领域碳达峰、交通运输绿色低碳、碳汇能力巩固提升、省级碳数据一体化平台"7个领域共20个场景机会。④

---

① DOE Releases Plan for Improving Cybersecurity in Renewable Energy, Manufacturing, Buildings, and Transportation Research and Development, Nov.18, 2020, https://www.energy.gov/eere/articles/doe-releases-plan-improving-cybersecurity-renewable-energy-manufacturing-buildings-and.
② DOE Industrial Decarbonization Roadmap, 2022.09, https://www.energy.gov/eere/doe-industrial-decarbonization-roadmap.
③ 尹西明、苏雅欣、陈劲等:《场景驱动的创新:内涵特征、理论逻辑与实践进路》,《科技进步与对策》2022年第39卷第15期。
④ 法务生活周刊:《合肥市首批"双碳"专题场景清单发布》,https://www.sohu.com/a/631664547_121117080(发布时间:2023年1月18日)。

第四章　数字化绿色化协同发展的推进机制 / 71

在场景驱动关键技术创新过程中,政府部门主要提供基于项目全生命周期的保障支撑,通过"项目基金＋委员会＋评估"的机制组合,确保关键技术研发过程的协同。针对数字化绿色化转型相关产业所需共性技术,发挥政府主导作用:一是提供创新基金,集中支持重大关键共性技术创新活动;二是设立基金委员会,强化共性技术创新统筹协调;三是实施责任制和第三方评估机制,保障创新成果顺利产出。

创新基金方面,各国各地区对"双碳"相关的数字化绿色化关键技术研发投入了大量的资金支持。如国家和区域层面,日本于2016—2021年在基于计算科学的尖端功能性材料技术开发方面投入24.8亿日元;①欧盟创新基金,是世界最大规模部署创新低碳技术的资助项目,由欧盟排放交易体系的收入提供资金,预计将在2021—2030年期间提供约250亿欧元的财政支持;②美国在2021—2022年,对地热机器学习、高性能计算(HPC)、公共设施协助节能、清洁能源无缝接入电网、工业减排、智能绿色制造等技术研发专项共计投入超过8600万美元。③地方层面,如上海对取得共性关键核心技术重大突破的联合体,最高给予不超过5000万元的项目支持。④

基金委员会为关键技术联合攻关项目提供资金、人员、基础设施和智力支持。基金委员会负责监督创新共同体按计划实施各阶段的创新活动,并验收成果进度;为创新主体提供必要的国家和地方的实验室资源和专家人选;为创新成果作案例推广和宣传,并附新技术推广后的减排效果预测评估,如美国的高性能计算制造计划(HPC4Mfg)成果推广内容涵盖:案例名称、项目目标、合作方、主要工序、HPC贡献以及能源影响潜力(每年消耗燃料或预测节能减碳情况)。⑤

美国能源部高性能计算制造计划是美国能源创新高性能计算(HPC4EI)计划的一部分,由能源效率和可再生能源办公室的先进制造办公室(AMO)资

---

① 日本经济产业省:《2021年度报告——制造业和工业局分报告》,https://www.meti.go.jp/policy/newmiti/mission/2021/(发布时间:2021年12月)。
② 《2021可持续碳循环报告》,https://climate.ec.europa.eu/system/files/2021-12/com_2021_800_en_0.pdf(发布时间:2022年12月15日)。
③ 详见美国能源部官方网站,https://www.energy.gov。
④ 临港新片区:《〈临港新片区加快推动科技创新支撑引领产业高质量发展若干政策〉2023—2028》,载上海市产业政策服务网,https://www.sh-keji.cn/ryrd/8292.html(发布时间:2023年4月1日)。
⑤ "High Performance Computing for Advanced Manufacturing", https://www.energy.gov/eere/ammto/high-performance-computing-advanced-manufacturing.

助。美国能源创新高性能计算计划，自2015年起，已投入创新基金4 500万美元，11个国家实验室参与该计划，150个项目获奖，核心计算时间投入共计6.5亿小时。该计划以合作项目形式提供技术攻关所需资金、人员、基础设施和智力支持，每个通过遴选的行业合作伙伴都可以使用能源部国家实验室的超级计算机和获取专业知识。制造商通过参加该计划能够获得差异化优势，显著降低能耗、节约研发成本、提高产品性能，并有机会扩大市场应用。

HPC4Mfg以项目报告形式，公布各项目研究成果和减排效果，加强成果案例推广。内容要素包括：案例名称、项目目标、合作方、主要工序、HPC贡献以及能源影响潜力（每年消耗燃料或预测节能减碳情况）。

目前，美国制造商通过HPC4Mfg计划，运用高性能计算建模、仿真和分析，在以下应用领域取得了技术进步。钢高炉优化：减少焦炭使用和二氧化碳排放；天然气反应堆：设计改进；催化剂：反应性更强，成本更低；涡轮组件：在高温操作（2 700 ℉，约合1 482 ℃）中持续时间更长；卡车发动机：采用合成燃料，流体喷射控制设计超高效；铝锂合金：用来制造轻质和坚固材料的混合物；膜设计：更有效的化学分离和水净化；塑料：量身定制的属性，促进堆肥和节能；放射性film：低成本和可扩展的设计，可大幅减少各种冷却应用中的能源使用；焊接：建模工具，以尽量减少尺寸变形和焊接引起的残余应力；金属铝板：利用人工智能分析处理策略，以提供所需的性能；铅炉：用于将回收元件转化为单质铅；造纸：优化更有效的超细纤维配置和干燥过程；涂料：更耐热，更耐腐蚀；数据中心：为DC-DC电源转换器集成磁感应器的处理器；超临界二氧化碳：（液相）更有效的电力生产；配件制造：新的原料材料和熔化系统，导致更耐用的制造部件；电池：固态电极不会引起火灾；半导体：沉积过程建模，以改善下一代设备的互联；热交换器：改进低温余热回收设计；碳纤维：制造优化，降低等离子体处理过程的能量强度；纤维纺织：优化最小化能耗。

项目责任制和第三方评价机制是关键技术攻关项目质量的保障，充分授予创新共同体在项目实施过程中的责任和自主权，遏制项目实施中"参谋管""办事员管""财政管"等现象，同时，建立由法人单位承担的第三方评价机制，切实落实科技评价责任制，同时配套评估评价问责制，对责任单位和相关专家的评估评价进行监督问责。[①]由此既保障创新过程的负责人自主性，又有利于

---

① 曹晓阳、张科、刘安蓉：《构建新型举国体制形成联合技术攻关机制的思考与建议》，《科技中国》2020年第10期。

创新成果的高质量产出。

(三) 多元化参与

多元化参与主要指多元主体参与创新要素,如新型基础设施、人才的共建共育,建立和维护健康的联合攻关创新生态体系,作为丰富创新要素的有效补充。

双化协同领域的新型基础设施,既包括5G、6G、数字中心、量子通信干线信息网络、工业互联网体系等数字化基础设施,也包括替代性能源、清洁交通、智能电网、智慧绿色建筑等绿色化基础设施。为加大关键技术与领域的研究与创新投入,协调优化技术、人力资本与基础设施投资,应适当引入市场化机制作为创新要素供给的有效补充。如欧盟在2022年双化转型战略中,提出"完善面向未来型投资框架",允许私人投资可持续发展项目,并且将可持续的数字技术应用纳入绿色公共采购范围。[①] 又如我国学者在"双碳"数据基础设施建设中提出,建立碳中和数据银行体系,由政府部门、行业部门和金融部门,共同开展数据要素层的碳中和数据全量存储、全面汇聚和高效治理实践探索。[②]

创新人才的培养方面,强调培养具备数字化技术、绿色化理念或技术,以及行业经营性能力的复合型人才。人才培养的学科交叉性特性更加突出,为此各国在STEM(科学、技术、工程、数学,science, technology, engineering, mathematics)高等教育和职业教育方面探索创新机制,通过授予高等院校相关专业国家荣誉头衔、国家各相关部委认领特定人才培养计划、设立专门合作培养协调部门等机制,促进数字化绿色化协同发展创新人才的多元化培养。如美国能源部为建筑设计院校授予零能耗建筑设计学校头衔(ZEDD),并配套零能耗设计相关学习课程,该头衔每三年更新一次,促进专业人才的培养和输送;[③] 又如美国在STEM教育中引入部门协同培养机制,在《STEM教育五年战略计划(2018)》中,要求国家关键经济部门参与到国家创新基础性人才的培养中,以能源部为例,应承担"培育STEM生态系统,与企业合作伙伴共同提

---

① 2022 Strategic Foresight Report "Twinning the green and digital transitions in the new geopolitical context", https://knowledge4policy.ec.europa.eu/publication/2022-strategic-foresight-report-%E2%80%9Ctwinning-green-digital-transitions-new-geopolitical_en.
② 聂耀昱、尹西明、林镇阳等:《数据基础设施赋能碳达峰碳中和的动态过程机制》,《科技管理研究》2022年第18期。
③ Zero Energy Design Designation. https://www.energy.gov/eere/buildings/zero-energy-design-designation.

供相关专业基础性学习机会,整合学习领域成功案例,推进创新创业教育,鼓励跨学科学习,促进计算思维融入本专业,扩大教学数字化平台"等具体规划任务;又如日本内阁府在现有"信息通信网络社会推进战略本部"的基础上,在经济产业省设立"数字化厅",强化官产学合作,培养数字化的技术和经营性人才。①

二、创新成果转移转化机制

根据 2021 年版《科技进步法》第三章"应用研究与成果转化"关于组建创新联合体的论述中,强调了"合作机制"和"市场机制"的重要性。对于政府来说,除了创新共同体及其组织协调机制、多元化参与机制等"组局"工作外,还需要创新成果转化机制、监督与激励机制、知识产权保护机制、创新监督体系等方面的制度建设。

实践中,我国在国家数字化发展战略、法律法规安排上,为促进数字化绿色化创新协同打下一定基础。如 2023 年《数字中国建设整体布局规划》政策中提出"推动数字技术和实体经济深度融合,在农业、工业、金融、教育、医疗、交通、能源等重点领域,加快数字技术创新应用";2022 年《"十四五"全国城市基础设施建设规划》提出"构建系统完备、高效实用、智能绿色、安全可靠的现代化基础设施体系";2017 年修订《发明专利申请优先审查管理办法》,将涉及节能环保、新一代信息技术、新能源、智能制造等专利申请纳入优先审查范围,鼓励企业加速数字化绿色化相关专利申请;2017 年国家将科技型中小企业的研发费用加计扣除比例由 50%提高到 75%,优化了科技创新的要素资源配置,引导企业加大自主创新投入,鼓励企业搭建协同创新平台,推动中小企业创新发展。

(一)成果转化平台

科技成果转化平台是一种专为推动科技创新成果在商业和实践领域中实现转化的机构或系统。平台通常聚集了来自科研、产业、金融等多个领域的相关资源,通过提供信息、服务、技术以及资金等多方面的支持,帮助科技成果快

---

① 参见日本经济产业省官网,https://www.meti.go.jp/press/2021/06/20210604008/20210604008.html.

速有效走向市场,实现产业化。平台功能通常包括信息服务、技术评估、产业对接、投融资服务、培训和咨询等。

双化协同的成果转化平台区别于以往的转化平台,更强调参与主体的跨专业互补性、关键共性技术需求的迫切性、平台功能的集成性,因此双化协同的成果转化平台应当同时满足数字技术和绿色技术的基础研发环境需求和技术可嵌入性条件。

数字化绿色化集成创新平台是成果转化重要趋势。比如,美国能源部2020年启动的综合能源系统高级研究(ARIES)平台,是双化协同创新领域的尖端研究和成果转化平台,用于研发大规模综合能源系统解决方案,拥有每天数百万种新设施的电网运行数据,例如电动汽车、可再生能源发电、氢气、储能和电网交互高效建筑等,以调查储能、电力电子、混合能源系统、未来能源基础设施和网络安全领域的挑战。同时,平台利用可再生能源实验室(NREL)的能源系统集成设施功能,开发 Flatirons 园区新功能,以及将站点硬件与数百万数字仿真设备连接创建虚拟仿真环境,为研究合作伙伴提供实验数据和科研辅助功能。①

国际科学技术交流平台是成果转化的重要宣传渠道。双化协同的成果宣传、交流、推广离不开国际大环境,为在国际层面"双碳"领域展开高效双赢的交流合作,与他国共同举办的创新创业大赛逐渐热门。如2021年在科技部国际合作司指导下,科技部中国科学技术交流中心等国内双化协同研究相关指导单位与以色列创新署和以色列驻华大使馆共同举办"第五届中以创新创业大赛启动仪式 中以碳中和创新合作论坛"。借由论坛,中以两国在生命健康、智能技术、绿色技术等优势互补领域长期开展技术交流与技术转移等积极合作,并在"智能+能源"平行论坛发布技术研发成果,推出"国家级能源工业互联网""北京延庆能源互联网综合示范区""CO_2 超临界发电机组""智能电热产品""建筑智慧运维产品""建筑工程全寿命周期的减碳综合方案"六项应用成果。②

---

① "Secretary Brouillette Announces ARIES—a Visionary Energy Research Platform",AUG. 12,2020,https://www.energy.gov/articles/secretary-brouillette-announces-aries-visionary-energy-research-platform.
② 郑金武:《2021中关村论坛平行论坛共话"双碳"目标:推动绿色低碳技术转移转化和落地应用》,载科学网,https://news.sciencenet.cn/htmlnews/2021/9/465582.shtm(发布时间:2021年9月21日)。

实验室嵌入式创业生态系统为创新成果转化提供新思路。创新成果转移转化与创新企业孵化功能联动,与人才培养和技术推广同步推进。如美国的基于实验室嵌入式创业计划(LEEP)构建的创新生态系统,通过每个 LEEP 节点将清洁能源领域的优秀人才聚集到创新网络中,提供为期两年的奖学金,支持他们将创业技术推向市场,为早期创业公司提供国家实验室安置并配以实验室科学家指导,还提供国家/区域/地区各层面的生态系统支持,如初创培训、医疗福利、差旅津贴、年度路演等。[①]该生态系统兼具成果转移转化、人才引进、企业孵化等多重功能。

其他保障机制还包括:技术援助和同行评议。前者通过直接资助的重大项目、专题项目,向国家和各地区提供技术援助和大数据分析,以促进和评估创新共同体的研发活动;后者除了共同资助行业征集或国家实验室项目外,利用专业知识对跨多学科的概念论文、应用、期刊出版物、方法和假设以及技术报告进行同行评议,[②]如美国混合能源系统(HES)联合研究机构的运作模式。

(二)绿色金融平台

绿色金融是指在金融活动中,将环境可持续性和社会责任因素纳入考虑,促进环保和可持续发展的一种金融理念和实践。它旨在引导资金流向对环境友好和可持续的项目,同时鼓励企业和机构在业务运作中采用更环保、更可持续的做法。绿色金融关注的范围包括但不限于清洁能源、环境保护、低碳产业、可持续农业等。绿色金融平台是指专门为促进绿色金融发展设立的数字化平台,这类平台通常与信息科技和金融科技密切联系,通过提供更高效、更透明的交流合作环境和服务,连接投资者、资金需求者、金融机构和绿色项目。

根据保尔森基金会绿色金融中心与北京绿色金融与可持续发展研究院的年度系列合作研究《金融科技推动中国绿色金融发展:案例与展望(2021

[①] "Twenty-Two Innovators Selected for Department of Energy's Lab-Embedded Entrepreneurship Program(LEEP) to Transform Ideas into Revolutionary Technology", June 8, 2021, https://www.energy.gov/eere/articles/twenty-two-innovators-selected-department-energys-lab-embedded-entrepreneurship.

[②] "Energy Department Unlocks Innovative Opportunities for Coordinated Research on Hybrid Energy Systems", April 29, 2021, https://www.energy.gov/eere/articles/energy-department-unlocks-innovative-opportunities-coordinated-research-hybrid-energy.

年)》报告①显示:在中国,金融科技推动绿色金融和可持续发展已做了一些探索实践。在农业、消费、建筑、小微企业等越来越多的行业领域得到应用。例如,利用金融科技,可以更高效地识别绿色资产、项目、产品和服务,开展环境效益数据的采集、溯源、处理和分析,支持绿色资产交易平台等;可以为金融机构在低碳资产识别、转型风险量化、碳资产信息披露等方面提供解决信息不对称问题、降低成本、提升效率等的工具和方法;可以在绿色金融监管政策工具、企业碳中和、系统性气候风险分析、绿色投融资金融产品和创新服务、绿色金融市场机制建设等细分应用领域提供更高效的解决方案。

又如欧盟在绿色投资方面还注重公平过渡,形成"绿色数字金融+公平过渡机制"的政策工具组合,在可持续的欧洲投资计划,将融资和改善绿色投资的框架结合起来,为项目发起人提供技术援助、咨询服务和启动资金,公平过渡机制则用于帮助受影响最大的地区和部门,保护当地民众和工人的权益。②

为了实现《欧洲绿色协议》设定的目标,欧洲绿色协议投资计划(EGDIP),也称为欧洲可持续投资计划(SEIP)将在2021年至2027年期间动员至少1万亿欧元的可持续投资。公正过渡机制,将以公平和公正的绿色过渡为目标。内容包括:

公平过渡基金,是欧盟预算中配置的专项基金,该基金将主要向从事煤炭、褐煤、油页岩和泥炭生产的人口众多的地区或拥有温室气体密集型产业的地区提供资助。如它支持工人为未来的就业市场和中小企业发展技能和能力,以及在这些地区创造就业机会的新经济机会,还支持在清洁能源转型方面的投资,如能源效率方面。

欧盟投资(InvestEU)下的专门过渡计划,动用高达450亿欧元的投资额,用于吸引有益于公平过渡地区的私人投资,并帮助这些地区找到新的经济增长来源。如包括脱碳、区域经济多样化、能源、交通和社会基础设施等项目。

欧盟预算支持的欧洲投资银行(European Investment Bank)提供公共部门贷款,动员250亿至300亿欧元的资金投入,将用于向公共部门提供优惠贷款,如投资于能源和交通基础设施、区域供热网络以及建筑物的翻新等。

---

① 《金融科技推动中国绿色金融发展:案例与展望(2021年)》,https://paulsoninstitute.org.cn/green-finance/green-scene/executive-summary-fintech-facilitates-green-finance-development-in-china-guess-and-outlook/(发布时间:2021年6月21日)。

② 2019 European Green Deal, https://climate.ec.europa.eu/eu-action/european-green-deal_en.

公平过渡平台向成员国、各地区和投资者提供技术援助,并确保受影响社区、地方当局、社会伙伴和非政府组织的参与。该平台用于经验教训和最佳作法的双边和多边交流。欧盟委员会还将依据监管框架提供适当的激励措施。

除此之外,开放式创新税制能够向市场发出鼓励多元化融资参与的信号,如日本为了应对第四次产业革命的发展带来的事业环境的变化,制定了促进投资的税制,即国内事业公司以开放式创新为目的收购初创企业的股票时,可以从应纳税所得额中扣除收购价值的25%。①

(三) 技术交流环境

创新成果转移转化除了平台载体和金融支持外,还需要营造良好的国际接轨的技术交流环境,在全球合作机制、标准化建设、知识产权保护等方面提供保障。

全球数据中心协调机制促进合作,构建基于智能脱碳(IDC)元治理机制的国际多边合作机制,目的是将 IDC 元治理机制嵌入原有多边政府的合作机制中,如与多国集团合作融合,实现在各主管部门之间同步、整合与委派责任和决策,共享监督结果,并促进已经颁布或提议的有效政策工具在各合作国家和部门合理利用。②

构建和调整碳排放交易体系、各类排放标准、能源效率审查制度、数字化绿色化双转型相关国家标准,并扩大到"双碳"涉及的各个领域。如欧美国家,排放交易体系中明确在总排放上限的基础上,根据本国本区域排放交易的特点,探索从工业部门的使用扩大到海事、建筑和道路运输部门;根据 2030 碳达峰目标,重新审视和加强道路运输车辆的二氧化碳排放标准;根据能源效率目标可行性的需求,加强对生态设计标准的研制和推广;对照"双碳"目标,调整既有标准,比如道路运输的二氧化碳排放量标准、生态设计标准等。③

提升知识产权保护的法律智慧化应用。如欧洲在《欧洲新工业战略2020》

---

① 日本经济产业省:《2021年度报告——工业技术环境局分报告》,https://www.meti.go.jp/policy/newmiti/mission/2021/(发布时间:2021年9月21日)。
② Oliver Inderwildi and Markus Kraft, "Intelligent Decarbonisation: Can Artificial Intelligence and Cyber-Physical Systems Help Achieve Climate Mitigation Targets?", *Springer Nature Switzerland*, 2022, p.3.
③ "EU Climate Target Plan 2030: Key contributors and policy Tools", https://ec.europa.eu/commission/presscorner/detail/en/fs_20_1610.

的单一市场培育保障中提到:"提升法律框架确保智慧使用知识产权;提供公共数据空间,以共同发展欧盟数字经济,确保在特定部门和价值链中顺利启动欧洲公共数据空间,如能源部门;数字服务立法,更新和加强数字服务单一市场的法律框架。"①

第二节 区域协同机制

区域协同机制是实施区域协调发展战略的重要保障机制,我国从"九五"计划开始,为确保经济高速增长的同时,缩小地带性差距,便将"地区之间协调发展"作为国民经济和社会发展的指导方针之一,该政策基调传承延续至今,并至"十三五"规划纲要第九篇"推动区域协调发展"明确提出,要深入实施"区域发展总体战略,创新区域发展政策,完善区域发展机制"②,鼓励各地区创新区域协调发展新机制。

数字化绿色化协同发展在区域层面的协同机制,则可依据党的二十大报告中"促进区域协调发展。深入实施区域协调发展战略、区域重大战略、主体功能区战略、优化重大生产力布局,构建优势互补、高质量发展的区域经济布局和国土空间体系"的具体要求,定义为区域协同机制是对区域协调一体化发展在数字化绿色化双转型领域的实践手段和方法,即通过区域范围内在资源、结构、功能上的密切联系与合理,实现区域各单元在"双碳"领域涉及的经济、社会、生态、环境等全面协调发展,促进地区之间优势互补和高质量发展。区域协同机制由区域合作共建机制和区域利益协调机制两方面组成。

一、区域合作共建机制

区域合作共建机制通常是由区域各地区政府在签署区域合作框架协议的基础上,围绕经济、社会、环境等共同利益,构建基于决策层、协调层、执行层等多级联动区域合作机制,合作共建期间必须明确任务方向、合作专题、会议制度、协商制度等,确保合作顺利进行。

---

① "Making Europe's businesses future-ready: A new Industrial Strategy for a globally competitive, green and digital Europe", https://ec.europa.eu/commission/presscorner/detail/en/ip_20_416.
② 国家信息中心:《加快构建更加有效的区域协调发展新机制》,https://www.ndrc.gov.cn/xxgk/jd/wsdwhfz/202007/t20200724_1234513.html(发布时间:2020 年 7 月 24 日)。

实践中,我国在双化协同相关领域已有区域合作共建机制建设的基础。比如在京津冀加强能源协同方面,提出共同构建区域清洁低碳安全高效能源体系,在《京津冀能源协同发展行动计划(2017—2020年)》统一规划下,共建共享能源基础设施、构建多元多向安全灵活保障格局、完善能源市场协同机制;[1] 在长三角地区在一体化建设背景下签署的《长三角地区加快构建区域创新共同体战略合作协议》《关于支持和保障长三角地区更高质量一体化发展的决定》《关于建立长三角地区政协联动机制的协议》等在区域创新和高质量发展合作共建方面作出了丰富的体制机制创新为长三角地区双化协同发展打下基础;[2] 又如在《粤港澳大湾区发展规划纲要》的战略部署中,强调"共建高水平对外开放门户",为中国企业"走出去"综合服务基地共建和打造一流国际营商环境方面作出市场准入和监管体制机制的改革试点,[3] 为加强国际碳市场合作,发挥数字技术在碳核算、碳交易等方面的作用,提高交易国际影响力和话语权等方面作好准备。

区域合作共建机制通常由区域合作机制、区域共建共享机制、区域市场一体化机制构成。

(一)区域合作机制

数字化与绿色化协同发展的区域合作机制是指秉持东西合作、优势互补、共建共享、互惠共赢的原则,建立利益分享、组织协调、评价激励等长效合作机制。通过区域合作,充分发挥东部地区科技创新和人才资源集聚、市场需求旺盛、金融和资本市场资源集中等优势,与西部地区自然资源丰富、生态环境可持续、基础设施建设需求旺盛、双化协同相关实验基地建设和研发成本相对较低等形成优势互补,在新型基础设施、产业布局、社会公共服务、生态环境保护等方面落实国家数字化与绿色化协同发展的战略目标。

利益分享机制避免极化效应,发挥地区之间的互补优势。比如数字化方面借鉴"东数西算"工程,发挥西部地区气候优势和东部地区算力优势的跨区

---

[1] 牛桂敏:《加强京津冀能源协同,共同构建区域清洁低碳安全高效能源体系》,https://www.gmw.cn/xueshu/2022-09/02/content_35998244.htm(发布时间:2022年9月2日)。
[2] 陈鸣波:《关于长三角一体化发展体制机制建设情况的报告》,http://www.spcsc.sh.cn/n8347/n8407/n7267/u1ai206627.html(发布时间:2020年3月2日)。
[3] 国务院:"关于印发广州南沙深化面向世界的粤港澳全面合作总体方案的通知",https://www.gov.cn/zhengce/content/2022-06/14/content_5695623.htm(发布时间:2022年6月14日)。

域合作经验,绿色化方面借鉴"西气东输"工程在能源结构调整和促进环境状况改善方面的经验,在利益谈判机制、利益分配方式和风险共担机制方面进行区域协商和探索,建立完善的数字化绿色化利益分享机制,在提高区域经济合作效益的同时,改善区域生态环境。

区域组织协调机制是为了确保区域工作协同的高效推进,通常以"领导小组+联席会议"为基础。各地区再根据数字经济、绿色经济方面合作的具体需求,创新工作机制和保障措施。比如长三角区域依托《长江三角洲区域一体化发展规划纲要》的"三级运作"体制机制,按照交通、能源、信息化、科技、产业、信用、商务、金融、人力资源和社会保障、食品安全等10个合作专题领域,实行"固定+轮值"灵活模式,每年由一个省(市)作为轮值方牵头负责区域合作工作。[①]

评价激励机制是围绕区域合作在促进区域双碳科技提升、重点排放行业碳中和技术进步、区域环境保护指数提升、碳交易要素市场建立和完善、区域成果转化和知识产权保护法律法规健全等方面的表现进行的定期评估。并以此发挥三方面的作用:一是向上级政府争取区域合作发展的政策倾斜和扶持;二是给区域在双化合作方面进行各项指标的量化评价,以明确数字化绿色化在工业、交通、建筑、消费等细分领域的合作成效,从而促进、鼓励区域深度合作;三是为参与区域合作的各级政府有的放矢地调整区域合作发展战略和完善相关体制机制提供参考依据。

(二) 区域共建共享机制

区域共建共享是推动区域合作的重要前提和保障,建立区域共建共享机制是指通过共同建立双化协同数字化平台、可持续基础设施、人才队伍等,保障区域数字化绿色化产业的共同发展。具体包括技术创新合作平台、人才培养与交流、资金支持与投资、信息共享与沟通、市场互信等方面。

技术创新合作平台共建,并积极参与国际合作。如发挥区位优势,粤港澳、长三角等地区可探索实施碳中和国际科技创新合作计划,充分参与清洁能源多边机制,深入开展"一带一路"科技创新行动计划框架下碳达峰碳中和技术研发与示范国际合作;共建低碳零碳负碳技术国际合作平台,探索联合建立

---

① 陈鸣波:《关于长三角一体化发展体制机制建设情况的报告》,http://www.spcsc.sh.cn/n8347/n8407/n7267/u1ai206627.html(发布时间:2020年3月2日)。

碳中和技术联合研究中心和跨国技术转移机构,并依托南南合作技术转移中心、中国-上海合作组织技术转移中心等技术转移平台,汇聚优势力量构建"一带一路"净零碳排放技术创新与转移联盟。①

人才培养与交流实行"项目、基地、人才"三协同,探索组建跨区域数字化绿色化交叉领域的产教融合发展联盟。集聚区域内优势合作产业资源,联合优势企业与高等院校、研究院所,基于国家和地区在传统产业数字化绿色化转型领域、新型数字产业和低碳产业领域的共建基地和合作项目,共同培育学科交叉性人才,促进数字技术和低碳技术知识、经验和创新的跨界传递和共享。如设立交叉学科研究机构、开展人才培训与交流项目等,培养具备跨领域能力的数字化绿色化专业人才。

资金支持与投资,建立区域性资金支持和投融资机制,促进数字产业与低碳产业之间的资金流动和资源配置。如在区域内探索设立双化协同创新基金,由区域内成员城市按协商比例共同出资,并适当吸引社会资本注入,共同促进数字化绿色化公共基础设施建设和融合创新项目合作,建立跨区域资金使用监管机制,确保专款专用;支持区域金融保险机构合作,探索推进数字化绿色化产业融合项目的融资渠道,鼓励研制相关科技金融、绿色金融产品以及绿色信用、数字信用、脱碳信用等保险服务,吸引区域性资金投入到数字化绿色化产业融合发展中。

(三) 区域市场一体化机制

区域市场一体化机制,是促进区域优化营商环境、激发市场活力的主要手段和方法。在数字化与绿色化协同发展领域,具体指碳交易、绿色技术交易相关的区域单一市场建设,及建立配套的财税、金融、监管等机制。具体包括以下内容:

建立区域统一的环境权益交易市场。由区域内碳交易、绿色技术交易等优势城市牵头,联合区域其他城市加强政策协同,推动碳普惠体系、碳中和机制、排污权交易系统等机制设计和市场建设,同时,区域内各省区市碳交易、绿色技术交易等相关平台通力协作,共同承担市场信息和数据的互联互通,并制定统一的交易规则和标准,统一交易系统,共同推进区域环境权益市场体系建

---

① 参见 https://www.gov.cn/zhengce/zhengceku/2022-08/18/5705865/files/94318119b8464e2583a3d4284df9c855.pdf。

设完善。其中,区域信息共享机制、统一市场准入标准、知识产权保护协调机制等保障措施需要同步配套建立。并且要不断调整改善地区间的关系、消除行政壁垒,形成"整体联动、协调配合、形成合力、共同发展"的新格局,最终消除区域内各利益主体因发展水平各异和情况不同而产生的合作阻碍,逐步建立统一的市场体系。

建立碳普惠跨地区顶层规划。 制定区域碳普惠统一制度、标准和规范,落实区域内财政、产业、金融等部门的政策配套,建立区域一体化的碳中和激励与约束机制,引导并支持区域内企业实现碳达峰、碳中和,提升区域各领域、各行业、各企业和全区域民众的生态价值意识。配套机制包括探索用于碳中和的减排量交易撮合机制、创新地方碳配额与全国碳配额置换机制、研发符合中国碳市场特色的金融交易产品和衍生业务,如碳排放权期货、碳配额远期产品、气候金融产品及其他场内外衍生品等。①

激发市场机制潜能。 是要在遵守市场规律的前提下,区域双化协同相关公共服务应当创新运用数字技术,助力标准确立、信息披露、行为监测、核算评估,提高碳交易、碳税、绿色补贴、绿色金融等市场化手段的精准性和有效性,降低绿色低碳转型所需的投融资成本和社会经济成本。如在碳交易过程中,要通过分布式储存、智能合约等手段确保交易数据的安全存储、顺畅交互和便捷核验,降低参与方的信任成本,提高交易效率,保障合法权益;在税收和补贴方面,要通过区块链、大数据、云计算等手段加强对碳足迹的核算和排查,做好同排放权交易的叠加或抵扣,避免重复计算,从而优化财政支出、降低行政成本和企业成本;在绿色金融方面,要借助数字技术提高有关项目的透明度,推动金融机构结合具体场景提供更多产品与服务,切实推动绿色低碳投融资可持续健康发展,激励更多企业在低碳领域投资兴业。②

二、区域利益协调机制

区域利益协调机制是区域内地区之间,在如何协调和平衡各方利益,以及在发生利益冲突时如何解决问题上的一系列机制组合。区域"协同发展",本

---

① 周小全:《建立长三角统一的环境权益交易市场 在全国率先实现"碳达峰"与"碳中和"》,https://www.sohu.com/a/443115492_808781(发布时间:2021年1月7日)。
② 张进财:《用好数字技术实现"双碳"目标》,https://theory.gmw.cn/2022-04/22/content_35678927.htm(发布时间:2022年4月22日)。

质上是一次"区域再分工",而区域分工起源于区域之间的差异以及由此决定的利益机制。①"区域利益"是一切区域经济行为产生与发展的基础,各区域如地方政府、企业作为经济行为的主体,都将基于"理性经济人"的考量,追求利益最大化。近年来,区域之间主要从交通、产业、环保和公共服务等方面展开了系统建设,为数字化绿色化的区域协同发展奠定了基础,区域利益协调机制逐渐从产业、财政、公共服务、生态等方面建立起来。

(一) 区域间产业转移

区域间产业转移是指促使能耗高、产能过剩的传统产业从一个地区或领域转移到另一个地区或领域的一系列规则、政策、措施和机制。产业转移机制旨在实现产业结构的优化、经济发展的转型升级,以及资源的高效利用。产业转移通常需要区域各地方政府、企业、区域市场、金融和环境等各方面的共同保障来推进实现。

政府方面,通过出台激励政策,如税收优惠、补贴、减免等,鼓励企业将产业转移到目的地区,以政策引导降低企业的转移成本,以促进产业转移;产业层面,通过企业之间的合并、兼并、联合等方式,实现企业资源整合和优势互补,从而降本增效减碳,提高产业竞争力;区域之间,目标地区主要通过建设基础设施和提供宜生产环境、低劳动力成本,或者有力的融资支持、更开放的国际合作环境,或者特定的产业集群等吸引转移地区的产业转入。

区域间的产业转移机制是多元化的,实际应用中取决于地区的特定情况、政策环境和经济需求。

数字化绿色化协同发展领域,尤其是制造业的产业转移特点表现为,劳动密集型产业重点向中西部劳动力丰富、区位交通便利地区转移;技术密集型产业向中西部和东北地区中心城市、省域副中心城市等创新要素丰富、产业基础雄厚地区转移。②强调区域各地区应当统筹资源环境、要素禀赋、产业发展基础、能耗双控和碳达峰碳中和目标,差异化承接产业转移。

实践中,我国正在探索建立相关机制,如 2022 年 11 月由中央网信办、国家发展改革委、工业和信息化部、生态环境部、国家能源局等 5 部门联合开展

---

① 张广琳:《京津冀协同发展需建立"区域利益"协调机制》,http://shengai.cctv.com/2017/02/07/ARTIppQH5mhfqGdsRFoROM3u170207.shtml(发布时间:2017 年 2 月 7 日)。

② 参见 https://www.gov.cn/zhengce/2022-03/25/content_5681269.htm。

数字化绿色化协同转型发展(双化协同)综合试点,①确定河北省张家口市、辽宁省大连市、黑龙江省齐齐哈尔市、江苏省盐城市、浙江省湖州市、山东省济南市、广东省深圳市、重庆高新区、四川省成都市、西藏自治区拉萨市等10个地区为首批综合试点地区,强调"重点围绕数字产业绿色低碳发展、传统行业双化协同转型、城市运行低碳智慧治理、双化协同产业孵化创新、双化协同政策机制构建等方面探索"。

(二) 跨区域公共服务均等化

跨区域公共服务均等化机制,通常包括提升基本公共服务保障能力、提高基本公共服务统筹层次、推动区域间基本公共服务衔接。在数字化与绿色化协同发展领域,则主要体现在:服务于区域双化融合产业发展的公共服务跨区域行政审批便捷度,以及绿色技术交易市场、碳交易市场的主体资质认证互信互认和共同监管等功能的协同度等方面。

区域公共服务方面简化行政流程。依托各地一网通办平台,探索区域之间公共服务和数据的互联互通,统一认证标准和理顺办事流程,便于区域内如碳交易、绿色技术交易等单一市场中高科技企业尤其是中小企业和初创企业的培育和增长。②并且,必须建立信息共享机制和共决互信机制来保障实施,前者通过建立统一政务信息共享平台、互联互通共享机制来实现;后者通过建立共同的专家决策委员会来负责区域协同重大问题的研究,为共同出台政策做事前、事中、事后的决策建议和评估。

区域金融协同方面探索共建区域一体化绿色科技金融体系。在区域内以金融中心城市为集聚点,培育和集中绿色科技金融机构总部和高附加值金融业务环节,次中心和金融城市集聚分支机构和中低附加值金融业务环节;区域内地区政府之间通过良好的金融政策、完善的金融监管和健全的金融法律来规范绿色科技金融体系有序运转,共同保障区域内数字化绿色化产业融合发展的金融安全与稳定。③并且,必须在建立区域性统一市场准入标准的基础上建立,用以明确区域内各地区之间碳交易、绿色技术交易等数字化绿色化合作的框架和机制。

---

① 参见 http://www.cac.gov.cn/2022-11/17/c_1670316380455086.htm。
② "Making Europe's businesses future-ready: A new Industrial Strategy for a globally competitive", green and digital Europe. https://ec.europa.eu/commission/presscorner/detail/en/ip_20_416.
③ 王振等:《长三角协同发展战略研究》,上海社会科学院出版社2018年版,第128页。

(三) 区域生态补偿机制

区域生态补偿机制,是指贯穿绿水青山就是金山银山的重要理念和山水田林湖草是生命共同体的系统理念,按照区际公平、权责对等、试点先行、分步推进的原则,完善横向生态补偿机制。[①]实践中,我国通过"退耕还林""退耕还草""天然林保护工程"等政策主要在绿色化转型领域推行生态保护补偿。

在2021年9月国务院办公厅发布的《关于深化生态保护补偿制度改革的意见》中提到,要建立"分类补偿与综合补偿统筹兼顾、纵向补偿与横向补偿协调推进、强化激励与硬化约束协同发力的生态保护补偿制度"。具体制度建设[②]如下:

分类补偿机制。健全以生态环境要素为实施对象的分类补偿制度,综合考虑生态保护地区经济社会发展状况、生态保护成效等因素确定补偿水平,对不同要素的生态保护成本予以适度补偿。

综合补偿制度。坚持生态保护补偿力度与财政能力相匹配、与推进基本公共服务均等化相衔接,按照生态空间功能,实施纵横结合的综合补偿制度,促进生态受益地区与保护地区利益共享。比如,结合中央财力状况逐步增加重点生态功能区转移支付规模;在重点生态功能区转移支付测算中通过提高转移支付系数、加计生态环保支出等方式加大支持力度;在重点生态功能区转移支付中实施差异化补偿;鼓励地方加快重点流域跨省上下游横向生态保护补偿机制建设等。

多元化补偿。合理界定生态环境权利,按照受益者付费的原则,通过市场化、多元化方式,促进生态保护者利益得到有效补偿,激发全社会参与生态保护的积极性。

此外,根据双化协同专家学者们的观点,区域生态补偿机制还应在以下几方面完善配套机制:

推进区域排污权交易机制设计,选取有条件的地区率先试点,逐步建立市场化程度较高的排污权交易体系。根据"十四五"期间各省市污染物排放情况,逐步实现二氧化硫、挥发性有机化合物、化学需氧量、氮氧化物和氨氮、烟尘和工业粉尘、重金属污染物等不同类型污染物的排污权交易全覆盖,在现有的地方排污权交易基础上,打破原有行政区划,借助区域生态一体化发展合作

---

① 参见 https://www.gov.cn/zhengce/2018-11/29/content_5344537.htm。
② 参见 https://www.gov.cn/zhengce/2021-09/12/content_5636905.htm。

平台，建立覆盖全区域的排污权交易市场，并通过建立跨地区主管部门统筹协调机制来统一协调和完善交易市场环境。①

构建区域生态环境协同保护治理机制，区域内城市群探索建立区域性的环境管理机构，如区域环境建设和管理委员会，统一负责城市群区域性的环境立法、环境准入标准和污染治理要求等，统一负责区域性的项目环评、环境污染监管和生态治理修复，健全完善跨界污染事件的应急联动机制，共同建立城市群统一的环境监测平台，实现区域内互联互通、实时监测公开。

建立区域生态保护奖惩机制，包括建立区域生态发展专项基金、建立有约束力的长效联合执法机制及有效的责任追究处罚机制。其中，专项基金重点支持跨区域的环境污染防控、生态环境治理修复以及生态保护补偿等。②

第三节　产业协同机制

基于"产业链现代化"理念，数字化绿色化协同转型过程中的产业协同机制，是指为促进产业增强数字化绿色化融合创新能力、创造更高附加值、实现数字化转型和可持续发展，通过不同企业、不同领域之间相互合作，并由政府、社会组织共同维护安全、公平和协调的市场环境所需建立的合作关系、管理制度和协调机制的总称。

一、产业融合机制

产业的融合发展是在经济全球化、高新技术迅猛发展的大背景下，为扩大产业规模，拓展产业空间，提高企业生命力、经营效率和竞争力等内容的一种发展模式。③不同产业间融合发展需要彼此的相互渗透、相互促进、相互催化，形成"共生"局面。④数字化技术的快速发展和绿色低碳要求的提出，为各个行业带来融合发展契机。

---

① 参见 https://www.sohu.com/a/443115492_808781。
② 康振海：《构建京津冀协同发展新机制》，http://www.qstheory.cn/economy/2019-12/13/c_1125342738.htm（发布时间：2019 年 12 月 13 日）。
③ 杨强：《体育与相关产业融合发展的路径机制与重构模式研究》，《体育科学》2015 年第 35 卷第 7 期。
④ 马榕婕、葛新斌：《共生理论视域下教育集团学校间的关系形态及其实现路径》，《郑州师范教育》2019 年第 22 卷第 9 期。

(一) 双化协同发展的社会共识

国家层面通过制定产业能耗基准制度、节能标准、能源消费标准、税制优惠政策、性能评估认证等,引导经济产业生产形成利用数字化绿色化技术提质增效、降低能耗和污染的共同意识,以及通过宣传教育公众养成绿色低碳、文明健康的生活习惯,共同营造"美丽中国"环境氛围。如借鉴日本在国家能源管理方面的经验,制定节能法基准制度推进工业、工厂的实施节能的判断标准;制订节能标准和能源消费标准;鼓励节能改造,对节能改造费用超出标准部分,给予所得税加计扣除和特殊固定资产扣除等税制优惠;完善性能评估和低碳认证;开展宣传教育和公共论坛等。①充分利用移动互联网和近年来积累的数字化场景下低碳行为的各种应用,激励民众更多参与光盘打卡、垃圾分类、绿色出行、低碳捐步、公益植树等行动;在云端开展绿色低碳社会行动,增强全社会的节约意识、环保意识,形成节能减排、绿色低碳的新风尚。②

(二) 产业自发的利益联结机制

基于"合作化、标准化、持续化"的利益联结机制,产业自发性的融合需求源自于产业之间的差异性和互补性,并且通过融合能够有效规避风险、提质增效,甚至延长产业链。以农业与信息化产业融合为例,"合作化"体现在公司、合作和农民之间的分工合作,将产品研发和市场渠道、技术指导和种植管理、实际操作和种植养育等明确责任分工;"标准化"体现在种植管理标准由合作组织的专业技术人员研制并指导;"持续化"体现在农产品从种植、采摘到销售、物流等全生命周期的管理。③利益联结机制,将信息化技术嵌入绿色农产品流通体系的每个环节,通过建立农产品全生命周期数据库,全方位掌握农产品种植生态环境与气候匹配条件、生产资料投入成本和供应商资质、加工成品与加工企业选取、物流与消费者偏好信息等,将分散的、缺乏组织的产业上下游利益相关者通过数据、网络紧密整合在一起。

政府计划构建合伙伴关系网络,为了保障数字化绿色化新农村建设,美国在农村能源结构改革方面推出新农村计划并配套建立合作伙伴关系网络制

---

① 参见 https://www.enecho.meti.go.jp/。
② 张进财:《用好数字技术实现"双碳"目标》,https://theory.gmw.cn/2022-04/22/content_35678927.htm(发布时间:2022 年 4 月 22 日)。
③ 王静、云建辉、陈蕊:《数字化赋能绿色农产品流通体系的路径机制研究》,《商业经济研究》2022 年第 12 期。

度,包括:由农业部牵头建立农村合作伙伴网络(RPN),负责投资农村的高速互联网、清洁饮用水和洁净可靠的电力和美好乡村建设;建立跨机构政策委员会,由政府部门工作人员组成工作队,服务于 25 个农村合作伙伴网络试点社区,为农村繁荣提供政策信息;建立社区网络负责人和联络员制度:社区网络负责人,负责落实合作和确保资金落实以及其社区网络工作;联络员由联邦政府工作人员驻点乡村社区,作为政府部署的各试点社区工作人员,与当地合作,帮助识别和利用关键资源,所接洽的对象包括政府、企业和社区组织的地方领导人、联邦机构外地办事处、经济合作机构工作组成员、各区域委员会工作人员等。[1]

(三) 技术驱动的价值增值机制

数字平台驱动"五链融通",实现数字化对产业进行平台赋能、促进产业之间协同行动、产业上下游精准对接。以农业平台化为例,数字化为绿色农产品的品牌建设提供积极支撑。如建立绿色农产品质量跟踪追溯信息系统,运用RFID(射频识别)技术等快速、准确、自动获取信息,通过整合生产、加工、流通、市场信息和服务资源;建立绿色农产品流通大数据信息库,为品牌化建设提供全方位的信息可视化服务。另外,绿色农产品质量跟踪追溯信息系统能够发挥溢出效应,通过信息数据共享不仅能提高政府市场监督职能,加大对绿色农产品市场监管的政策投入,也增强了消费者信息获取的能力和渠道,解决由于消费端信息不对称带来对产品和价格疑虑问题。

(四) 产品创新的驱动融合机制

基于市场需求导向的产品创新驱动融合机制,在社会形成低碳环保共识之后,市场对低碳出行、健康有机食品等产品需求必将不断高涨。由此,基于市场对健康、有机环保食品的需求,能够激发农户与农科院所的产研合作,共同开发优质农产品并推广销售,促进农村新业态的培育;基于人们对美好田园生活和大自然的向往,能够与旅游业结合,开拓农业产业和旅游业的产品附加值开发;基于家庭亲子教育需求,农业、旅游业、游戏业等能够在观光游览、科

---

[1] 参见 https://www.whitehouse.gov/briefing-room/statements-releases/2022/04/20/fact-sheet-biden-harris-administration-announces-the-rural-partners-network-to-empower-rural-communities-to-access-federal-resources/。

普教育、虚拟体验等方面合作探索商业产品,通过市场需求的变化倒逼产业融合创新。

二、产业链协同机制

产业链协同机制是指在数字化绿色化协同发展过程中,各个环节之间基于相互信任、互利共赢的原则,通过加强沟通协调、提升协同效率、优化资源配置等方式实现产业链协同发展。产业链协同机制通常包括供应链信息共享机制、业务流程整合机制、基于数字平台的供需对接机制、上下游资源协同、环境责任共担等。在"双碳"目标和"数字中国"双重背景下,数字化绿色化产业链协同则集中体现在平台机制、联盟机制、产业链安全及自主可控等方面。

(一)工业互联网创新应用机制

工业互联网作为新一代信息通信技术与工业经济深度融合,为传统工业数字化转型和高质量发展提供了关键技术支撑和新型基础设施,另一方面作为关键共性基础,它通过将5G、云计算、大数据、人工智能、区块链等数字技术深度集成,在满足传统工业工艺自动化管理需求的同时,能够提高对能源、能耗数据的采集、汇集及分析能力,催生出平台化设计、智能化制造、网络化协同、个性化定制、服务化延伸等新工业模式,促进实体经济降本、提质、增效、绿色、安全发展。[1]

改变用能结构方面,灵活运用"智能电网+工业互联网"组合机制,搭建电力源网荷储一体化运行平台,利用大数据、物联网、边缘计算等数字技术,全方位感知电网运行数据;通过建立动态监测预警模型,对上下游关联企业的生产、储存、运输、调节、消费等各个环节的用能情况进行监测预警、故障精准定位、在线智能干预等,[2]通过干预能源消费倒逼工业、交通、农业等在工艺重建、升级方面不断探索利用数字技术实现智能化、高质量发展的可能。

资源优化整合方面,通过工业互联网实现产业链价值链协同和模式创新,如建立跨区域价值链整合平台,加速科技信息交流和产业成果转化,以数字

---

[1] 参见 https://zhuanlan.zhihu.com/p/502265513#。
[2] 单新文、郎楠:《天津市数字技术赋能"双碳"目标实现面临的挑战及对策研究》,《信息系统工程》2022年第11期。

化、标准化加速产业智能化发展,以绿色化引领产业配套集约化。同时,还需要政府与企业合力促进形成产业链整合激励机制,一方面发挥政府引导作用,为企业产业链整合提供"一网通办"配套服务、税收、融资支持等,①另一方面引导龙头企业担当全产业链的"链主",跨界本产业与现代产业要素,打通产业上中下游各个环节,将数字化、绿色化嵌入全产业链各环节,促进跨区域产业链融合。

(二) 规范标准的行业联盟机制

建立双化协同新型联盟,在原先工业化信息化联盟的基础上,联合清洁能源、原材料联盟,共同建立促进数字化绿色化协同发展的联盟群体。如欧盟在《欧洲新工业战略2020》中的作法,以工业联盟为基础,启动新的欧洲清洁氢联盟,探索建立低碳产业联盟、工业云和平台联盟、原材料联盟等,共同构建双化协同发展的生态系统环境,并且开设包容性产业论坛,为以实现联盟伙伴关系的维护和服务。②

发挥龙头企业作用,合理利用龙头企业主导关键产品的技术研发和标准的采用、市场营销能力等对产业链的垂直领域分工协作的主导作用,带头促进产业价值链的绿色转型升级。比如,华为在整个价值链上建立了《全面采购企业社会责任管理制度》和《供应商社会责任协议》,要求所有价值链企业开展绿色转型活动,使价值链企业实现固体废物零填埋管理系统等绿色生产模式,通过价值链重构实现绿色增长;为使环保社会责任落地,华为还建立了价值链企业绩效管理机制,对企业的绿色成长、现场审计结果、通过价值链重构实现提升的企业进行评价,对评价结果优秀的企业提供更多的订单和合作机会。③

规范行业数字化绿色化发展标准,由政府部门牵头组建的数字化绿色化协同发展专家咨询委员会与双化协同产业联盟龙头企业共同研制行业数字化绿色化发展标准体系,充分发挥数据赋能行业绿色发展的潜力。明确数据采集主体,制定能源使用活动和碳排放监测数据的采集流程和使用规范,建立各利益相关者的协调机制,确保数据真实可靠。加强数据安全风险防范和数据

---

① 周桂荣、李亚倩:《京津冀区域产业链整合与协同机制创新选择》,《产业创新研究》2021年第9卷第17期。
② 参见 https://ec.europa.eu/commission/presscorner/detail/en/ip_20_416。
③ Nengmin Wang, Qi Jiang, Bin Jiang, et al., "Enterprises' Green Growth Model and Value Chain Reconstruction: Theory and Method", *Springer Nature*, 2022, p.127.

产权保护，为数据有序流动、促进绿色发展提供有效的制度环境保障。鼓励数字化服务型企业研制绿色数字化解决方案，用好行业数据，提高行业绿色发展效能。①

（三）产业链安全可控保障机制

数字化绿色化协同发展过程中，以产业链自主安全可控为目标，实现产业链关键核心技术的突破和升级，是保障产业链安全乃至整个国家产业安全的重要体现。尤其在经济全球化、智能化时代以及面临国际复杂形势的背景下，产业链安全和自主可控是各国尤为重视内容。

供应链安全保障机制方面，如美国能源部2022年2月发布的《美国确保供应链安全以实现稳健清洁能源转型的战略》中提出一系列保障机制，包括：能源网络感知项目的部门协调机制、工业控制系统网络漏洞测试、能源基础设施执行特别工作组、能源部门软件和硬件材料清单概念证明、清洁能源网络安全加速器等，旨在为各领域能源供应链安全提供软硬件基础设施安全保障、公共配套和第三方测评服务等保障。产业链自主可控方面，在政府和企业合力作用下，一是共同攻克关键核心技术难关，建立突破关键核心技术的考核和容错机制，保障自主创新与原始创新需要的时间成本和资金成本；二是完善知识产权保护机制，确保专利权与科研成果转化归属权体现利益分享公平化和市场化原则；三是共同促进双化协同产业链的全球整合，通过博览会、交易会、国际论坛，扩大我国数字技术和绿色技术在全球采购市场的影响力，成为全球双化协同产业链创新链的重要主导力量。

执笔：夏蓓丽（上海社会科学院信息研究所）

---

① 参见 http://xkzj.mofcom.gov.cn/article/myszh/llyzc/202202/20220203278899.shtml。

第五章　数字化绿色化协同发展的实现路径

在全球应对气候变化的双碳时代,"数字化"和"绿色化"已成为两大主旋律。数字技术在全球应对气候变化进程中发挥着至关重要的作用。能源电力、工业、交通、建筑等碳排放重点领域与数字技术深度融合,有效提高能源和资源的使用效率,实现生产效率和碳效率的双重提升。全球数字化转型加速、对算力需求的增长以及更广泛应用的5G,带动了信息基础设施的蓬勃发展,但也带来了能源需求和碳排放的增长。党的二十大报告提出"加快发展数字经济,促进数字经济和实体经济深度融合",要求"加快发展方式绿色转型","发展绿色低碳产业","推动形成绿色低碳的生产方式和生活方式"。"双碳"是我国"十四五"时期乃至未来较长一段时间的战略方向,数字化、绿色化协同转型发展是实现我国"双碳"战略目标的关键抓手。通过加快数字技术在绿色低碳发展中的应用推广,兼顾推进数字经济核心产业的绿色化发展,逐步构建形成市场导向的双化协同生态体系,最终将达成数字化绿色化的协同发展。

第一节　数字技术赋能传统产业绿色发展

当今社会正在面临着新一轮的科技革命和产业变革,数字化转型作为顺应趋势的重要手段,可以通过应用新一代信息技术,如云计算、大数据、物联网、人工智能和区块链等,激发数据要素的创新驱动潜能,提升企业在信息化时代的生存和发展能力,推动业务升级和创新转型,以实现转型升级和创新发展的目标。与此同时,数字化转型正成为产业实现绿色低碳改造和实现节能降耗减排的重要引擎。数字化转型也成为提高能源效率、优化能源结构的重要动力,同时也是推动经济社会发展模式向绿色低碳转型、实现人类与自然和谐共生的重要手段。

数字化转型是推动生产方式变革、加速供给端节能减排的重要手段。我国为了实现降碳目标,采取了"提高能效、降低能耗""能源替代"和"碳移除"三个方面的主要措施。其中,"提高能效、降低能耗"要求高排放企业(如建筑、交通、工业、电力等)进行绿色升级,引入数字化技术,改进生产工艺流程,提高设备运转效率和生产过程管理的精准性,有效促进节能减排。同时数字技术应用推广也是推动传统行业绿色转型升级的重要途径,通过云计算、大数据、物联网、人工智能等技术,优化资源配置模式,实现不同行业和企业之间资源要素的共享,提高配置效率,在优化生产流程、提高设备运营效率和管理生产过程精准性方面发挥了重要作用,从而实现了生产效率和碳减排的双重提升。此外,数字技术应用推广引领新业态、新模式发展壮大。数字技术在传统行业的各个环节,如研发设计、生产制造、运维管理、能耗监测、风险预警和消费服务等方面的深度融合和应用创新,正在推动传统行业经历巨大变革和深刻重构。

一、发展瓶颈

与发达国家相比,我国数字技术在绿色低碳发展中的应用仍面临如下发展瓶颈:

一是绿色低碳技术仍待突破,重点领域低碳发展模式尚未形成。数字技术在提高能源使用效率,促进能源清洁低碳利用,保持能源消费供需平衡的同时,也不可避免地存在消耗更多能源、对电力能源依赖性强等问题。与西方发达国家相比,中国在未完成经济发展与碳排放完全脱钩的背景下提出碳达峰与碳中和愿景,所面临的是更大的减排压力和更短的减排周期,也更加依赖绿色科技的创新与应用。我国低碳雏形技术战略储备不足,关键技术自给率较低。处在示范阶段的低碳技术面临资源不足、协同乏力、转移困难等问题。早期应用阶段的低碳技术存在市场需求不足、政策支持力度较弱、评估体系不完善等问题。成熟技术则面临"中端技术锁定"、自主创新能力亟待提升、配套体系不健全等问题。以风电领域为例,中国风机技术与国际先进水平之间的差距明显,除了生产600千瓦型风机落后世界的时间较短外,750千瓦、1.5兆瓦、2.0兆瓦和3.0兆瓦风机,中国首次实现批量生产,均比世界水平落后了7年左右。同时,新能源技术的推广应用中还面临着电网消纳能力的约束、配套基础设施不完善、交易机制不健全等障碍。因而绿色低碳技术的推广应用仍存壁垒，重点领域低碳发展模式仍未形成，仍需投入更多科研力量进行技术突破。

二是数字化设备与传统设备协同性较差，能源数据与数字技术融合不足。我国的能源系统正在逐渐经历着一场深刻的变革，这是绿色低碳发展的必然趋势。在这个变革中，我们可以看到以下几个重要的发展趋势：首先，各级能源系统以前相对独立的现象正在发生改变。过去，不同地区和领域的能源系统运行较为独立，但随着绿色低碳发展的推进，这些系统之间的关联逐渐紧密。能源系统内部开始呈现出更加复杂的网络结构，各种能源形式（如电力、燃气、新能源）之间的互联互通逐渐增多。其次，能源系统的主体类型也变得更加多样化。传统能源供应商仍然起着重要作用，但随着新能源和分布式能源的发展，能源生产和供应的主体类型愈加多样。这包括太阳能发电厂、风电场、能源存储设施，以及个人和企业自己的可再生能源装置。这种多样性使得能源系统更加灵活和去中心化。第三，信息技术的广泛应用加速了能源系统的数字化转型。数字终端、传感器、智能计量等信息化设备的普及使得能源系统的监测、控制和管理变得更加高效和精确。此外，传统的能源生产、传输和控制设备也开始集成更多数字化附加装置，以提高运行效率和可持续性。

但与此同时，这种数字化转型也带来了一些挑战。首先，能源行业数据在线化水平不足、源头数据质量较低，数字化感知分析基础并不牢靠，限制了更高层级的应用。数字化设备和传统设备之间的整合程度不高，存在协同问题。这可能导致信息孤岛，使得能源系统无法充分利用数字技术的优势。其次，碳排放数据相对分散，缺乏一种统一的数据标准和共享平台，阻碍了对碳排放情况的全面监测和分析。

三是统筹管理不足，部门及央地之间缺乏政策协同。数字化绿色化的推进在我国面临一个日益凸显的挑战，即相关政府部门之间协同不足。这一问题对于实现数字化和绿色化发展的目标构成了严重障碍。具体而言，数字化绿色化的发展牵涉到多个部门，包括工信、网信、发改等数字化领域的部门，以及工信、环保、发改等负责绿色化政策的部门，还有工信、能源、交通等多个行业管理部门。这些部门各自负责着各自领域的政策制定、资源管理、资金投入等工作，但却缺乏足够的协同和统筹管理。

这种不协同的情况可能导致几个问题。首先，可能会出现资源的重复利用，不同部门可能会在相同的项目上提供支持，造成资源浪费。其次，政策的传导和执行可能会变得混乱，不同部门会发布相互冲突或重叠的政策，导致企业和公众难以理解和遵守。最重要的是，这种不协同可能会削弱政策的整体力度和效果,使得数字化和绿色化发展的进程受到拖累。为了解决这一问题,需要建立更加协同的政府管理机制。政府应该根据国家发展规划和政策需要做好顶层设计,负责统筹不同部门之间的政策制定、资源协调、资金部署以及应用推广,以确保政府各部门之间更加高效地合作,确保政策的一致性和协同性,从而更好地推动数字化和绿色化发展,实现可持续的经济增长和环境保护目标。

二、推进路径

(一) 构建区域差异化发展的政策体系

数字化和绿色化转型已经成为推动经济社会持续发展的新引擎。"3060"目标为绿色低碳转型确定了明确的目标和时间节点,在此前提下,数字技术的应用将加快绿色低碳发展,双碳"1+N"政策体系不断完善,数字化绿色化已经成为了我国的顶层战略,广泛写入了国家、各省份及各领域和行业政策规划中。作为构建新发展格局的战略选择和关键支撑,国家相关部门应为数字技术在绿色发展中的应用推广描绘蓝图、提出战略指引,洞悉未来的发展趋势和变化,根据中国数字技术发展阶段和产业数字化绿色化现状,顺应数字化绿色化发展的大趋势,探索符合中国国情的发展方式与融合模式,同时落实到区域层面,兼顾各地区数字技术和产业发展不平衡,政策要上下联动,因地制宜,特色发展,不断推进数字化绿色化转型,为中国经济高质量发展创造更为广阔的空间。

表 5-1 各省份发布数字化绿色化相关政策汇总

省市	发布时间	政策名称	主要内容
上海	2022-6	《上海市数字经济发展"十四五"规划》	推动数字技术与绿色技术融合发展,打造低碳能源产业新生态;推动建设绿色数据中心,强化算力统筹和智能调度;打造低碳能源可持续发展示范工程和零碳能源产业新生态。
		《上海市瞄准新赛道促进绿色低碳产业发展行动方案(2022—2025年)》	推动数字化改造升级,引导企业建立能源管理中心,推进能源领域工业软件开发;推进"十百千"工程,培育10家以上绿色低碳龙头企业,100家以上核心企业和1 000家以上特色企业,创建200家以上绿色制造示范单位;在前沿技术研发上,上海市支持企业持续开展低碳、零碳、负碳基础性研究,加大颠覆性生产工艺与替代产品创新力度。

续表

省市	发布时间	政策名称	主要内容
江苏	2023-1	《江苏省工业领域及重点行业碳达峰实施方案》	深化数字技术融合,激发降碳潜能。坚持制造企业智能化改造、数字化转型、网络化推广并行推进。开展新一代信息技术与制造业融合发展试点示范,加快数字化低碳解决方案应用推广。
浙江	2021-7	《浙江省全球先进制造业基地建设"十四五"规划》	推进数字化绿色化融合发展。加快新一代信息技术在绿色制造、清洁生产领域的应用,提升绿色技术创新、绿色制造和运维服务的数字化水平。加强绿色技术、绿色标准等基础研究,开展再生资源利用、碳捕集封存利用等关键核心技术攻关,推广应用一批先进适用绿色技术。建立覆盖主要工业产品全生命周期资源能源消耗、污染物排放、碳排放的公共数据库,系统推进计量标准、采集管理、监测分析等保障体系建设。
安徽	2023-3	《以数字化转型推动制造业高端化智能化绿色化发展实施方案(2023—2025年)》	1.支持"数字领航"企业典型示范。2.支持中小企业数字化应用。3.支持分区域分行业开展数字化转型。4.支持工业互联网平台发展。5.支持制造业品质品牌提升。6.支持制造业数字化绿色化协同。7.加强数字化转型支撑。8.加大金融支持力度。9.支持开展模式创新。
北京	2022-6	《北京市"十四五"时期制造业绿色低碳发展行动方案》	数字化赋能产品全生命周期绿色低碳。加快人工智能、物联网、云计算、区块链、数字孪生等新一代信息技术在绿色制造领域的应用。推动企业安装制造过程关键工艺装备智能感知和控制系统,利用数字技术优化产线决策调度,降低工艺过程能耗与物料使用。打造面向研发设计、生产制造、仓储物流、回收利用等产品全生命周期的数字孪生系统,以数据为驱动,提升行业绿色低碳技术创新、绿色制造和运维服务水平。推进绿色技术软件化封装,推动前沿绿色制造技术的创新应用。
湖北	2022-5	《湖北省能源发展"十四五"规划的通知》	加快信息技术和能源产业融合发展,推动能源产业数字化转型。充分挖掘能源数据价值,完善电力消费、能耗指标等指标数据收集体系,建设全省能源大数据中心、数字化管理示范平台,探索能源数字经济新模式。

续表

省市	发布时间	政策名称	主要内容
湖南	2022-6	《湖南省制造业绿色低碳转型行动方案（2022—2025年)》	推进数字基础设施低碳升级。加快绿色数据中心建设，支持采用高效IT设备、制冷系统、供电系统以及相关辅助系统等。推进新一代信息技术与产业深度融合。推进制造业数字化、网络化、智能化发展，深化产品设计、生产制造、使用、回收利用等环节数字化应用。
山东	2023-1	《山东省建设绿色低碳高质量发展先行区三年行动计划（2023—2025年)》	加快传统支柱产业绿色化高端化发展，推进动能转换；协同推进降碳减污扩绿增长，促进人与自然和谐共生。
江西	2022-5	《江西省"十四五"数字经济发展规划》	在数字化转型过程中实现绿色发展水平的整体提升；以整体优化、协同融合为导向，统筹布局新一代信息基础设施，努力打造绿色低碳的智能化综合性数字信息基础设施。
广东	2021-5	《广东省人民政府关于加快数字化发展的意见》	推动数据中心科学合理布局、集约绿色发展；积极推进高等级绿色云计算平台建设，开展边缘计算节点建设；构建智能绿色的生态环保应急设施体系。
河南	2023-1	《河南省制造业绿色低碳高质量发展三年行动计划（2023—2025年)》	实施数字化赋能行动。加强新一代信息技术在制造业能源消费和碳排放等领域的应用，支持企业建设数字化能碳管控中心。聚焦能源管理、节能降碳、低碳能力等典型场景，推动重点用能设备上云上平台，形成感知、监测、预警、应急等能力，推广标准化"工业互联网＋绿色低碳"解决方案，为生产流程再造、跨行业耦合、跨区域协同、跨领域配给等提供数据支撑，通过数字赋能加快工业绿色低碳转型。到2025年，建设100家数字化能碳管理中心。

（二）全面推动制造业数字化转型

随着赋能垂直领域绿色发展需求不断深化，数字技术快速演进升级。首先，数字技术向多领域融通，实现关键资源的跨地域、跨系统跨组织的高效配置；其次，数字技术达到多环节渗透，从聚焦单一能源消耗，逐渐向多个环节贯通；再次，数字技术实现多场景突破，如工业互联网标识解析体系在低碳领域形成碳标识等。全面推动制造业数字化转型，加快推进大数据、人工智能等新一代信息技术与企业生产运营全过程的结合,构建基于工业互联网的产业生态,赋能传统产业向高端化、智能化转型升级。借助信息技术催生绿色发展新动能,构建基于5G的应用场景和产业生态,提升先进计算等数字优势产业竞争力,培育壮大人工智能、大数据等新兴产业。制造业企业依托大数据、云计算、人工智能、物联网、数字孪生等数字技术对生产流程各环节的全面渗透,不断加深与绿色技术、工业和装备的深度融合,提升企业的生产、能源、资源和环保效率。在源头环节开展产品绿色低碳设计,在生产环节推动工艺和装备优化升级,实现生产过程精细化、智能化管理,达成节能提效降本增质的目标,推动企业绿色低碳转型升级。如酒泉钢铁通过大数据分析和智能化管理,实现了单座高炉每年减少碳排放2万吨,冶炼效率提升10%。九江石化将新一代信息技术与石化生产最本质环节紧密结合,设备自动化控制率达到95%,生产数据自动采集率95%以上,运行成本降低22.5%,能耗降低2%。中车、北汽、长安等汽车制造企业依托数字技术开展产品智能化轻量设计,使同等材料车身在性能不变的情况下重量减少7%—10%,燃油能耗降低6%—8%,汽车使用阶段降低二氧化碳排放13%。[①]

(三) 加强数据要素支撑能力

为了充分发挥数字技术在绿色低碳发展中的关键作用,需要采取一系列举措来提高数据质量并加强数字化设备与传统设施的协同性,加强数据要素支撑能力。首先引导企业建立健全企业内部数据管理机制,提高与产业链上下游企业的数据共享水平,创建更加开放和协同的能源数据平台,促进碳排放数据的整合和共享。该平台应可以允许不同部门和企业共享其能源和环境数据,从而实现更好的数据质量和信息共享,积极拓展相关数据的典型应用场景和开发相关解决方案。同时各级能源系统需要更好地整合数字技术,以实现信息的全面流动和协同管理,包括智能电网、智能建筑、智能交通等领域的数字化设备与传统设施的融合。例如,智能电表可以与电网进行实时通信,以更有效地管理电力供应和需求。最后政府、企业和研究机构应加大对数字化技术在能源系统中的研发和应用投入,推动能源系统向更绿色和低碳的方向发展。例如,研发更高效的储能技术、智能化能源管理系统和清洁能源技术,以降低碳排放并提高能源利用效率。

---

① 中国信息通信研究院:《工业数字化绿色化融合发展白皮书》,2022年,第19页。

(四) 拓展绿色低碳应用场景

随着相关政策落地、市场的调整、技术的创新应用,数字技术在绿色低碳领域的应用趋势向好,场景更加丰富,同时为企业拓展更高质量、更有效率、更可持续的发展空间。

1. 深入赋能碳治理体系

数字技术在全球应对气候变化中扮演着关键角色。通过推动数字技术的绿色化融合应用,优化促进绿色经济和碳治理的升级。根据全球电子可持续发展推进协会(GeSI)的研究,数字技术在未来十年内有望通过赋能其他行业,降低全球碳排放量约20%。这主要通过数字技术在智慧能源和智慧制造等领域的应用来实现。

数字技术为我们提供了网络化、数字化和智能化的工具,可以助力构建清洁、低碳、安全和高效的能源体系,推动产业升级和结构优化,促进生产和生活方式的绿色转变,以及全社会的可持续发展。我们可以将数字技术和绿色发展因素融入治理过程中,通过有计划地组织和实施一系列创新转型举措,来构建全新的碳治理体系。数字技术在碳排放、碳移除和碳管理方面都具有重要作用。首先,数字技术可以更加高效地追踪、监测和管理碳排放,提高能源利用效率和生态系统的碳固定效率。此外,数字技术还可以赋能碳核算、碳交易和碳金融等领域,形成覆盖整个生命周期的数字化碳治理体系。通过数字化和绿色化的创新应用,我们可以构建更加智能和综合的碳治理体系,有助于推动绿色经济的发展,减少碳排放,实现可持续的未来。

2. 推动生产生活绿色低碳化

《全球通信技术赋能减排报告》显示,2018年移动互联网技术使全球温室气体排放量减少约21.35亿吨,约10倍于电子信息行业自身的碳足迹。数字化应用的广泛使用可以通过优化资源和能源配置,深化各行业生产制造过程和居民日常生活的数字化应用,包括智慧建筑、智慧能源、智慧生活方式与健康、智能交通与智慧城市、智慧农业、智慧制造等领域,全面赋能绿色生产、绿色流通和绿色消费,实现碳中和发展的转型。这需要进行全方位的智能化、绿色化改造,提高数字化管理水平,以提高资源循环利用和能源高效利用的效率。

数字技术可以加强城市基础设施和居民生活设施的数字化和低碳化水平,提供更多节能降碳的公共服务,为美好生活提供有力支持。如瑞典斯德哥尔摩积极寻求高新技术,以找到既能缓解城市交通堵塞又能减少空气污染的解决方案,建设了多种方式的交通信息采集整合系统,结合"交通拥堵税"等政策的出台,最终有效减少了车流,交通拥堵降低了20%—25%,交通排队时间下降30%—50%,中心城区道路交通废气排放量减少了14%,整个斯德哥尔摩地区废气排放减少2.5%,二氧化碳等温室气体排放量下降了40%。

表5-2 瑞典斯德哥尔摩多种方式的交通信息采集整合系统

序号	名　　称	序号	名　　称
1	浮动车数据采集技术(Floating Car Data, FCD)	6	交通信息实时发布系统,例如基于网站(www.trafiken.com)、手机短信
2	综合的交通信息管理中心(Traik Stockholm)	7	基于多式联运的路线规划
3	隧道智能交通信息系统	8	基于绿色驾驶的智慧速度适应系统(Intelligent Speed Adaption, ISA)
4	基于污染物排放和天气条件的速度、交通流量控制	9	流量管理系统
5	智能公共交通系统,包括流量和事故管理、公交优先系统、交通信息发布系统、路线规划、交通安全系统、智能卡系统等		

资料来源:《斯德哥尔摩生态交通系统建设及对中国城市的启示》,《交通与运输》2023年第S01期。

3. 催生创新绿色低碳商业模式

随着数字和低碳应用推广领域更加丰富,生产要素和市场要素正逐渐汇聚于此。基于新的绿色低碳商业发展理念和数字技术的融合,产业价值和社会生产生活正在朝着碳中和的方向转型。这将极大提升绿色产品和服务的供给能力,同时满足日益增长的绿色消费需求。在此过程中,行业和企业的价值链将得到改造,新的碳资产、碳足迹、碳大脑、碳管理信息化等业态和模式将不断涌现。这将为企业开辟新的增长空间和赛道,同时促进社会的可持续发展和碳中和,形成良性循环互动。在数字技术的支持下,碳管理SaaS平台不断涌现,其中以面向制造业企业数字化管理的吉碳云是吉利数科依托多种自主研发的数字科技以及成熟的"双碳"管理服务团队,通过一站式碳管理平台,为汽车企业等制造业企业、地方政府等服务对象提供碳盘查、碳足迹、碳减排等多种碳咨询与服务解决方案。依托吉碳云平台,吉利汽车开展供应链碳足迹核算工作以及减排实施方案规划，涉及电池、钢铁、铝材、塑料盒涂料等领域，目前已覆盖100＋车型和1500＋供应商。2022年，吉碳云已实现管理年碳排放近一亿吨，支持吉利控股集团及港股上市企业吉利汽车开展碳管理并完成碳盘查，同时赋能吉利汽车细化减排路径——以2020年为基准年，2025年单车全生命周期碳排放减少25%以上。

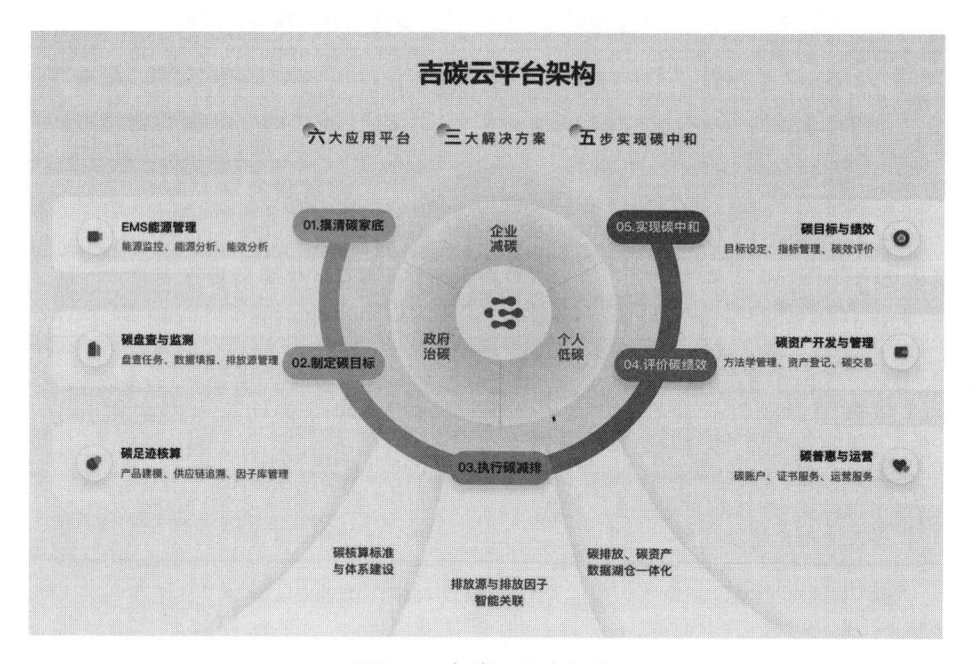

图 5-1　吉碳云平台架构

资料来源：吉碳云官网（https://www.geelydt.com/product/carbonNeutral/loudCarbonPlat）。

第二节　促进数字核心产业绿色化发展

全球气候变化正日益威胁着全人类的生存和发展，达成碳中和已经成为全球共识。党的二十大报告指出，"推动经济社会发展绿色化、低碳化是实现高质量发展的关键环节"。实现碳达峰、碳中和是以习近平同志为核心的党中央统筹国内外两个大局所作出的重大战略决策，是我们构建人类命运共同体的庄严承诺，是践行生态文明理念的重要抓手，也是推动我国绿色低碳发展的内在要求。当前，数字经济蓬勃发展，以数字化转型为载体驱动能源行业结构性变革，以"碳中和"目标为指引，实现各行各业的低碳绿色发展，既是现实的紧迫需求，也是行业发展的必然趋势。随着数字经济的加速发展，核心产业成为支撑数字经济发展的坚实底座，必将带来能耗的持续递增，在"碳中和"背景下，数字经济核心产业在助力千行百业数字化转型的同时，自身也需要向"绿色"转型。

基于高能耗属性，ICT行业目前仍是全球温室气体（GHG）的重要净排放来源。中国能源统计年鉴数据显示，ICT产业在2012—2017年中国细分行业碳排放量增速中位居第一，总量增长61%。从能耗占比情况看，数据中心、通信基站等ICT基础设施能耗占全社会用电量4%左右，ICT行业的碳排放量远小于电力、工业、交通、建筑等排碳大户，但其能充分发挥能源效率，助力千行百业数字化转型，产生乘数效应。近年来，ICT产业碳排放量激增主要源于数字化转型和算力需求的增长，以及数字技术产业的发展。数据中心和基站等信息基础设施消耗的电能也是来自经济社会运行和产业发展过程中所必需的数字化业务系统，为各种生产、商业、生活需求分担了部分碳排放责任。因而随着我国数字经济迅速发展，以ICT行业为代表的核心产业逐步成为国民经济发展的战略性支柱产业，数字经济产业自身也正在成为"碳排放大户"，碳排放快速增长趋势短期内将延续。

诚然，数字技术在提高能源效率，推动绿色低碳化具有积极作用，但数字经济的快速发展也会相应加大其能源需求和碳排放增长，其中以数据中心和5G基站为代表，社会各界对其能耗增长的快速增长也越来越关注。在"3060"目标下，数字经济核心产业自身的能耗问题也是无法忽视的一部分，亟待进行绿色低碳转型，实现数字经济和产业绿色化的协同发展。

一、发展瓶颈

在数字化全面普及和"碳中和"背景下，数字经济核心产业不仅为解决气候问题和低碳排放提供了多种机遇，也能支撑各行各业的发展需求，同时带来可观收益。而伴随着数字经济快速发展，高耗能和高排放的问题也更加突出，这也使发展数字经济核心产业成为了一把双刃剑，推动数字经济核心产业绿色化发展仍存以下瓶颈：

一是准体系不完善，关键要素支撑体系亟须政策引导。标准体系的不完善以及缺乏关键要素的支持是数字经济领域在推动碳减排方面所面临的重要挑战。标准在数字经济行业中扮演着关键的角色，然而，当前的标准体系存在着一系列问题，例如标准的推广和应用不足等。因此，迫切需要加快数字减碳标准体系的建设，推动行业协会、领军企业等积极参与，建立健全的数字低碳行业标准，以加速标准体系的完善和发展。

毫无疑问，数据资源在推动数字低碳行业实现数字化碳减排方面起着关键的作用。然而，不同核心行业在数据资源管理方面存在着差异，碳排放数据的收集、处理和开发利用方面也面临着一系列挑战。因此，建立相对完善的碳排放数据管理体系至关重要。这需要鼓励企业建立规范化的数据管理系统，确保数据的准确性和完整性，以充分挖掘数据的潜力和价值。只有有效利用数据资源，数字低碳行业才能更好地扩大减碳效果，实现可持续发展的目标。

二是数字化绿色化技术仍待发展，支撑力欠缺。为了达成碳达峰碳中和的远期目标，数字经济核心产业广泛运用芯片、操作系统、工业软件、云计算、大数据、区块链等前沿领域技术，助力相关产业智能化、低碳化发展。而现有技术已无法进一步支撑精准碳排放管理、更低碳排放水平的绿色生产等领域的持续发展。同时，芯片、操作系统等基础性技术仍存在技术瓶颈，对国际供应链依赖性较强，面临关键技术不成熟、标准不完善、工具缺失等问题。因而，应更加深入地挖掘数字低碳方面的技术潜力，加强自主创新，超前布局未来数字化绿色化技术发展，抢占技术制高点，打造未来技术竞争优势。

三是数字化基础设施绿色化程度不高，转型发展滞后。近年来，我国数字基础设施的迅速发展，如5G和人工智能等新一代信息技术的出现，给能耗和碳排放带来了更大的压力。数据中心需要支持大量数据传输和远程处理，而这些操作本身也会导致更多能源的消耗，特别是对电力的大量需求。因此，必须着手解决能源低碳转型的问题。实现数字化绿色化需要大规模的数字化基础设施，包括高性能计算设施、数据中心等。信息基础设施往往需要大量的电力供应来维持设备运转和数据处理，可持续能源的应用比例较低，导致较大的能耗消耗，进而增加碳排放。如云计算、数字中心、人工智能等数字技术的运行，芯片、电信基础设施等数字硬件的制作和建设等都会消耗大量的能源，增加碳排放量。此外，数字经济发展也会产生大量的电子垃圾和废物，其中含有的重金属等有毒化学物质可能对河流、土壤和地下水等造成污染，这是数字经济在发展和更新换代过程中无法避免的。而现有多数数字基础设施建设仍然相对滞后，在设计和制造过程中，低碳环保因素往往未被充分考虑，绿色化转型缺乏全面的规划，各个环节的绿色化措施缺乏协调性，未充分全方位考虑各个方面的绿色化需求，进而限制了数字经济核心产业绿色化发展的深入推进。

二、推进路径

(一) 深化数字核心产业的绿色低碳转型顶层设计

在宏观层面，"十四五"规划以及国务院、工信部等部门相继发布的《关于加快建立健全绿色低碳循环发展经济体系的指导意见》《新型数据中心发展三年行动计划(2021—2023年)》《关于完整准确全面贯彻新发展理念做好碳达峰碳中和工作的意见》等均对数字经济核心产业绿色化发展提出了要求和方向。对加快信息服务业绿色转型，加强新型基础设施节能降碳，提升数据中心、新型通信等信息化基础设施能效水平等方面作出了布局。

在行业层面，中国通信标准化协会加强绿色标准供给，进一步完善了"十四五"信息通信业绿色低碳发展标准体系，组织制定了信息通信业碳达峰碳中和标准体系，以标准为引领，满足行业技术进步和绿色低碳发展的需要。以数据中心产业为例，政策对能效的要求趋于严格，能效考核指标从以PUE(数据中心电能利用效率)为主，逐步演变为PUE、CUE(数据中心碳利用效率)、WUE(数据中心水资源利用效率)、绿色低碳等级等多指标兼顾，未来还将会纳入更多新的能效指标，日趋严格的能耗政策将进一步推动产业全面绿色低碳发展。数字经济核心产业也将成为支撑各产业数字化发展的引擎，绿色算力应用将全面赋能各行业的数字化转型，全面助力精益生产和绿色发展。

表 5-3　数字经济核心产业绿色发展相关政策

时间	政策	相关内容
2021-2	《关于加快建立健全绿色低碳循环发展经济体系的指导意见》	加快信息服务业绿色转型，做好大中型数据中心、网络机房绿色建设和改造，建立绿色运营维护体系
2021-3	《国民经济和社会发展第十四个五年规划及2035年远景目标纲要》	统筹推进传统基础设施和新型基础设施建设，打造系统完备、高效实用、智能绿色、安全可靠的现代化基础设施体系。围绕数字转型、智能升级、绿色发展，建设高速泛在、天地一体、集成互联、安全高效的信息基础设施

续表

时　间	政　　策	相　关　内　容
2021-7	《新型数据中心发展三年行动计划(2021—2023年)》	打造新型智能算力生态体系,有效支撑各领域数字化转型,为经济社会高质量发展提供新动能
2021-9	《关于完整准确全面贯彻新发展理念做好碳达峰碳中和工作的意见》	提升数据中心、新型通信等信息化基础设施能效水平
2021-10	《关于印发2030年前碳达峰行动方案的通知》	加强新型基础设施节能降碳
2021-12	《贯彻落实碳达峰碳中和目标要求推动数据中心和5G等新型基础设施绿色高质量发展实施方案》	到2025年,数据中心和5G基本形成绿色集约的一体化运行格局,鼓励在数据中心和5G网络管理中应用人工智能技术,加强自动化智能化能耗管理,提升整体节能水平;充分发挥数据中心、5G在促进传统行业数字化转型方面的重要支撑作用

(二) 推动创新技术融合应用

"双碳"目标及可持续发展战略将长期驱动数字经济核心产业绿色低碳发展。创新技术加速涌现,液冷、蓄冷、高压直流、余热利用、蓄能电站等创新技术的应用,以及太阳能、风能等可再生能源利用,能够进一步降低数据中心等数字基础产业设施的能耗及碳排放。①算力爆发推动数据经济核心产业充分运用智能化手段,借助AI技术,降低运维成本,升级优化能效,推进基础产业设施走向集约化、规模化、绿色化、自动化。

数据中心耗能较高,电力成本占运营总成本的60%—70%,因此要充分运用储能和蓄冷技术,平衡峰谷时段用电成本。同时新能源技术与储能技术融合,可以优化数字经济基础设施能源结构,提升绿色低碳发展水平。数据中心要实现零碳排放,需要采取多种措施,其中新能源供电是重要的方式之一。风、光、水、氢等清洁能源的使用占比将不断提升,直接采用新能源发电或间接通过碳排放权交易促进新能源使用都是可行的。尽管新能源发电具有清洁环保优势,但受到自然条件的影响,其连续性难以保障。因而新能源与储能技术的融合能够有效提升新能源供电的稳定性,解决可再生能源系统应用过程中

---

① 中国信息通信研究院:《数据中心白皮书(2022年)》,2022年。

的供电不平衡、稳定性差等问题。

随着算力升级的需求扩大,算力爆发的趋势将进一步推动数据中心等数字经济核心产业规模扩张,运营维护和能效管理的需求呈指数级增加,亟须借助 AI 等智能化手段实现运维自动、能效优化。借助智能传感、声音图像识别等技术,实现实时连续运维和预测式的提前主动运维,减少人力成本。借助基于 AI 的资源优化技术,对数据中心等核心产业基础设施资产进行全生命周期管理,建立以设备管理为核心的管理模型及分析平台。运用 AI 自动驾驶平台,实现能源灵活调度,在绿电直供、叠光、储能削峰填谷等方面实现按需调用。

(三) 推动数据基础设施绿色化转型

1. 加快数据中心节能降耗技术升级

随着"新基建"的推动,数据中心已成为算力基础设施的代表,并逐渐引起了社会广泛的关注。在过去的五年中,我国数据中心的机架规模持续增长,年均增速超过 30%。到 2020 年底,我国在用数据中心机架总规模约为 40 万架,而数据中心建设布局也已由一线城市向京津冀、长三角、粤港澳等聚集区协同发展的新格局转变。此外,中西部地区也在稳步推进。在节能减排方面,2020 年我国数据中心年均运行 PUE 中位数为 1.55,比上一年降低了 0.105。据中国信通院测算,2020 年我国数据中心的用电量占全社会用电量在 1% 以下。数据中心企业采取了定制化、人工智能调度以及新型冷却技术应用等措施来提高数据中心能效。此外,部分优秀绿色数据中心案例已经在绿色能源使用方面达到了全球领先水平,并获得了开放数据中心委员会及绿色网格标准推进委员会的 5A 等级评价。

数据中心、云计算领域的脱碳发展是实现碳中和绿色化发展目标的重要一环。互联网企业作为数字经济的创新主体之一,积极利用数字赋能低碳转型,优化减排实践方案,提高能源资源利用率。如谷歌、苹果和脸书积极公布可再生能源使用进展,并分别于 2017 年、2018 年及 2020 年实现运营体系 100% 可再生能源使用。微软和亚马逊计划于 2025 年实现 100% 可再生能源使用目标。为了更好地推进数据中心节能减排,谷歌在 2020 年 9 月提出,到 2030 年在全球范围内所有数据中心实现以小时为单位的实时可再生能源供电,也即 24/7 零碳运营管理计划。微软通过优化数据中心备用电力系统,包括储能电池及低碳燃料(氢燃料)等形式促进数据中心降碳,2020 年微软已经成功完成了对氢燃料电池的测试,这将为消除对柴油发电机备用电源的依赖及实现碳减排奠定坚实基础。①中国联通上海分公司结合大数据和人工智能算力,创新实施多样性节能方案,进一步降低基站能耗。中国电信与中国联通共建共享5G基站70万个,年节约用电超100亿千瓦时,碳排放减少近600万吨。②

2. 推动新型信息基础设施绿色化转型

新型信息基础设施的建设是推动数字经济和数字化转型的核心要素,同时其自身的蓬勃发展也带来能源需求与碳排放的同步增长,对社会实现碳达峰、碳中和目标以及企业高质量发展带来严峻挑战。新型信息基础设施绿色化是实现"双碳"目标的关键。其中应用场景有以下三类:

(1) 数据驱动碳全周期管理。利用各类数字化工具,把能耗与碳排放精细管理贯穿数据中心和5G的规划—设计—建设—运营—改造—回收全生命周期,实现碳足迹的监测与核算。以全球首个100%利用清洁能源运营的大数据产业示范基地,青海海南州大数据产业园区为例,其采用了华为智能微模块解决方案,着力于数据中心全生命周期管理,通过模块化设计,节省部署时间;采用密闭冷通道+AI技术+高效模块化UPS(不间断电源),节能降耗,降低运营成本;通过智能管理系统,保障业务稳定运行,简化运维工作;充分利用数字化技术,实现供电、制冷、运维智能化管理,使数据中心基础设施价值最大化。

(2) 数字控制技术优化节能模式。通过各类数字控制技术,结合液冷和可再生能源等低碳和零碳技术,优化网络、站点和机房、设备(服务器、电源、空调、储能、照明)的智慧节能模式,不断降低总能耗和单位能耗。通信站点通过运用智能算法实现发储配用自动调配,储存超发光电,提升了清洁能源使用率,并完成对站点发电模块及电力供应的数字化管理。如在希腊绿岛,通过在站点叠加太阳能光伏解决方案,当地某运营商降低了51.2%的市电使用,年省电达到了14 500千瓦时。

(3) 数字平台技术提升智能高效管理。利用数字化平台技术和人工智能算法实现从能源供给到消费、节能服务全过程的智能高效管理和精准匹配,摸清碳数据规范碳核算,管理碳资产,满足不同区域、不同设施的绿色用能和减

---

① 中国信息通信研究院:《数据中心白皮书(2022年)》,2022年。
② 中国信息通信研究院:《工业数字化绿色化融合发展白皮书》,2022年,第20页。

排需求,节约能源成本。仍以阿里巴巴为例,其做强绿色价值链的减排策略,充分发挥数字平台管理作用,战略性采购物流运输服务和包装,优先选择能够提供电动运输服务和绿色包装的供应商;持续开展行动,降低差旅和出行的碳迹;逐步落实绿色供应商管理计划和绿色供应链制度,长期推动供应商设定以科学为基础的减排目标。

第三节　构建双化协同生态体系

数字化转型本质是提高社会信息化、智慧化水平,构建"云网端"基础设施体系,利用新一代信息技术,如5G、物联网、人工智能、大数据和区块链等,融合数据智能和城市信息模型等平台支撑,建立数字化协同化智能化的运营管理模式。在"双碳"背景下,数字化转型通过先进技术,强化城市治理能力,提高居民生活便捷性和产业经济水平,同时借助数字化手段促进生活生产的节能减排和经济发展动力转换。因此,构建市场导向的双化协同生态体系对于经济社会可持续快速发展十分重要。

数字化和绿色化不仅是全球发展的重要主题,也是相互依存、相互促进的孪生体。近几年,我国高度重视发展数字经济,科技、产业变革日新月异,越来越多的城市和企业纷纷加入数字化转型升级中,其升级既是战略性选择,又是可持续发展的必经之路和经济社会高质量发展的内在要求。与此同时,数字产业能耗在快速增长,数据显示,2019年,我国数据中心用电量占到全国用电量的2%左右,绿色转型发展需求迫切。另一方面,数字技术对传统行业的绿色转型作用日益凸显。据预测,到2030年,各行业受益于数字技术减少的碳排放量将达到121亿吨。因而促进数字化绿色化协同发展是"十四五"乃至更长时期我国经济社会高质量发展的必由之路。

数字化赋能绿色化的本质是充分利用各领域数据,通过海量数据的综合应用优化机器和生产过程效率,提高能效,降低排放。数字化为提高绿色发展中的设备连通性、生产高效性、施策精准性提供全链条支撑。同时数字化发展本身也是能源消耗大户,数字基础设施作为数字化发展的底座,在提供公共服务的同时计算量也呈现指数上升,带来能源消耗的急剧增加。数据中心是数字基建中耗电和碳排放的最大来源,因此大力推进数字基础设施绿色化已是全球大势所趋。

随着数字化绿色化双化协同发展的理念逐渐深入人心,双化协同的生产生活模式正成为不断增长的需求热点。在"双碳"背景下,数字化转型建设以数据为核心要素、以新一代信息技术为驱动,不仅要通过先进的技术强化城市治理能力、便捷居民生活和提升产业经济水平,也要以数字化手段促进生活生产节能减排、经济发展动力转换,引导市民转变生活消费理念,探索低碳减排与经济增长的共赢路径,赋能千行百业绿色化转型、引领生活方式绿色化变革。同时,数字化转型是社会实现"双碳"目标的重要途径,随着以大数据、云计算、人工智能为代表的新一代数字技术,广泛运用于生产、消费、传输、运营管理、交易等各环节和链条,数字化转型正成为驱动产业绿色低碳改造、实现节能降耗减排的重要引擎。

一、发展瓶颈

我国构建市场导向的双化协同生态体系面临减排幅度大、转型任务重、核心技术受制约、资本投入大等挑战,迫切需要从政策导向、体制机制、人才引育、技术创新等方面深化推动低碳发展。

一是同基础不平衡,发展双化协同动力不足。我国当前面临着协同基础不平衡的情况,导致双化发展的协同动力不足。不同地区、行业甚至企业之间存在明显的数字化差异。这一差异主要源于数字化发展所需的资金投入、人才储备以及技术能力建设等方面的局限。因此,发展滞后的地区和中小企业往往因为能力不足而缺乏积极推进数字化的意愿,这不仅影响了全面数字化的进程,也妨碍了它们在绿色化发展中发挥作用。同时,各地区的碳排放水平存在差异,这导致了绿色化推进的力度和效果各不相同。另外,行业集中度的不同也会造成各地数字化发展程度和数字化绿色化改造潜力的不均衡,如石化、水泥产业相对集中,其数字化绿色化改造相对高效。

二是关键技术集成存在挑战,创新生态体系尚未形成。由于需要在多个领域的技术之间实现高度集成,数字化绿色化协同发展面临着重要的技术挑战。这些领域包括储能技术、新能源技术、人工智能、区块链、大数据等。这些跨领域技术在不同的应用场景中需要相互协同,但目前尚未形成完整的融合体系,这导致技术集成变得复杂和困难。

为了应对这一挑战,迫切需要建立一个涵盖多个领域技术和知识的创新生态体系。这个生态体系需要汇聚科学家、工程师、环保专家、政策制定者等各方的合作,以促进跨领域的协同创新。然而,目前这些合作关系还不够紧密,缺乏统一的数字化绿色化创新共享平台,同时地区和机构之间的创新资源分配不均衡,这导致了一些潜在的数字化绿色化创新难以在实际应用中落地。因此,创新生态体系的建设仍然处于初级阶段。

三是需求牵引不够,双化协同的下游市场仍待拓展。与国外发达国家相比,我国的碳交易市场仍处于初级阶段,其交易机制仍需进一步完善。目前,国内主要的绿色低碳市场机制是碳排放管理机制,但其应用范围和管理水平仍存在限制,这将直接影响到数字化绿色化协同发展的需求。同时,行业内对于绿色供应链采购的动力不足,积极参与国际零碳采购组织的积极性也不高,这对于企业充分利用数字技术推广绿色低碳应用形成了制约。此外,目前,我国大多数工业企业对于双化协同项目的开展仍持观望态度,需要深入挖掘企业的发展需求,以确保相关项目能够顺利实施。①

二、推进路径

(一) 构建双化协同发展的政策体系

构建以市场为导向的数字化绿色化协同生态体系,需要相应的体制机制创新。数字化绿色化协同生态体系涉及多个方面的利益相关者,如企业、政府、公众等,需要建立相应的标准和认证体系来规范参与者的行为和产品的质量,从而保障数字化绿色化协同生态体系的良性运行。同时数字化绿色化协同生态体系涉及多个方面的利益相关者,需要建立相应的监管机制来监督各方的行为,防止出现不正当竞争和不合规行为,从而保障双化协同生态体系的健康发展。

自2020年以来,我国在数字化绿色化协同发展方面深入实践并取得良好成效。先后出台了《中共中央 国务院关于完整准确全面贯彻新发展理念做好碳达峰碳中和工作的意见》和《2030年前碳达峰行动方案》,至此我国碳中和、碳达峰的顶层设计政策已形成,"1+N"政策体系已基本建立。

绿色化转型过程中数字赋能的角色越发凸显。"1+N"体系的建立为传统行业低碳发展明确具体行动。以工业为例,2022年8月1日,工信部等三部门联合印发《工业领域碳达峰实施方案》,重点提出"主动推进工业领域数字化转型,强化企业需求和信息服务供给对接,加快数字化低碳解决方案应

---

① 中国信息通信研究院:《数字化绿色化协同发展白皮书》,第39页,2022年。

用推广"。

数字化发展历程中绿色导向不断深化。工信部联合七部门印发《信息通信行业绿色低碳发展行动计划(2022—2025年)》,从行业重点设施绿色升级、产业链供应链协同发展、能源资源循环利用及共建共享、健全能耗及碳排放综合管理平台等方面提出了翔实的工作方案。同时,该文件也重点提出了赋能产业绿色低碳转型、赋能居民低碳环保生活、赋能城乡绿色智慧发展要求。

立足国际视角,发达国家在数字化绿色化协同体系构建中已形成了一些可以借鉴的政策路径。美国、英国、德国等均高度重视本国数字碳中和方案开发和推广,通过试点示范、人才培育、服务供给等政策工具全方位深化各行业数字化减碳应用,为更好地释放数字技术减碳潜力、促进气候目标的实现提供坚实的政策支撑。[①]以美国为例,美国在推进本国净零排放目标整体过程中高度重视数字技术的融合应用,围绕数据、标准、技术、资金等制定了丰富的政策工具,初步建立了科学合理、协调有力的政策方案。一是提供助力减碳模型开发/智能决策的高质量数据集和大数据工具。美国能源局(DOE)于2021年3月拨款800万美元用于优化传统工具不可解析的应对气候变化相关的大量不规则数据,可持续能源发展办公室联合加州能源委员会开发基础设施投影工具EVI-Pro,支撑充电设施城市规划等。二是发布数字化方向碳中和标准,包括2016年美国国家技术实验室联合IBM、GE、Google等联合发布的智能电网行业标准2014—2018年橡树岭国家实验室联合丰田、Evatran(无线充电设备研发商)、克莱姆森大学等推进的无线充电标准等。三是实施研发补贴。2020年9月,美国能源局宣布提供1600万美元促进机器学习、人工智能等方向基础研究和仿真应用,服务各领域节能减碳。四是设立奖励性支持。2020年美国能源局设立10亿美元的"新人工智能奖项",对12个提高效率、降低成本和能耗的人工智能项目给予资金奖励。五是提供贷款担保。美国能源局贷款担保计划办公室将智能化分布式能源、微电网、工业废物回收等纳入支持范围,鼓励利用物联网、人工智能等创新技术减少温室气体排放。

党的二十大报告提出"广泛形成绿色生产生活方式,碳排放达峰后稳中有降,生态环境根本好转,美丽中国目标基本实现",同时提出"加快发展数字经济,促进数字经济和实体经济深度融合"。随着我国经济进入高质量发展阶段,数字化绿色化发展的必要性逐渐涌现,两大发展趋势必将逐渐融合,不断

---

① 中国信息通信研究院:《数字碳中和白皮书》,2022年,第11页。

演进,符合我国创新、协调、绿色、开放、共享的新发展理念的要求。

新加坡作为数字化绿色化协同的技术先驱,将智慧国家建设与能源低碳转型协同发展。基于以智慧化驱动社会经济发展的理念,为实现智慧国家建设与能源低碳转型协同的目标,大力推动智慧国家与能源转型并举、促进能效提升与可再生能源利用、以数字技术赋能智慧能源和绿色发展等举措。

为实现2030年碳达峰的目标,新加坡一方面加强能源韧性,降低对单一能源供应渠道的依赖性。由于地理环境适合利用太阳能,新加坡大力发展太阳能发电,并设立2050年20%的电力来自太阳能的长期目标。另一方面加强节能减排,提高能源利用效率,到2030年政府组屋通过智能LED灯和太阳能部署,减少15%的能源消耗;80%新开发建筑项目将为超低能耗建筑;新增车辆和出租车均采用清洁能源车型。

能源转型与智慧国家发展并举。新加坡于2015年推出"智慧国2025"战略,即政府构建"智慧国平台",通过建设覆盖全岛数据收集、连接和分析的基础设施与操作系统,基于所获数据预测公民需求,提供更好的公共服务。通过协调智慧城市建设与能源规划,新加坡打造了包括城市管理、交通、能源、环境等在内的综合解决方案,实现智慧能源管理和绿色低碳发展。例如,某智慧能源小镇为住户提供中央制冷、电动车快速和隔夜充电、用户数码显示屏等多种智慧能源服务。各种能源服务都通过OneTengah数码平台显示,便于设施管理人员监测系统状态,及时发现异常并采取行动。居民则可利用MyTengah应用,查看家庭水电用量和控制中央制冷系统的使用量等,践行绿色生活方式。

数字化转型赋能智慧能源。以虚拟电厂、P2P绿色能源交易平台为例,新加坡能源市场管理局联合胜科工业和南洋理工大学共同开发虚拟电厂,整合各种分布式能源的实时信息,优化全岛可再生能源的电力输出;Electrify的SolarShare项目利用区块链技术搭建P2P绿色能源交易平台,满足用户可再生能源交易需求,实现绿电就近交易。

(二)推进双化协同推进体系建设

作为国家级战略,双化协同发展也要落实到区域层面,"上下联动"推动融合发展。我国国土面积辽阔,区域之间经济发展水平、产业结构特点和资源禀赋各不相同,因而数字经济和绿色化发展水平也存在差距。东部的沿海地区省份已经基本实现了工业化,数字经济发展和基础设施配置均在领先水平,而大部分中西部地区既要大力发展工业,又要考虑其对资源环境的影响,同时承担着"东数西算"工程中的算力需求部分,绿色发展任重道远。对于资源依赖型省份,应该运用数字技术调整优化能源结构,同时对传统行业进行绿色化改造,提高传统产业的数字化、绿色化、智能化水平,推动传统产业向价值链高端迈进。对于数字化绿色化基础好,发展程度高,工业化水平成熟,科技实力强劲的省份,应基于自身现有的科技支撑和人才储备优势,大力推动新能源、电子信息等战略性新兴产业发展,同时搭建区域数字化绿色化大数据服务平台,帮助企业和政府更加精细化和高效化地管理能源环境。此外,以长三角、珠三角等为代表的协同一体化建设区域,也应发挥城市群数字经济水平高、科技实力领先优势显著的优点,与周边区域联动发展,优势互补,推动数字化和绿色化融合发展,增强创新实力,提高生产效率。

(三) 大力培育数字化绿色化转型人才

在数字化绿色化发展中,要素培育不充分对双化协同提出了巨大挑战,其中最突出的问题就是人才短缺。数字化转型需要既懂数字技术又懂行业知识的人才,而数字化绿色化协同发展更需要既"数字化+绿色化+行业知识"的复合型人才,这无疑加剧了数字化人才短缺的问题。针对这一问题,第一是要加强数字化绿色化融合人才需求预测,基于求职平台、工业互联网平台等数据资源,加强近年双化协同领域职业供需研究,科学预测研判双化协同人才需求并动态发布相关岗位信息,支撑绿色制造人才政策的科学编制与精准实施。第二,要规范双化协同人才培养内容,制定发布人才职业能力标准,建立碳管理、绿色设计、环保技术、环境咨询与技术服务等细分岗位的认证体系,鼓励双化协同标杆企业、科研机构及高校强强合作,通过建设实训基地、组织高级研修班等方式,加强对从业人员教育培训,支持有能力的企业通过建设实训基地等加强培训,完成技能转换。第三,要积极推动国际合作,充分借鉴发达国家双化协同人才培养的先进经验,为我国数字化绿色化人才发展和培育创造良好的环境。

(四) 打造双化协同技术联合攻关创新生态体系

在双化协同发展的新时代,数字化绿色化科技创新正成为全球新一轮科技竞争的重要领域。《世界能源转型展望》报告指出,要成功实现2050年的气候目标,超过90%的解决方案,将涉及可再生能源供应、电气化、能效提升、绿氢和生物能源以及碳捕集与封存等解决方案和新技术的应用。以绿氢为例，技术创新将赋能绿氢在钢铁、化工、长途运输、航运和航空等排放密集型行业的应用，助力脱碳难度大的行业实现低碳发展。数字化绿色化协同转型应加强政策引导，加大研发投入，提升创新速度，降低开发应用成本。当前我国产业结构和能源结构具有明显的高碳特征，如何实现产业结构和能源结构低碳转型是当前绿色发展面临的重要任务，需要以强大的科技创新力量破解低碳转型难题。建设以市场为导向的双化协同生态体系，必须坚持创新驱动，促进信息技术、绿色低碳技术与传统行业深度融合，推广应用双化协同的新技术、新设备、新模式，构建双化协同发展的技术支撑体系。

形成技术联合攻关的创新生态体系，补齐数字化绿色化协同发展的技术短板。数字化绿色化协同发展涉及多学科、跨领域技术融合发展需求，因而能否加快我国双化协同发展步伐，与双化协同技术创新攻关进程息息相关。我国要充分发挥新型举国体制优势和超大规模市场优势，深化科技体制改革，激发自主创新动力和活力，实施多领域、多部门、多形式联合攻关，提高数字技术和绿色技术基础研发能力，形成技术联合攻关创新生态体系，为双化协同核心技术创新发展营造有利条件。

(五) 培育碳市场和碳资产管理体系

1. 培育碳市场，催生新兴数字化绿色化业态

随着低碳化转型，以及"双碳"目标的实现，进一步减排成本会大幅提高，从而带动新型数字化绿色化产业发展，催生新业态。结合以区块链为代表的数字技术"去中心化、透明安全、不可篡改、信息可溯"的技术特征，碳市场交易透明性、实时性和数据安全性均得到了赋能提升，实现碳市场的安全可信交易与高效结算，完善交易流程和自动化业务处理。同时碳市场的建立将推动绿色低碳技术的研发、应用和转化，进而促进新的产业集群的形成。除此之外，碳市场的发展还将催生出数字碳产业，如碳资产、碳足迹、碳咨询、碳审计和碳中介等，以及数字产业生态，包括碳资产管理机构、咨询机构、第三方核查机构和绿色认证机构等。这些数字产业将对高能耗企业产生反作用，可通过线上线下方式为其提供技术支持，帮助其升级产业、推进数字化转型、降低二氧化碳排放并提高再利用效率，从而实现"双碳"目标的达成。

MRV 体系是碳排放的量化与数据质量保证的过程，包括监测（monitoring）、报告（reporting）、核查（verification）三个过程，是碳市场得以正常运行

的关键机制。通过引入数字技术培育碳市场,将"物联网+区块链"技术引入到MRV体系中,一方面在企业的生产端加装感应器数据采集模块,实现碳排放因子数据的自动化采集;另一方面搭建由政府机构牵头运维的联盟链用于检测数据的记录、调取,在保证链上数据真实、可信的同时,确保链上数据安全避免外泄风险。实现数据检测、记录自动化作业,减少人工作业,降低人为因素误差和错误,保障了数据从检测到报告的准确、真实、可信,降低了碳核查中的数据核查压力。[1]

2. 数字技术协助治理碳数据,形成数字碳资产管理体系

随着越来越多的企业加入低碳转型的浪潮,精确的碳排放监测和详细的能源与碳资产管理,将成为数字化未来的发展方向。数字化技术,如在线检测系统、大数据筛选、数据治理、云存储等,可以贯穿整个碳资产管理流程,帮助企业构建以"碳数据"为核心的SaaS应用,从而建立高效可信的碳资产管理体系,将"碳资产"纳入企业的核心战略资产之列。

通过建立数据模型,治理碳数据,减少人为错误,降低管理成本,以运行成本、环保效益、能源效率等多个维度提供优化企业运营方式和决策建议。通过整合企业碳资产与能源管理软件(ECEM)、运营层碳资产管理软件(OOCEM)以及IT层碳资产管理软件(ICTCEM),建立精细、可视化的碳资产管理体系,为企业排放、政府配额发放及第三方检测机构提供基础数据支持。利用全数字化管理,实现从碳源到碳汇的碳足迹全程追踪,提高碳资产整体管理效率和流通速度,为企业管理碳资产、优化碳交易策略、开展节能减排提供信息化支持,全面提升绿色竞争力。

执笔:张美星(上海社会科学院信息研究所)

---

[1] 李辛、关瑞玲:《数字化技术带来碳市场发展新思路》,《环境经济》2022年第15期,第64—69页。

第六章　工业行业数字化绿色化协同发展分析

工业是一国综合实力的体现,新型工业化是实现中国式现代化的基础,必须把高质量发展的要求贯穿于新型工业化的全过程、各方面。数字化和绿色化是新型工业化的两个显著特征,是工业行业转型升级的两个核心方向,二者互为支撑、深度融合,已成为推动工业行业提升效率、质量及核心竞争力的重要力量。但如何激活工业行业数字化绿色化协同的潜能,推动数字化技术和绿色化技术的融合创新,尚未有现成的经验可借鉴及成熟的模式可遵循。本章从新型工业化背景下数字化与绿色化协同关系入手,分析探讨工业行业数字化绿色化协同发展的进展与问题,以及工业行业数字化绿色化协同发展的重点场景和重点方向,给出了工业行业数字化绿色化协同发展的总体框架和推进策略,以期为我国工业行业数字化绿色化协同发展提供思路参考。

第一节　新型工业化下数字化绿色化协同发展的必然性

当前,我国正处于由工业大国迈向工业强国的关键阶段,要坚决地贯彻创新、协调、绿色、开放、共享的新发展理念,推动工业化和信息化在更广范围、更深程度、更高水平上融合发展。新型工业化是我国特色工业化发展的总体战略,更是我国建设现代化产业体系和建成社会主义现代化强国的必然选择。党的二十大报告明确提出,坚持把发展经济的着力点放在实体经济上,推进新型工业化,加快建设质量强国、航天强国、交通强国、网络强国、数字中国。[①]

新型工业化立足于新时期新征程融合发展的历史方位,以人为本是新型工业化的根本宗旨,高质量发展是新型工业化的核心内涵,自主创新是新型工

---

① 《习近平著作选读》第一卷,人民出版社2023年版,第25页。

业化的根本动力,绿色低碳是新型工业化的生态底色,数实融合是新型工业化的技术特征,开放循环是新型工业化的空间形态。①总之,新型工业化是顺应数字化绿色化发展潮流、以智能制造和绿色制造为主攻方向、着力实现发展方式变革的工业化。

一、数字技术变革对新型工业化发展的影响

当前,新一轮科技革命和产业变革加速演进,5G/6G、云计算、人工智能等数字技术创新应用加速突破,并快速渗透融合于产业发展之中,推动传统产业数字化转型和智能化制造深入推进,引发了原有产业解构与重组,带来国家、产业、企业乃至整个社会体系的系统性变革。但与前三次工业革命的技术逻辑不同,新型工业化是数字技术推动和支撑的工业化,强调数据核心生产要素价值,以数字化作为重要抓手,促使既有产业发生深刻变革,生产方式、要素组合、组织形态等都发生了重大改变。②可以说,数字技术已成为我国工业发展新增量以及抢占未来产业变革和经济高质量发展的重要突破口和根本遵循。

(一) 数字技术带来工业生产方式变革

数字技术具有提高生产效率、优化资源配置、降低生产成本、提升生产灵活性等方面的优势,其迅速发展正推动生产方式从大批量福特式生产走向大规模个性化定制及柔性生产,从追求大批量、标准化的"规模经济"转向大批量、多样化的"规模经济+范围经济",释放长尾需求,带来新的价值和增长空间,即以客户定制化需求为导向,驱动产品研发创新、生产制造和交付服务,实现大规模柔性化生产,进而获得比传统生产模式下更高的产品溢价,带动生产制造系统从追求规模经济价值向追求范围经济价值的变革。③

(二) 数字技术带来工业生产体系变革

数字技术对产业全方位、全角度、全链条的改造,改变传统生产模式,带来了工业组织结构、产业竞争范式和全球工业竞争格局的根本调整,表现在标志

---

① 史丹、李晓华、邓洲等:《新型工业化内涵特征、体系构建与实施路径》,《中国工业经济》2023年第3期。
② 李晓华:《数字化是新型工业化的时代特征》,《新型工业化》2023年第5期。
③ 中国信息通信研究院:《新型工业化重大问题研究》,2023年。

技术、主导行业、制造要素、制造系统、制造范式、产业组织、基础设施等方面的系统变革和持续迭代,会对既有产业发展逻辑和市场竞争格局产生深刻影响,并为后发国家创造赶超机遇。①总之,数字技术发展会使生产体系发生相应变革,并伴随数字技术的进步持续演进,以适应新的生产力不断发展的需求。

(三) 数字技术带来工业组织方式变革

在数字技术推动下,组织方式将变得更加灵活、敏捷和高效,传统制造要素成为智能要素。一方面,数字技术能够有效降低组织内部的管理成本和外部市场的交易成本,二者间的相对变化会推动大企业更大、小企业更小,龙头企业成为"链主"引领企业抱团发展,平台企业作为纽带来调配资源,发挥信息整合和资源调配功能;另一方面,基于全要素、全产业链、全价值链的互联互通,能实现跨地域、跨行业和跨领域的信息流转和业务协同,冲破企业、地域边界的资源限制,实现产业发展全局最优,优化产业空间布局。②

(四) 数字技术带来工业产业链条变革

数字技术正在全球产业链中发挥着重要作用,并给产业链带来双重价值提升:一是数字化技术广泛应用会带来提质降本增效,在制造环节形成规模效应,提升利润空间和议价权,挖掘制造环节价值潜力;二是数字技术驱动新兴业务形态向生产性服务转型,如"制造+研发""产品+服务"等,帮助企业向研发、服务等价值链高端环节延伸。③需要注意的是,数字技术在推动产业链升级和转型过程中,不仅提供发展机遇,也会带来诸如垄断、数字鸿沟等挑战。

二、绿色低碳转型对新型工业化发展的影响

党的二十大报告指出:推动经济社会发展绿色化、低碳化是实现高质量发展的关键环节。④工业是我国碳排放和污染物排放的重点领域,是支撑我国低碳循环经济发展的关键。特别是随着"双碳"战略的实施,绿色化、低碳化、节能化正成为我国工业产业结构优化升级和高质量发展的重点方向。在2023

---

① ② ③ 中国信息通信研究院:《新型工业化重大问题研究》,2023年。
④ 习近平:《高举中国特色社会主义伟大旗帜 为全面建设社会主义现代化国家而团结奋斗——在中国共产党第二十次全国代表大会上的报告》,https://www.gov.cn/xinwen/2022-10/25/content_5721685.htm(发布时间:2022年10月25日)。

工业绿色发展大会上,工业和信息化部副部长辛国斌指出,要从产业结构高端化、能源消费低碳化、资源利用循环化、生产过程清洁化、产品供给绿色化、制造流程数字化等六方面转型发展,全面推进工业绿色发展,将工业绿色发展作为新型工业化的重点,打造绿色新动能。①总之,积极推动工业绿色低碳转型发展,全面推行绿色制造和生产,是完整、准确、全面践行绿色发展理念和实现碳达峰碳中和目标的战略要求,是推进我国新型工业化发展的重要举措。

(一)绿色低碳是破解资源环境约束、工业持续发展的需要

随着工业化进程的不断加速,工业发展中的资源消耗不断增加,环境压力越来越大,资源和环境问题已成为全球关注的焦点。传统工业发展模式已经难以满足人们对美好生态环境的需求,需要采取绿色低碳的发展模式,促进能源结构优化、资源高效利用以及产业结构升级,以实现资源节约、环境保护和可持续发展目标。总之,绿色低碳发展是破解工业资源环境约束的重要途径,可以实现工业可持续发展与社会和谐稳定。

(二)绿色低碳是顺应技术进步趋势、工业转型升级的需要

随着全球环保意识的日益增强,传统的高能耗、高污染产业发展模式已经难以适应市场需求和社会发展需要,推动工业绿色低碳发展成为顺应技术发展、推动转型升级的必然选择。首先,工业绿色低碳发展不仅可以减少对环境的污染,还可以提高经济效益和社会效益,同时,低能耗、低污染产业发展也需要依靠先进的技术和设备,从而推动相关产业技术进步和产业升级。其次,企业要想在激烈的市场竞争中获得优势,就必须注重环保和可持续发展,通过采用先进工艺和技术,提高产品质量和生产效率,降低生产成本和市场风险,同时,企业还可以通过推广绿色品牌、开展绿色营销等措施,提高品牌知名度和市场竞争力。

(三)绿色低碳是推进生态文明建设、工业特色文化的需要

绿色低碳是工业文化建设的重要内容之一,它强调在工业生产和发展过程中,充分考虑环境保护和资源利用,实现经济发展与生态环境和谐共生。一

---

① 《工信部推动六方面转型加快工业绿色发展》,http://www.news.cn/fortune/2023-06/01/c_1129662518.htm(发布时间:2023年6月1日)。

方面,绿色发展成为工业文化发展的新要求,催生出绿色工业文化、低碳工业文化、"双碳"工业文化等新工业文化形态;另一方面,工业文化产业借助"双碳"思维方式获得强大动力和重要支撑,推动生产端、消费端、产业链转型升级,绿色化、低碳化日益加强,成为绿色低碳产业的典型,以高效、绿色、循环、低碳为重要特征的中国现代工业体系进程已开启高质量深化发展的新征程。①

三、新型工业化下数字化绿色化协同发展意义重大

《"十四五"工业绿色发展规划》提出,要加速生产方式数字化转型,推动数字化智能化绿色化融合发展,实施"工业互联网+绿色制造"②,为工业数字化绿色化协同发展提供了新的方向和思路。随着工业绿色低碳发展的不断深入和数字化技术的不断创新,数字技术将与工业绿色低碳发展紧密结合,共推工业领域低碳可持续发展。

(一) 数字技术创新驱动工业绿色低碳转型

数字技术创新驱动工业绿色低碳发展主要体现为:(1)通过智慧能源管理,优化能源使用结构,减少企业对传统能源的依赖,增加清洁能源的使用,降低能源成本,比如,根据企业生产特性和工艺流程,寻找和开发可再生能源和清洁能源,以减少对传统能源的依赖,并降低环境污染;(2)通过智慧能耗分析,帮助企业找到能耗薄弱环节,优化节能策略,提高利用效率,降低用能成本,比如,企业利用数字技术对能源使用进行实时监控和预测,助力企业提高能源利用效率;(3)加速生产方式数字化转型,深化生产制造过程的数字化应用,赋能绿色制造,减少能源消耗和环境污染,比如,企业可以通过工业互联网平台实现从产品设计、生产制造到销售服务等各环节的数字管理和优化控制。

(二) 工业绿色低碳转型带动数字技术创新

工业绿色低碳发展带动数字技术创新发展主要体现为:(1)需要数字技术提供更加精准、高效的能源管理、资源利用和生产制造等方面的解决方案,对

---

① 刘坤:《以"双碳"为引领,描绘中国特色工业文化的崭新篇章》,《中国工业和信息化》2023年第6期。
② 《"十四五"工业绿色发展规划》,https://www.miit.gov.cn/jgsj/ghs/zlygh/art/2022/art_dd7cf9f-916174a8bbb7839ad654a84ce.html(发布时间:2022年7月6日)。

能源、资源进行更加精细化的管理和优化,从而实现节能减排、降低环境污染的目标;(2)需要数字技术不断与传统产业相融合,以数字技术助推传统产业转型升级,帮助传统产业实现生产方式数字化转型,变革产品服务形态、生产组织方式和商业模式,实现更高生产运营效率,进而实现绿色低碳发展目标;(3)需要进一步强化数字技术创新与应用,不断提升数字产品和技术创新能力,为工业绿色低碳发展提供新的空间和机遇。

(三) 数字技术与绿色低碳双向共进为工业赋能提供更多可能

数字技术与绿色低碳的双向共进效应主要体现为:(1)以现有的数字技术为抓手,发挥数字技术对绿色发展的放大、叠加、倍增作用,实现5G、工业互联网、大数据等新一代信息技术与绿色低碳产业有机融合,以场景融合驱动数字技术和绿色技术的双向融合;(2)在原有数字技术基础上,开发具有数字化、绿色化双重特性的新技术,突破数字化绿色化融合发展的关键技术,催生新产业、新业态、新模式。①总之,通过数字技术创新与绿色低碳转型双向深度融合发展,以数字技术助力绿色技术,以绿色技术牵引数字技术,搭建起二者之间的关联通道,融合创新、合力攻关,实现"1+1>2"的共进效应。

第二节　工业行业数字化绿色化协同进展及面临的问题

一、工业行业数字化绿色化协同发展阶段性进展

(一) 转型升级持续推进、结构不断优化

通过发挥科技创新在产业结构调整、助推产业升级的引领作用,推动先进制造业快速发展、驱动传统产业绿色化转型、促进区域产业布局优化与完善,大力推动工业向高端化方向发展。有关数据显示,2022年,我国已在新一代信息技术、高端装备、新材料、新能源及智能网联汽车等多领域建成45个国家先进制造业集群,主导产业总产值达到20万亿元,②成为带动工业发展提升、推

---

① 寇冬雪:《推动数字化绿色化双转型的必要性和着力点》,https://mp.weixin.qq.com/s/PnPuuYu-Vw-z9h-Dyt-qdaw(发布时间:2023年5月30日)。
② 《国新办举行2023年上半年工业和信息化发展情况新闻发布会》,https://www.miit.gov.cn/xwdt/gxdt/ldhd/art/2023/art_1ebaa812f69c488d30c4a19e63dec8.html(发布时间:2023年7月19日)。

进制造业高质量发展的重要力量。与此同时,传统产业加快生态化转型,以产业绿色化助推经济高质量发展,其中,2012年至2022年间,工业技术改造投资长期维持两位数增速,成为提振工业投资、促进低碳转型的重要力量。①

(二)能源配置更加合理、效能显著提升

通过深入实施绿色制造推进工程,以强化节能降碳目标为导向,不断完善工业绿色发展政策体系,加快推进工业用能多元化、绿色化,全面提升重点工业行业能效水平,构建清洁高效低碳工业用能结构,提高工业能源资源利用效率。有关数据显示,2012年至2021年间,规模以上工业单位增加值能耗累计下降约36.2%。②与此同时,2021年钢铁、电解铝、水泥熟料、平板玻璃等单位产品综合能耗较2012年降低9%以上,全国火电机组每千瓦时煤耗下降到302.5克标准煤,均处于世界领先水平。③在再生资源方面,2022年10种重要再生资源综合利用总量较2012年提高约1.4倍,培育梯次利用和再生利用骨干企业84家,骨干企业动力电池金属再生利用率处于国际先进水平。④

(三)绿色产品供给扩大、低碳优势渐显

通过支持行业龙头企业将绿色低碳理念贯穿于产品设计、原料采购、生产、运输、储存、使用、回收处理等全过程,推动供应链全链条绿色低碳发展,⑤不断完善绿色制造体系,持续强化产品绿色设计,加快发展新能源装备、绿色交通工具等,大力推动绿色低碳产品供给,助力能源、交通等领域碳达峰,为经济社会各领域绿色低碳转型提供坚实保障。比如,在工业产品绿色设计方面,培育了344家绿色设计示范企业,探索行业绿色设计路径,带动产业链、供应链绿色协同提升;在新能源汽车推广方面,截至2022年底,全国新能源汽车保

---

① 工业和信息化碳达峰碳中和研究中心:《工业绿色发展白皮书》,2023年。
② 发改委:《能源转型持续推进 节能降耗成效显著》,https://www.ndrc.gov.cn/fggz/hjyzy/jnhnx/202210/t20221011_1338503.html(发布时间:2022年10月11日)。
③ 工信部:《中国传统制造业加快调整优化 先进制造业不断发展壮大》,https://baijiahao.baidu.com/s?id=1755430311566072210&wfr=spider&for=pc(发布时间:2023年1月19日)。
④ 《中国工业发展"绿"意更浓》,https://baijiahao.baidu.com/s?id=1768000640377100469&wfr=spider&for=pc(发布时间:2023年6月7日)。
⑤ 《工业领域碳达峰实施方案》,https://www.miit.gov.cn/xwdt/gxdt/art/2022/art_796dfcf8d3de-4401aadd1706b7dd0e75.html(发布时间:2022年8月1日)。

有量达1 310万辆,产销同比分别增96.9%和93.4%,连续8年居全球第一。①

(四)数绿融合加速演进、持续纵深拓展

通过推进数字技术与环境保护融合发展,发挥技术创新与绿色低碳在推动工业发展中的双重优势,协同开展绿色数字技术研发,实现数据共享、经验共享,加快绿色数字产业新生态培育发展,②推动工业领域数字化绿色化融合发展持续向纵深迈进。截至2022年底,反映产业数字化水平的全国工业企业关键工序数控化率、数字化研发设计工具普及率分别达到58.6%、77.0%。③以工业互联网为例,通过实施"工业互联网+绿色制造",聚焦能源管理、节能降碳等典型应用场景,推广标准化的"工业互联网+绿色低碳"解决方案和工业APP,④目前已在钢铁、采矿等十个重点行业领域形成20个典型应用场景,涌现出远程设备操控、机器视觉质检、无人智能巡检等一大批应用实践,⑤不断促进传统企业提质降本增效,推动行业绿色低碳转型发展。

(五)服务体系不断完善、形成强劲支撑

通过持续完善绿色制造和服务体系,以创建绿色工厂、绿色工业园区和绿色供应链等为牵引,不断提升绿色制造专业化、市场化公共服务能力,推动服务制造业绿色低碳高质量发展。截至2023年4月,国家层面共创建绿色工厂3 616家、绿色工业园区267家、绿色供应链管理企业403家,⑥培育180余家绿色制造服务供应商,从规划设计、诊断咨询、系统集成、设施建设、运营管理等方面为工业企业提供"设计+制造+服务"的系统解决方案。⑦同时,我国围

---

① 《我国新能源汽车保有量达1 310万辆 呈高速增长态势》,https://www.gov.cn/xinwen/2023-01/11/content_5736281.htm(发布时间:2023年1月11日)。
② 黄珍、王宇慧:《数字化绿色化协同发展是推动"双碳"目标实现的重要抓手》,https://mp.weixin.qq.com/s/uqzXdSp8hA42mcjApd6q8A(发布时间:2023年7月1日)。
③ 国家互联网信息办公室:《数字中国发展报告(2022年)》,2023年。
④ 《工业领域碳达峰实施方案》,https://www.miit.gov.cn/xwdt/gxdt/art/2022/art_796dfcf8d3de-4401aadd1706b7dd0e75.html(发布时间:2022年8月1日)。
⑤ 工信部:《"5G+工业互联网"已经在采矿、钢铁等重点行业领域深度应用》,https://mp.weixin.qq.com/s/-A2NktVSvECwan8u0xxKeA(发布时间:2022年1月23日)。
⑥ 刘坤:《推进新型工业化 加快建设制造强国》,https://baijiahao.baidu.com/s?id=17782316-35790776599&wfr=spider&for=pc(发布时间:2023年9月28日)。
⑦ 工业和信息化部:《工业领域节能降碳有序推进 重点行业能效水平持续提升》,https://mp.weixin.qq.com/s/u1gyO2dYwdBvrxUHyzL48w(发布时间:2023年7月11日)。

绕工业节能、节水、低碳、资源综合利用及绿色制造等重点领域制修订相关标准500多项,①并组织开展全国节能宣传周、全国低碳日、中国水周等活动,持续宣传工业数字化、绿色化发展政策法规、典型案例、先进技术。

二、制约工业行业数字化绿色化协同发展的问题

(一) 统筹协调能力不足,未能形成合力

统筹协调能力不足主要体现为:(1)工业行业数字化、绿色化相关负责部门之间缺乏协同机制,导致重复支持与资源浪费,不利于顶层规划的制定与开展;(2)中央和地方数字化、绿色化政策缺乏有效协同,多级传导落实会使政策实施力度和效果被削弱;(3)不同工业行业门类存在一定生产经营性差异,且不同社会发展阶段对不同工业品的需求不同,决定了数字化绿色化协同发展路径也不完全相同,②会给相关部门的协调管理工作带来较大挑战。

(二) 基础设施不够完善,承载能力较弱

基础设施不够完善主要体现为:(1)新型基础设施建设与发展存在地域上的"数字鸿沟",与东部地区相比,中、西部地区的发展程度较低,处于工业化加速发展阶段,产业发展长期锁定于能源密集型行业,③且相关企业绿色技术创新实力有限,导致产业数字化绿色化进程迟缓;(2)与数字信息基础设施相比,我国生态环境基础设施缺口较大,不少地区存在污水收集管网覆盖不足、部分基础设施超期服役、垃圾处理设施缺乏等问题,环境基础设施提级扩能迫在眉睫;④(3)大多数工业企业的数字系统建设缺乏整体规划,集成与互联互通程度仍较低,导致数据分散不易打通,不利于建成上下游统一协同管理的信息平台,⑤制约了数字化绿色化的协同发展。

---

① 工业和信息化碳达峰碳中和研究中心:《工业绿色发展白皮书》,2023年。
② 中国信息通信研究院:《工业数字化绿色化融合发展白皮书(2022年)》,2022年。
③ 邵帅、徐乐:《数绿融合发展 赋能现代化产业体系建设》,《财经界》2023年第16期。
④ 周子勋、赵姗:《环境基础设施建设短板怎么补》,https://mp.weixin.qq.com/s/b_QZ3mMCb82-PNLXROXd_xQ(发布时间:2023年3月3日)。
⑤ 李涵之、陆莎、杜欢政:《数字化赋能中小型化工企业绿色转型存在的问题及对策》,《浙江化工》2022年第11期。

（三）市场供需匹配偏弱，优质供给不足

市场供需匹配偏弱主要体现为：(1)国内碳排放交易市场与国外相比仍不完善，尚未覆盖全部行业和领域，且不同地区之间的政策差异较大，市场流动性不足，交易规模和活跃度有待提高；①(2)绿色供应链激励机制不完善，采购作用尚未充分发挥，行业采购绿色供应链动力不足，很少主动加入国际零碳采购组织，不利于企业利用数字技术开展行业的绿色低碳应用推广；(3)对比发达国家，我国更多采用行业实施方案等行业层面上的引导性举措，尚未落实到具体企业或消费者主体，对绿色数字技术的需求刺激力度比较有限，政府需求引导有待进一步提高。

（四）支撑体系尚不健全，掣肘整体进展

支撑体系不健全主要体现为：(1)工业行业细分领域多，产品千差万别，对于碳监测、能耗管理等数据较难采用统一尺度进行标准化管理，直接影响相关数据采集、传输、分析及数字化绿色化协同解决方案或模型开发；(2)传感技术、建模技术、工业软件等关键共性技术缺失，同时核心关键零部件、关键材料短缺，较难满足数字化绿色化协同发展要求；(3)金融支持服务体系不完善，数字化绿色化协同发展的产融政策不明确，限制了相关资金的供给，企业资金压力较大，可能导致企业入不敷出；(4)人才支撑不足，高等院校课程内容设置不合理，培养出来的学生不能完全契合工业行业数字化绿色化协同发展要求，大多数毕业生进入企业后仍需进行相关技术和业务培训后才能胜任相应岗位。

第三节 工业行业数字化绿色化协同发展的场景与方向

一、工业行业数字化赋能和带动绿色化发展的重点场景

中国信息通信研究院基于重点行业领域生产全生命周期的分析，将数字化赋能绿色化发展分为绿色研发设计、工艺优化降碳、生产协同增效、绿色仓储配送、固废循环利用、设备用能管理、能源平衡调度、污染物监控、碳资产管理、产业

---

① 《中国碳交易市场分析与展望》，https://mp.weixin.qq.com/s/MvbuJSNxJWQr3N9JZI62tg（发布时间：2023年9月13日）。

协同节能等十个重点场景①,本部分在上述研究基础上,紧密结合工业生产实践和行业特性,聚集工业生产过程数字化转型痛点,解锁重点场景与各类数字技术融合落地路径,赋能工业行业数字化转型和应用快速落地、实现效能倍增。

(一) 数字化助力工业绿色研发设计

工业企业利用大数据、物联网、人工智能等技术实现绿色产品研发设计全过程的数字化,加大绿色产品共性技术创新研发力度,提升降碳新技术研发生产效率,开发出具有节能、环保、易回收、无害化等特性的新型绿色低碳产品,推进生产源头的节能减碳,进而实现生产阶段和使用阶段能耗与排放的双降。以 Alchemie 公司为例,通过打造 NOVARATM 数字化精准染整平台,能够在纺织品的特定区域进行精准染整和多重染整,实现低成本、高性能和高增值的完美结合,可以使化学品用量降低 50%、能耗量下降 85%,并且可节约高达 50% 的每米运营成本等。②

(二) 数字化助力工业工艺优化降碳

工业企业依托 5G、人工智能、数字孪生等数字技术建立起全生命周期工艺管理体系,优化典型工艺流程,打通研发、试制、生产等环节工艺数据传递路径,助推工艺标准化,实现由原料到产品的工艺管理高效化和智能化,提升用能效率,助力节能减排。以粤樵东印染有限公司为例,通过智能中控系统对接 ERP 系统,利用中控系统工艺管理功能促进生产工艺标准化管理,带动人、机、料高效协同,实现一次成功率提升 10%,运营成本降低 20%,准交率达 98% 以上。③

(三) 数字化助力工业生产协同增效

工业企业通过云计算、人工智能、大数据等数字技术对生产流程进行数字化、标准化改造,推动设计、制造、销售、运维等环节的一体化,实现全要素、全环节的协同处理、互联互通,连接上下游合作伙伴,用数据驱动管理决策,提质、降本、增效,实现节能降碳。以广东健力宝股份有限公司为例,通过生产执

---

① 中国信息通信研究院:《数字化绿色化协同发展策略研究》,2022 年。
② 《Alchemie 推出可持续的 NOVARATM 数字化精准染整解决方案》,https://web.dhu.edu.cn/infor/2021/0615/c8994a282231/page.htm(发布时间:2021 年 6 月 15 日)。
③ 《"人智"变"数智",工艺管理借数字化打造标准化》,https://mp.weixin.qq.com/s/6lXKQ1W2-X3ZOL35TrqUtw(发布时间:2023 年 3 月 22 日)。

行、能源管理、溯源系统等系统的建设和集成,构建产供销协同的工业互联网平台,实现从原物料需求到成品发货的端到端数字化协同,内部综合效率提升20%、设备停机时间减少5%、订单交付周期缩短6%。①

(四)数字化助力工业绿色仓储配送

工业企业通过传感技术、物联网技术、射频识别技术等,对仓储设备与仓储管理过程进行数字化智能化改进,实现入库、出库、盘库、移库等业务环节链的全流程透明化管理和精准预测,实现对资源的有效控制,提高货物流转率、降低物流成本与资源消耗、提升仓储物流智慧管理能力。以安徽中烟阜阳卷烟厂为例,采用智能控制算法将硬件和软件采集的数据集中于成品库智能管控系统,实现设备与设备、设备与物料、设备与人的互联和匹配,24小时不间断无灯作业,全年可节约用电103 680千瓦时。②

(五)数字化助力工业固废循环利用

工业企业通过物联网、大数据、区块链等数字技术链接固废产生端、收集端、运输端、处置端等环节,实现固废流转信息的全流程数字化,在线动态实时掌握固废产生、贮存、转移等情况,实现源头把控、精准分类,也为相关部门监管提供便利,进而提升固废管理效率,降低资源消耗,控制运营成本,避免环保管理风险。以武汉东风鸿泰汽车资源循环公司为例,打造绿色工厂固废数字化管理平台,将工业固体废物按品类、数量实时上传至管理平台,实现工业固体废物可定位、可追溯、可查询、可预警,保证固废处置全过程处在数字化监管之下。③

(六)数字化助力工业设备用能管理

工业企业通过物联网、3D可视化、MR(混合现实)等对各类生产设备进行全生命周期数字化管理和监控,包括采购、使用、维修、保养、改造、报废等环

---

① 《民族品牌健力宝插上"数字翅膀",推进产供销协同、助力提质增效》,https://mp.weixin.qq.com/s/REM-35kOWUJJfGROnPUUsg(发布时间:2022年6月17日)。
② 《绿色仓储,绿色运输,绿色园区,绿色包装……打包奉上一波绿色物流建设案例》,https://mp.weixin.qq.com/s/cblxeNBxRtriu7UR68fNZA(发布时间:2022年2月16日)。
③ 《赋能绿色发展!资源循环公司入选武汉市首批"无废工厂"》,https://mp.weixin.qq.com/s/6FWoQn1qO0eSARn0mzdW_A(发布时间:2023年11月6日)。

节,实现对设备运行状态、生产数据和生产过程的实时监控、分析和优化,减少设备故障和维修成本,最大程度发挥设备效能,降低能耗和废品率,提高资源利用效率。以埃克森美孚中国公司为例,通过盾构设备在线油液指标监测,实时将监测数据上传至云平台,进行数据分析及结果反馈,帮助盾构机提高运维工作效率、避免非计划停机损失,废油处理一项每年预计可减少排放1万多升,并为客户节省约150万元的运营成本。①

(七) 数字化助力工业能源平衡调度

工业企业通过物联网、大数据、云计算等数字技术,以精细化能源管理和生产运营成本降低为目标,构建可感、可知、可视、可控的能源数据体系,形成管控闭环,对异常情况进行快速应急处置,实现能源的平衡、优化、预测、节能、降耗。以山东钢铁集团永锋临港有限公司为例,通过打造全流程数字化平台+精益能效管控+动力能源集控的能源一体化管控系统,建设融合能源精细化管理、能效平衡优化、设备能效智能分析等多项智能管控应用,实现能源管控集中化、扁平化、精细化,提高岗位作业效率,有效保障能源系统动态平衡和生产稳定顺行。②

(八) 数字化助力工业污染物监控

工业企业通过传感技术、大数据分析、AI智能分析等数字技术,构建完善的污染源自动监测监控网络,对产污、治污、排污全流程数据进行实时监测、采集、处理、传输、分析与上传等,及时对超标排放进行预警和报警,助力发现污染物排放异常问题,提升企业科学、精准治污水平。以河钢集团为例,将大气基础科学、环境治理经验与云计算、大数据等先进技术相融合,研发污染监测与环境预警、环境治理的"环保管控治一体化平台",全天候在线监控企业污染物排放情况及污染处理设施运行情况,构建全方位、多层次、全覆盖的企业环境监测网络,以动态方式助力企业环境管理和决策的智慧化。③

---

① 埃克森美孚中国:《以"数智"赋能,助力企业洞察数字先机》,https://mp.weixin.qq.com/s/-WxM87Qkvr-76k4rp8-45w(发布时间:2023年11月6日)。
② 科技新进展:《基于全流程数字化的钢铁企业能源一体化智能管控系统》,https://mp.weixin.qq.com/s/ysPZuGvAuHpCUhpe0mOQNA(发布时间:2023年9月19日)。
③ 河钢:《编织"智慧之网" 构筑竞争新优势》,https://mp.weixin.qq.com/s/_zLSpLZDAxZD-PJP8CsH0Jg(发布时间:2023年7月27日)。

(九)数字化助力工业碳资产管理

工业企业通过物联网、大数据、区块链等技术,构建数字化碳资产管理平台,推动企业能耗、碳排管理上云,对碳数据、能耗水平等实时、全面、精准管控,深度挖掘减排潜力,通过碳平衡分析、风险预测预警、碳绩效画像等,实现智能算法分析与决策。以吉利数科为例,通过建设数字化碳管理平台"吉碳云(G碳云)",赋能吉利汽车开展供应链碳足迹的核算工作以及减排方案规划,已覆盖100+车型和1500+供应商,涉及电池、钢铁、铝材、塑料和涂料等领域。①

(十)数字化助力工业产业协同节能

工业企业通过云计算、大数据、物联网等数字技术,打造一个协同共生、互联共赢的产业生态,接入企业上下游数据和历史数据,打通端到端数据分析的全链路,为上下游产业提供一站式深度价值服务,推动企业资源优化配置,提高企业经营效率和效益。以广东木头云数字科技有限公司为例,通过数字化技术将产业在技术、产品、市场上的协作联动起来,推动不同产业和环节相互衔接,整合和优化供应链中的信息流、物流、资金流,形成高效、便捷、快速响应的产业链良性循环模式。②

二、工业行业绿色化拉动和牵引数字化发展的重点方向

中国信息通信研究院基于对发改委等四部门发布的《高耗能行业重点领域节能降碳改造升级实施指南(2022年版)》③中工业领域的17个高耗能行业节能减碳改造升级措施的分析,将工业行业绿色化发展划分为绿色低碳技术应用、工艺流程优化、能源智能管控、资源循环利用、终端排放控制等五个重点方向。④除了将绿色理念融入上述生产制造全流程,还需不断推动经营管理的绿色化转型,发挥数字技术在提升管理服务绿色化水平中的赋能作用,实现管

---

① 《吉利数科积极布局碳管理业务,以数字技术助企业碳中和》,https://mp.weixin.qq.com/s/e_IY_Gl8sTM08yx_p6L7Yg(发布时间:2022年11月9日)。
② 《数字科技提升木材产业链协同能力》,https://mp.weixin.qq.com/s/ZCbetpzJ8MAiKbjw5uehWA(发布时间:2022年10月31日)。
③ 发改委、工业和信息化部、生态环境部、国家能源局:《高耗能行业重点领域节能降碳改造升级实施指南(2022年版)》,https://www.ndrc.gov.cn/xxgk/zcfb/tz/202202/t20220211_1315446.html(发布时间:2022年2月3日)。
④ 中国信息通信研究院:《数字化绿色化协同发展策略研究》,2022年。

理服务的绿色智能化。本部分将基于上述研究基础和发现，从以下六个方面进一步阐述工业行业绿色化驱动数字化发展的相关诉求和关键抓手。

(一) 绿色化带动工业低碳技术应用

低碳技术的研发、应用及推广，是实现国家"双碳"战略目标的关键支撑，也是企业绿色发展时代下竞争的主旋律，需要加快相关技术研发应用，逐步建立技术优势。尽管我国企业已在诸多领域积累了具有一定竞争优势的低碳技术，但受限于科技创新能力不足，企业注重短期产品研发，对长期性、战略性的基础研究缺乏重视，同时国际低碳技术转让难度较高，且发达国家出于地缘政治或维护技术垄断地位优势考虑，对关键技术加以封锁，很多关键核心技术尚未突破。[①]在此环境下，企业需由短期成本理念向长期投资理念转变，通过大数据、物联网、人工智能等数字技术运用，加大核心和前沿绿色低碳技术创新研发与推广应用，促进生产流程绿色化、低碳化，以提高企业资源综合利用率，实现高质量绿色低碳化发展。

(二) 绿色化带动工业工艺流程优化

在环保压力日益增长背景下，除了对生产制造流程中各个工序所需低碳技术进行研究外，对各个工序间的合理搭接、平衡协调及计划调度进行优化也是实现绿色化发展的有效途径。这需要企业加强先进工艺技术攻关，加大工艺创新支持力度，以数字化驱动工艺设计结构化、工艺装配虚拟化、过程管控流程化，推进企业生产过程的绿色化转变，实现运营效率提升与可持续发展。以施耐德无锡工厂为例，将柔性自动化、预测分析、数字孪生等运用到采购、生产和交付之中，采购环节，实现透明高效的自动化供应链管理，工厂准时交货率提高30%；生产环节，部署5G柔性生产线，产品上市时间缩短25%；交付环节，智能柔性仓储实现仓储灵活度和效率提升，节省仓储空间多达52%，实现端到端价值链的数字化转型升级，成为企业提高效率、节能降耗的主要武器。[②]

[①] 《如何打造企业的绿色低碳竞争力？》, https://mp.weixin.qq.com/s/385WUOwCymCWQ8Uw_O46ag(发布时间：2023年6月29日)。

[②] 施耐德电气：《数智化升级助推绿色智能制造——访施耐德电气全球供应链中国区高级副总裁张开鹏》, https://mp.weixin.qq.com/s/2NO-w3Q6SJ71yEKd0vyykw(发布时间：2022年3月14日)。

(三)绿色化带动工业能源智能管控

在能源需求不断增加、节能减排压力日益增大的情形下,粗放式能源利用与管理成为阻碍企业绿色高质量发展的一道壁垒,因此,推动能源管理升级、实现低碳高效发展成为企业的迫切需求,并对企业电能监控体系提出了新要求。对企业而言,传统能源管控多采用人工统计与分析,存在工作效率低、数据互通性差且缺乏有效的预测机制和模型,多数时间只能被动地进行事后分析,难以及时发现能源使用过程中存在的浪费行为以及其他的滴、跑、冒等异常,长年累月会给企业带来较大损失,[1]而实施能源智能管控,构建企业能源数据管理系统,实现生产设备以及生产辅助设备运行状态信息、能源数据和环境数据等多能源数据融合,并建立能源数据和能效优化模型管理目录,可实现产线设备、辅助设备设施的能效优化以及闭环控制,助力企业节能降碳落地。[2]

(四)绿色化带动工业资源循环利用

循环资源高效利用对构建资源循环型产业体系、充分挖掘资源循环使用价值及撬动循环经济发展具有重要意义。通过在生产经营过程中不断健全生态环境保护制度体系,全面推行绿色生产,优化用能结构,加快推进固体废物减量化、资源化利用,可以有效减少资源浪费、降低碳排放,为企业绿色低碳转型创造更有利条件。以废弃物循环利用为例,以往线下处置过程中多存在信息不对称、不透明,导致循环资源处置效率低,再利用价值不能得到充分挖掘。而通过数字化手段实现交易全流程线上化,一方面可实现供给端与需求端的精准、智能匹配,另一方面可与卖方企业 ERP 系统实现互联互通,帮助快速调用平台各项服务,提升上下游业务协作效率,使得闲废物资处置效率大幅提升。[3]

(五)绿色化带动工业终端排放控制

传统"能耗双控"强调对能源消耗总量与强度的控制,在能源的节约使用

---

[1] 闵海斌、赵新成、张磊:《智慧能源管控系统应用实践》,《冶金自动化》2023年第47(S1)期。
[2] 张晓慧、洪晟、黄柯茗等:《低碳视角下的工业能源管控研究与应用实践》,《网络安全与数据治理》2023年第3期。
[3] 《宝山样板 绿色先锋|欧冶循环宝:用好循环资源,助力可持续发展》,https://mp.weixin.qq.com/s/E-FiSRutCXXApaFgpR1suA(发布时间:2023年8月16日)。

和高效利用方面取得了一定成效,但也有其局限性:首先,能耗总量控制不只局限于化石能源控制,可再生能源同样受到总量管控限制,这对可再生能源的开发利用是不利的;其次,石化、化工等产业对能源消耗存在刚性需求,对刚需部分进行盲目限制并不合理,不利于经济的发展。①随着国家"双碳"战略推进,"能耗双控"在精准控碳上的局限性越发凸显,很难解决特定能源的碳排放问题。转向"碳排放双控"之后,企业可以针对性地进行碳排放管控与技术升级,采用高效、清洁、低碳的生产设备和工艺技术,减少碳排放同时提升资源利用效率。比如,在煤矿生产环节,可以采用高效的采煤设备、清洁的煤炭清洗技术、低排放的矿井通风系统等技术措施,以减少煤炭开采和运输环节的碳排放。②

(六) 绿色化带动工业经营理念转变

在传统经营模式下,企业对人力和物力等具有较大依赖性,不仅会导致资源的浪费,还会加重对环境的破坏。而借助数字技术完善企业的组织结构、管理模式和治理方式等,③不断调整优化资源配置,企业可以逐步降低管理成本,促进企业绿色化管理。比如,通过数字技术帮助企业实现扁平化管理,加快决策速度,促进跨部门、跨地域的协同工作,提高组织灵活性和市场响应能力;通过数字技术帮助企业进行科学决策,更加准确地预测市场趋势、评估项目风险,从而制定更加合理的战略和计划;通过数字技术帮助企业自动化处理重复性和标准化的工作,减少人为错误,提高工作效率;通过数字技术增强企业内部监控和风险管理有效性,及时发现问题并采取措施,提高企业外部监管响应速度和合规要求;通过数字技术提升供应链透明度和效率,优化库存管理,降低运营成本,提高服务水平等,这些方面可以运用数字技术为企业带来更高的运营效率、更好的决策质量、更强的市场竞争力和持续的业务创新,以数字化转型驱动绿色化转型。

---

① 《上电说法 | "能耗双控"转向"碳排放双控"背景下企业面临的机遇与挑战》,https://mp.weixin.qq.com/s/cRnPgtVU9fRgm-ZcxN3w3w(发布时间:2023年8月8日)。
② 《煤矿企业应如何进行碳排放管理?》,https://mp.weixin.qq.com/s/qxTQS18j9eiMTakrc7SSzw(发布时间:2023年11月13日)。
③ 李金昌、连港慧、徐蔼婷:《"双碳"愿景下企业绿色转型的破局之道——数字化驱动绿色化的实证研究》,《数量经济技术经济研究》2023年第9期。

第四节　工业行业数字化绿色化协同发展的框架与策略

一、工业行业数字化绿色化协同发展总体框架

明确数字化与绿色化之间相互支撑、互相促进的协同关系，推动工业行业数字化绿色化转型升级，是加快推进新型工业化发展的必经路径。在中国信息通信研究院提出的工业数字化绿色化融合发展"四梁八柱"成果框架之上，结合中国信息通信研究院关于数字化绿色化协同阶段划分的研究以及在数字化与绿色化互动发展过程中，必须建立支撑保障体系，才能实现数字化绿色化协同创新发展的考虑，完善形成了工业行业数字化绿色化协同发展"八梁十六柱"框架体系，即"四个层面、四个阶段、四个方向、四个支撑"。一个总体目标是以智能制造和绿色制造为主攻方向，加快数字化技术和绿色化技术融合创新，系统推进新型工业化发展，实现工业行业高质量发展。具体指从政府和产业两个维度"国家、区域、行业和企业"四个层面，经由洞见和智能两个进阶路径"可视、洞察、智能和协同"四个阶段，从管理和质量两个着力点"战略、人才、

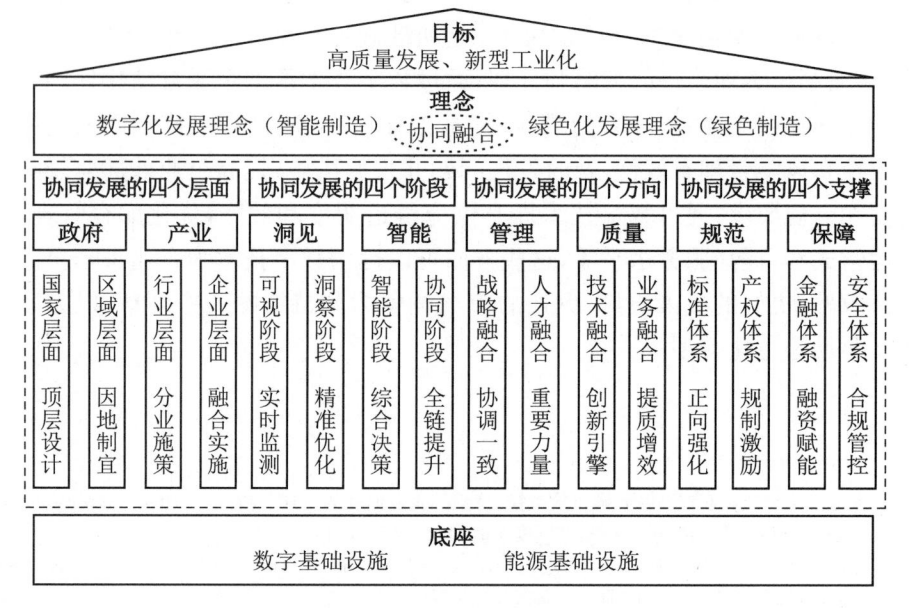

图 6-1　工业行业数字化绿色化协同发展"八梁十六柱"总体框架

资料来源：《数字化绿色化协同发展策略研究》和《工业数字化绿色化融合发展白皮书（2022 年）》。

技术和业务"四个协同方向,从规范和保障两个体系"标准、产权、金融和安全"四个支撑,汇聚加快推进工业行业数字化绿色化协同发展的强大合力。①②

(一) 国家、区域、行业和企业四个层面齐头并进

国家层面,统筹考虑中国工业化与工业现代化进程、各类行业资源能源禀赋以及产业数字化和绿色化发展基础,探索、实践与发展具有中国特色的工业行业数字化绿色化协同发展方式和模式,以数字化与绿色化良性互动实现传统优势产业与战略性新兴产业协同发展;区域层面,充分考虑本地区位优势、产业基础及资源分配等,尤其是东中西部在工业数字化和绿色化发展的差距,既要积极对上,又要因地制宜,构建具有地域特色的工业数字化绿色化协同发展之路,形成差异化的产业竞争格局;行业层面,基于工业细分行业技术水平及特点、发展态势,考虑细分行业数字化和绿色化深度融合的阶段差异,分业施策、分类研究制定细分行业数字化绿色化协同发展措施,引导行业特色化发展;企业层面,工业类生产企业要积极拥抱数字技术,积极学习和使用数字技术,将绿色智造贯穿到生产经营全过程中去,数字类服务企业要与被服务企业并肩,深入理解被服务企业数字化转型和绿色化转型的需求、痛点和期望,组成生态合作伙伴,激活企业数字化绿色化协同的潜能,探索可复制可推广的数字化绿色化协同发展经验并向社会推广应用。③

(二) 可视、洞察、智能和协同四个阶段循序渐进

可视阶段,借助各类数字技术手段采集、展示、监测工厂不同维度的能耗数据,包含用能统计、损耗统计、费用报表等,帮助工厂实时掌握生产经营全过程、全环节、全要素的能耗情况,便于快速发现问题并及时解决,提升工厂运营效率;洞察阶段,通过各类设备和工艺能耗数据变化,及时定位高耗能设备和过程,找到能耗高峰、能耗瓶颈等问题,帮助管理人员制定节能策略,优化能源使用和管理,挖掘节能潜力,使能耗控制更加精准,降低运营成本,提高管理效益;智能阶段,结合人工智能和机器学习等智能化技术手段,提取不同工艺参数、设备状态、任务调度与能耗的关联知识,形成知识固化的自动推理决策机制,实现关键设备、关键环节、关键工艺能源消耗预测、故障预测等自动判断,

---

①③ 中国信息通信研究院:《工业数字化绿色化融合发展白皮书(2022年)》,2022年。
② 中国信息通信研究院:《数字化绿色化协同发展策略研究》,2022年。

从而减少停机时间和能源浪费;协同阶段,整合研发设计、生产加工、销售服务、产业链等每一个环节的能耗信息,对能源利用全过程进行系统地识别,梳理各级能效管理架构,优化能耗业务流程,建立能耗管理体系,实施全方位协同优化举措,扎实推进各环节降能耗、减损耗、控物耗。[1]

(三)战略、技术、业务和人才四个方向融合互补

在战略上,注重数字化绿色化协同发展战略在宏观层面、中观层面、微观层面之间的相互融通、协调一致。宏观层面要结合我国工业行业发展的实际情况,制定和颁布推进数字化绿色化协同发展的纲领性文件,明确发展方向和目标;中观层面要把数字化绿色化协同发展纳入区域或行业发展规划中,结合本区域或行业发展情况制定具体措施并组织实施,破除机制障碍,积极补短板、强弱项;微观层面要引导工业企业,围绕数字化赋能、绿色化提升,持续推进数字化绿色化协同改造,促进企业降本增效、提高劳动生产率。[2]

在技术上,推动工业行业绿色化转型,需要深化工业制造流程中的数字技术应用,将其广泛运用于产品设计、生产制造、回收利用等环节中,全面构建绿色制造体系。比如,在产品设计绿色技术方面,利用数字孪生技术,构造各种材料和产品对应的虚拟化形态,测算不同方案的原料消耗、污染排放和质量性能等,评估每种方案的绿色性;在生产制造绿色技术方面,在产品和设备上加装传感器和摄像头等物理硬件,加上5G、工业机器人、物联网等技术可实现生产流程自动监控、工艺参数智能优化、生产设备自主维护等,提升生产效率和产品质量,进而减少因浪费产生的能源消耗和污染排放。[3]

在业务上,将绿色化作为企业各类业务高质量发展的重要方向,发挥数字化对企业绿色发展的驱动作用,增强企业的经济创新力和核心竞争力。比如,在要素结构优化方面,加大数字技术投入,替代部分劳动、资本等传统实物要素,并使数字技术与传统生产要素形成相互赋能系统,提高劳动、资本、技术的全要素生产率;在资源配置效率方面,将数字技术融入研发设计、生产制造、运营管理、营销服务等环节,提高企业内部沟通协调效率,实现资源优化重组,减少资源在产业链中各环节的消耗和浪费;在成本降低方面,通过数字手段提高

---

[1] 中国信息通信研究院:《数字化绿色化协同发展策略研究》,2022年。
[2] 中国信息通信研究院:《工业数字化绿色化融合发展白皮书(2022年)》,2022年。
[3] 刘朝:《数智化技术助力制造业绿色发展》,《人民论坛》2023年第11期。

信息搜集与分析的准确度，助力企业生产组织管理数字化转型，实现生产过程精细化管理，减少交易搜寻匹配成本和生产成本。①

在人才上，由于企业需要的不再是仅具备单一技能的专业型人才，而是既懂数字技术又懂行业知识的数字化复合型人才，以满足数字化和绿色化协同发展对高素质人才的需求。因此，可以通过构建符合数字化、绿色化转型需求的"数字化＋绿色化＋行业知识"多层次、多类型人才供给培育体系，加速企业内部数字知识和绿色知识的积累和运用，助力企业更好实现数字化业务价值。

（四）标准、产权、金融和安全四个支撑联动赋能

技术标准方面，充分认识标准化工作对数字化绿色化协同发展的"领航"作用，加强工业行业重点应用数字化绿色化协同技术标准建设，同时积极参与全球规则或标准体系制定，与重点国家或地区开展技术标准战略合作，推动本国技术标准走向国际化，形成对本国有利的技术壁垒，确立本国数字化绿色化协同技术领先优势；②知识产权方面，构建规制与激励并行的知识产权创造、运用、保护、管理和服务政策组合，形成与技术标准联动支撑工业行业数字化绿色化协同技术创新的政策支撑体系，既要防止保护不足，难以激发企业数字化绿色化协同技术创新的创作激情，又要防止保护过度，阻碍数字化绿色化协同创新技术的良性传播，抑制产业整体创新效率；金融服务方面，建立数字、绿色金融与工业行业高质量发展的协同机制，健全完善适应工业行业数字化绿化协同的金融扶持措施，给予工业行业企业应用数字化绿色化协同新技术、新方法、新模式等专项奖励基础上，更需要引导撬动金融社会资本参与工业行业数字化绿色化协同转型，加大对工业行业企业运用数字技术及绿色技术的金融支持力度；安全管理方面，顺应数字化、绿色化发展要求，着力打造安全可信的工业行业数字化绿色化协同数字信息安全保障机制与体系，推动数据信息安全治理、合规管控，强化数据传输、存储、使用等流程中加密技术应用，实现数据共享、经验共享，打破企业出于安全考虑不愿意公开碳核算、能耗管理及生产运营相关数据形成的行业壁垒，助力工业行业数字化绿色化协同转型。③

---

① 罗军：《数字化如何赋能制造业绿色发展》，《当代财经》2023年第7期。
② 《推动数字化绿色化双转型的必要性和着力点》，https://mp.weixin.qq.com/s/PnPuuYuVw-z9h-Dyt-qdaw（发布时间：2023年5月30日）。
③ 高磊、伏天媛、姜琪：《全球数字化和绿色化协同发展的国际经验及政策建议》，《北方金融》2023年第10期。

二、工业行业数字化绿色化协同发展推进策略

(一) 加强顶层设计,完善双化协调发展机制

(1) 明确部门权责分配。由于工业数字化绿色化协同发展牵涉多部门、协调难度大,要设立国家级数字化绿色化协同机构,负责具体协同政策的制定、资源协调、资金部署和应用推广等,①尤其在技术创新、标准体系、试点示范部署等具体领域,细化分工、明确责任、强化措施,避免信息孤岛和重复建设。②(2) 加强央地协同联动。既要强化中央顶层设计,针对不同工业行业、不同类型工业企业制定协同发展行动计划和实施指南,还要充分调动地方政府积极性,鼓励地方政府将双化协同纳入地方工业发展规划,并对重点项目给予土地、资金、用电等政策方面的支持。③(3) 加快构建数字化碳管理体系。健全各级碳资源统筹管理机构,通过数字化碳管理公共服务平台统一实施国家层面碳数据核算,并将绿色低碳评价、碳排放管理、碳资产管理等作为工业领域统筹发展与减排的重要抓手,加强宣传普及和监督管理。

(二) 筑牢基础支撑,夯实双化高质发展根基

(1) 加快数字信息基础设施建设。扎实推进5G、大数据中心、工业互联网等新型基础设施建设,加大对中西部地区的扶持力度,并将碳排放目标纳入相关工作考核范围,同时鼓励企业利用好新一代信息技术,对内部进行数字化改造,优化管理流程和组织架构等,持续提升管理效能。(2) 积聚力量进行原创引领性科技攻关。加大对数字化、绿色化领域高端产品和关键核心技术的攻关力度,突破集成电路、工业软件等智能制造核心技术的关键环节,以及节能降碳、清洁生产、循环利用等核心技术的应用瓶颈,形成一批原创性、引领性数字、绿色技术,提高我国绿色智能制造整体发展质量。④⑤(3) 支持企业更大范围参与重大科研攻关。鼓励企业聚焦全球数字技术和绿色技术的关键技术瓶颈和前沿交叉领域开展科学研究,支持申请国家重大科技专项、国家重点研发

---

①③ 中国信息通信研究院:《数字化绿色化协同发展白皮书(2022年)》,2022年。
② 《数字化绿色化协同转型:实现"双碳"目标关键路径》,https://mp.weixin.qq.com/s/7m3su_DxQ-SEeHjXkiOtz1Q(发布时间:2023年6月28日)。
④ 任翔:《数字经济发展与制造业绿色转型的现实考量及关联性分析》,《商展经济》2023年第20期。
⑤ 张宜星:《加快传统产业绿色化智能化发展》,《群众》2023年第19期。

计划,尤其是支持民营企业牵头承担工业软件、人工智能、工业互联网等领域的攻关任务,①并加大省级财政科研经费对绿色化数字化技术创新的支持力度,组织实施一批数字技术与绿色技术融合创新项目。②(4)优化推进关键核心技术攻关组织模式。鼓励头部企业发挥引领作用,整合高校、院所和上下游企业创新资源,打造平台型、网络型、高水平产学研用创新联合体,强化对产业链上中下游、大中小企业绿色化、数字化转型带动支撑。③

(三)完善市场环境,激发双化市场内生动力

(1)强化政府采购对双化协同的创新支持。在现有政府绿色采购规则基础上,向具备双化协同发展特征的项目、产品进行倾斜,并利用数字化手段提升政府绿色采购产品判定标准的科学性,比如推动相关部门通过工业互联网标识解析等数字手段,建立政府绿色采购产品碳足迹评价标准及标识。④(2)加大央企国企对双化协同市场的带动作用。支持产业链中的行业优势企业深入推进全区域、全链条、全过程的双化协同项目,推广关键共性节能新技术、新产品和新装备,并培育一批具有生态主导能力的产业链"链主"企业,通过优化组织管理模式、创新利益分配机制,带动中小企业绿色化转型,促进大中小企业融通发展。⑤(3)深拓下游市场对双化协同的需求空间。各地行业主管部门可围绕本地企业双化协同的短板弱项和高碳排放量的生产环节开展评估诊断,推动重点企业开展项目试水,促进相关技术、产品及解决方案与企业的有效对接,同时支持平台服务型企业在企业采购、研发、生产、销售、服务等环节全面拓展服务支撑能力,降低企业使用服务的资金、技术等门槛。⑥

(四)强化要素保障,构建双化能力体系生态

(1)扩大复合人才供给。鼓励院校围绕新型工业化人才能力的复合型、多元化要求,深度挖掘跨学科、专业、课程交叉元素,促进课程体系更新换代,培养"数字化+绿色化+行业知识"的复合型人才,⑦同时将工业数字化绿色化融

---

① 《关于实施促进民营经济发展近期若干举措的通知》,https://www.ndrc.gov.cn/xwdt/tzgg/202308/t20230801_1359008.html(发布时间:2023年8月1日)。
②③ 张宜星:《加快传统产业绿色化智能化发展》,《群众》2023年第19期。
④⑤⑥ 中国信息通信研究院:《数字化绿色化协同发展白皮书(2022年)》,2022年。
⑦ 《大学书记校长论坛|高校如何培养创新型复合型应用型人才》,https://mp.weixin.qq.com/s/Qkw5fTy9oJHGTChzXbyoTQ(发布时间:2023年10月1日)。

合人才培训纳入行业职业人才重点培养计划,积极开展融合数字化和绿色化转型的技术培训项目。(2)挖掘数据要素价值。支持企业加快数字化改造升级、推动工业设备互联互通、引导企业加强数据管理等,推动数据全面采集、高效互通和高质量汇聚,持续提升工业数据管理水平,通过数据流动关键技术开发利用、建设数据资产价值评估体系、完善数据交易规则等方式,培育工业数据市场,推动工业大数据全面深度应用。①(3)加强双化协同资金支持。通过发放创新券、资金扶持、税收优惠、政策引导等加大对企业双化协同的财政资金支持力度,同时加强财政与金融联动,鼓励金融机构开展双化协同产业链的金融创新服务,引导社会长期资金投向相关产业,支持行业利用数字技术促进绿色化转型;(4)健全双化协同标准体系。将标准化理论与智能制造、绿色制造目标相结合,明确双化协同标准体系的总体要求、基本原则、重点标准建议等,加快完善钢铁、石化等重点工业行业双化协同在细分领域的标准制定,全面支撑数字化、智能化、绿色化工厂的创建、运行和评价。

第五节 工业行业数字化绿色化协同发展的未来展望

(一)工业生产加速向智能绿色低碳方向演进

数字化与绿色化深度融合、协同联动将会推动工业生产制造更智能更低碳,绿色智能制造发展成为必然趋势。特别是,数字化及其带来的万物互联、数据成为生产要素、智能无处不在等特征,将为智能化生产管理、提升设备运行效率与能源资源利用率拓宽出新空间,②会在工业节能减碳上展现出巨大潜力,激励企业积极主动拥抱数字技术,促进企业绿色技术创新和生产模式变革。例如,基于工业互联网的设备故障预警与诊断平台,能快速判断每台设备的工况,生产物料自动调整,故障设备自动下线,确保生产设备满负荷工作,实现能源效益最大化。另外,通过遴选先进适用的绿色技术,生产符合资源、能源、环境、品质等属性标准要求的产品,增强产品核心竞争力,能够显著提升企业生产效率、降低能源和物质消耗等。

---

① 余晓晖:《抓住机遇、直面问题,全力激发工业数据要素价值》,CAICThttps://mp.weixin.qq.com/s/gQcXV7Fou9yEI3Eoh6rX8A(发布时间:2020年5月22日)。
② 陈素梅、李晓华:《数字经济驱动制造业绿色发展的作用机理》,《企业经济》2022年第12期。

(二)工业供应链更加智慧、韧性及绿色低碳

数字化、绿色化和供应链弹性相互作用,可以改变现有供应链的运作方式,符合新形势下对供应链发展的要求,使个性、定制、柔性、敏捷与韧性成为现实。①在创建更加可持续和更为强大的工业行业供应链生态系统方面具有巨大潜力,有助于避免供应链波动、保障供应链平稳,在降低物流和财务成本同时,降低供应链过程中的碳排放。例如,借助物联网和大数据等技术,建立绿色化供应链智能管理平台,对生产、加工、销售、售后等全链条信息整合之后,可以对供应链各个环节的能源消耗、污染物和温室气体排放进行统计、监测、分析和报告;还可以通过实时收集上下游企业的物料环保、污染预防、节能减排、违规情况等信息,有效解决供应链相关信息披露不充分、不及时的难题,极大地减少信息不对称,有利于促进供应链上中下游、大中小企业深度脱碳。②未来,一定是向着数字化、绿色化以及韧性和安全的供应链方向发展,从生产商、供应商、消费者等各主体,到包含多渠道、多环节、多部门,以及地区和国家的运作环节进行持续优化,会对企业生产效率产生巨大影响。

(三)工业价值链创新、高端化助力数绿融合

新型工业化是依靠自主创新的工业化,也是迈向全球价值链高端的工业化,仅靠传统生产模式已经难以满足工业领域的高质量发展,这就要求主动适应和引领数字化、绿色化趋势,增强发展的主动性,以智能制造和绿色制造为主攻方向,推进工业数字化和绿色化转型。③未来,基于创新化、高端化模式推动数字化、绿色化全产业链的融合研发,通过精准供需匹配、消除冗余环节、降低中间损耗,不断提升运作效率,将有力促进技术创新、制度创新、知识创新,实现生产高端、管理高端、营销高端等模式变革,并从市场需求、创新创意、研发设计、柔性制造、快速响应、快捷物流、用户体验等方面创新经营业态与商业模式,④进而激发工业创新、高端发展活力,实现工业行业高端化、数字化、绿色化和融合化发展。

执笔:高庆浩(中国信息通信研究院华东分院)

---

① 《供应链发展关键:数字化、韧性和绿色低碳》,https://mp.weixin.qq.com/s/A80kY3kCxmy7iv-ONcjwLXw(发布时间:2021年12月16日)。
② 陈素梅、李晓华:《数字经济驱动制造业绿色发展的作用机理》,《企业经济》2022年第12期。
③ 《把高质量发展的要求贯穿新型工业化全过程》,https://mp.weixin.qq.com/s/6oOzEVp69m6G1-n4T2tQ0hQ(发布时间:2023年10月20日)。
④ 中国信息通信研究院:《工业数字化绿色化融合发展白皮书(2022年)》,2022年。

第七章　数字化绿色化协同发展的评价方法

数字化绿色化协同发展评估对提升区域"双化协同"水平起着非常重要的促进和引领作用。在构建数字化绿色化协同发展评估指标体系过程中,本章借鉴了五大权威相关指标,分别是欧盟《欧盟实现数字化绿色化转型的影响因素》、国外学者论著中的《数字化下绿色投资和金融发展影响经济可持续性指数》、工业和信息化部的《工业企业信息化和工业化融合评估规范》、工信部赛迪研究院与中国工业经济联合会的《工业数字化转型评价体系》、北京商道融绿《上市公司应对气候变化指数》。几大评估指标体系为数字化绿色化协同发展评估指标的制定提供了参考。同时,本书以"双化协同"发展模式为理论出发点,从技术赋能、网络驱动、市场交易三个维度设置评估指标,按各指标的重要性分配权重,实行各级指标逐级加权计算得出综合评估结果。评估结论分为三级,分别为:初步(局部)协同、中级(基本)协同和高度(全面)协同。

第一节　相关评价方法综述

一、欧盟《实现数字化绿色化转型的影响因素》

由于拜登政府重返"巴黎协定",欧洲绿色转型内生动力进一步增长,欧盟新一轮绿色转型前景相对乐观。首先,欧盟在绿色转型方面具有先发优势。欧盟早在1979年已达碳排放峰值,能源领域绿色、低碳、节能水平远领先于美日等发达国家,在可再生能源领域具有相当竞争力,同时绿色转型在欧盟具有强大的产业基础。其次,欧盟推进绿色转型的决心日趋坚定,《欧洲绿色协定》标志着欧盟绿色转型的政策化,政策倾向日益巩固。在新冠疫情爆发后,外界一度质疑欧盟绿色转型的前景,但欧盟并未像金融危机和欧债危机后那样,从

"气变优先"到"经济优先",而是将绿色转型与经济恢复结合,将转型作为后疫情时代经济重振的动力。第三,欧盟绿色转型得到成员国、产业界、民众更多支持。成员国认为绿色转型将在多边主义舞台以及全球治理方面使得欧盟掌握主导权,产业界则将转型视为增强行业竞争优势的契机,其民意支持度也有所提高。

2021年3月10日,欧洲议会投票通过"碳边境调整机制"议案,这使得欧盟朝2023年正式施行碳关税政策又近了一步。此前,欧委会颁布《欧洲绿色协定》,明确将2050年实现碳中和政策化。为应对疫情冲击,欧盟推出"欧洲复苏基金",将"绿色化"作为后疫情时代经济转型可持续发展的主要动力之一,计划发债7 500亿欧元,其中30%将投入到成员国的绿色产业,促进绿色转型已成为欧盟优先的政策领域之一。这是大国竞争加剧、内外危机叠加的背景下,欧盟寻找新的发展动能,缓和自身危机的新动向。

为了更好地促进数字化和绿色化并与经济可持续性更紧密地联系在一起,《欧盟实现数字化绿色化转型的影响因素》将评估指标设置原则设定为:

第一,重塑发展动能、促进经济转型。欧盟应当在数字领域相对落后于中美的情况下,寻求新的发展动能来扭转趋势,通过扩大投入,抢占技术制高点,推动相关行业的绿色转型,包括基建、建筑、技术、可再生能源等领域。

第二,顺应世界潮流、加速标准制定。受疫情影响,今年欧盟经济整体疲软,但相关绿色产业则呈现逆势增长的良好势头。欧盟应当推动"绿色转型",在全球贸易中加入"碳关税",制定,贸易政策主导权,获取新优势。

第三,缓和党派分歧、助推内部联合。欧盟内部在传统的经济、外交、防务等政治领域达成共识存在难度,而应对气候变化在欧盟层面、成员国间、产业界以及民间获得相当广泛的支持,将助推欧盟内部的联合机制发展。

第四,增强外交主动、追求战略自主。欧盟在对外关系方面处于被动地位,在外交引领气候变化、能源转型方面欧盟却有一定优势助其战略自主:一是降低化石能源依赖,增强能源安全,减少能源问题对欧盟外交政策的掣肘。二是增强全球多边议程制定的主动权,在全球治理框架设定上更加积极作为。

当前欧盟致力于关于绿色和数字技术创新的研究,以及背景因素如何对其产生影响。研究旨在为政治决策者提供整体和前瞻性的视角,并对大趋势进行分析。

欧盟双化转型主要从社会、经济、环境、技术和政治五个方面展开,根据这五个方面,设计了5项一级指标,下设12个二级指标、14个三级指标。

表 7-1　欧盟实现数字化和绿色化转型的影响因素

一级指标	二级指标	三级指标
社会	社会接受	企业、消费者、投资者对新技术的支付意愿
		当地社区对新技术和创新的接受程度
	行为改变	匿名保护隐私，数据收集限制的应用
	公平公正过渡	克服数字鸿沟
经济	市场	环境成本内部化
	人力资本	相关劳动力与相关技能教育培训次数
	创新能力	领域内专家个数
政治	政策制定	相关法律制定个数
	治理体系	不同政府级别与地区法规的一致性
	监管环境	对绿色数字解决方案的渠道投资法规的完善程度
技术	基础设施创新建设	生态系统研发
		连贯可靠技术系统建立个数
环境	治理体系	企业远程办公比例
	市场机制	减少绿色数字技术环境足迹与绿色数字解决方案个数

二、联合国环境署《数字化下绿色投资和金融发展影响经济可持续性指数》

2008年，联合国环境规划署（UNEP）发起了一个绿色经济倡议，环境署将绿色经济定义为"重新配置企业和基础设施的过程，以便为自然、人力和经济资本投资提供更好的回报，同时减少温室气体排放，开采和使用更少的自然资源，创造更少的浪费，减少社会差距"。

联合国可持续发展目标（SDGs）明确了低碳经济的重要性。与此同时，绿色投资为获得当代和可持续能源提供资金，极大地帮助了可持续发展目标的实现，而可持续发展目标则鼓励在促进长期经济繁荣的举措上的支出。数字化绿色化协同发展的目的是人类福利和减少长期的环境风险。更重要的是，其通过促进绿色创新和可持续工业来帮助实现SDGs。此外，数字技术正迅速应用于制造和服务流程，并且正迅速与现代性和创新相关联。因此，数字化和工业4.0概念的应用正日益成为全球许多公司、政府和地区经济增长的驱动力。数字技术影响增长的机制之一是信息与通信技术如何改变在线和电子贸易的商业模式,促进银行业务的灵活性和改善通信,最终促进生产力和国内生产总值(GDP)的发展。由于信息技术的快速进步,大多数国家都制定了数字化战略,并将其视为提升核心竞争力和实现可持续发展目标的关键。[1]

为了更好地促进绿色投资、金融发展、数字化并与经济可持续性更好更紧密地联系在一起,《数字化下绿色投资和金融发展影响经济可持续性指数》认为评估原则应是:

第一,加强信息披露,提高透明度。由于市场参与者主要依靠公开透明的信息作出投资等决策,所以更透明化的管理有助于信息充分且有效的披露,这对于协调市场、衡量绩效、评估资产、衡量风险等具有深远的意义与价值。

第二,坚持生态赋能,共建创新平台。强化国家有关部门、企业、政府的沟通,致力于系统集成与协同高效,营造创新、协调、绿色、开放、共享的政策环境。

第三,优化布局,抓住重点。经济社会绿色数字化首先要强调信息基础设施的共建共享。所以要大力推进行业内的共建共享,推动各类资源的双向开放。其次要强调绿色数据中心的集约化布局,加快制冷节能技术的应用,提高算力资源配置效率,研发更有效的降碳技术。

数字化下绿色投资和金融发展影响经济可持续性指标体系中使用的指标包括数字化(DI)。这是使用基于移动蜂窝网络订阅(每100人)和使用互联网的个人(占总人口的百分比)的主成分分析(PCA)分数来衡量的。类似用指数衡量绿色投资,这里采用PCA方法计算绿色投资指数(GRE)。GRE通过3个指标创建:可再生能源使用、技术创新和能源效率。为了实现可持续发展,经济增长必须符合长期发展所必需的社会经济和环境目标。农业、林业和渔业、增加值占GDP的百分比、贸易占国内生产总值的百分比、消费者价格通货膨胀率(年度百分比)、按年度百分比衡量的人口增长、商品和服务出口(占GDP的百分比)、最终消费支出(2015年不变美元)等被用来创建经济可持续性指数。我们分析这七个社会经济组成部分,并使用PCA技术探索经济可持续性(SD)得分,以评估其对绿色数字化经济增长的影响,而不

---

[1] Green investment, financial development, digitalization and economic sustainability in Vietnam. Evidence from a quantile-on-quantile regression and wavelet coherence.

是在社会经济可持续性下独立评估这七个参数。在分析中,经济可持续性(SD)指标被用来估计对经济增长的影响。最后,利用国内对私营部门的信贷、银行对私营部门的国内信贷、广义货币和广义货币增长来产生金融发展指数(FIN)。

表7-2 数字化下绿色投资和金融发展影响经济可持续性指数

一级指标	二级指标
数字化(DI)	使用互联网的个人占总人口的百分比
	移动蜂窝用户占总人口的百分比
绿色投资指数(GRE)	可再生能源消耗(占最终能源总量的百分比)
	技术创新(占GDP的百分比)
	能源效率(能源消耗占GDP的比率)
经济可持续性指数(SD)	贸易占GDP的百分比
	农业、林业和渔业,增加值占GDP的百分比
	服务业占GDP的百分比
金融发展指数(FIN)	对私营部门的国内信贷(占GDP的百分比)
	银行对私营部门的国内信贷(占GDP的百分比)
	广义货币(占GDP的百分比)
	广义货币增长(年百分比)

三、工业和信息化部《工业企业信息化和工业化融合评估规范》

"工业4.0"和"物联网"的提出为国际工业的发展带来了新的机遇。工业4.0使得跨机器收集和数据分析不再是遥远的梦,从而提高制造业的生产率,以更低的成本生产出更高效的产品,促进经济的增长。智能制造已成为各国追求的目标。作为经济大国,中国制造业存在"大而不强"的缺点。在我国工业中,制造技术与信息技术存在严重不匹配,制造技术发展滞后于信息技术是一个重要问题。因此,要解决这个问题,必须继续实现工业化和信息化相结合。

两化融合的核心是技术、产品和服务,即包括产品集成、技术集成和服务集成。技术融合是指产业技术与信息技术的融合,产生新技术,促进技术改革创新。产品集成是指将电子信息技术和产品渗透到其他产品中,以提高其技术含量。服务融合是指信息技术在企业科研设计、生产制造、经营管理、营销等各个环节的应用,促进企业服务创新和管理升级。[1]

工业化与信息化的关系是在党的十五届五中全会报告中提出的,全会的与会者强调要坚持以信息化带动工业化的方针。2002年内,党的第十五届中央委员会报告指出,要把信息化作为工业化的重要支撑。信息化应该是工业化的动力,工业化应该是信息化的燃料。

第一次提出信息化与工业化融合是在党的十七届中央委员会中,会议强调"工业化、信息化、城镇化、市场化、国际化同步推进"是当前中国经济工作的主要重点,要推进信息化与工业化融合,建设现代工业体系。

信息化与工业化融合可以从四个方面来定义。首先,要确定战略的整合。即信息化战略与工业化战略要相互配合,使两者的模式与发展规划相互配合。其次,两化融合应该确认整合资源,这将带来资源的节约。第三,虚拟经济与实体经济的融合,将促进信息经济与知识经济的形成与发展。最后,两化融合是信息技术与工业技术的融合,是信息设备与工业设备的融合。[2]两化融合分为四个阶段,分别为技术的整合、产品的整合、业务的整合和产业的衍生。

《工业企业信息化和工业化融合评估规范》认为"两化融合"评估应当遵循以下四大原则:[3]

(1) 创新驱动,转型发展。充分发挥新一代信息通信技术的资源优势,应用互联网的创新理念,带动制造业实现技术、产品等多方面的创新,提高生产效率,带动经营效益,激发潜能,实现完美转型发展。

(2) 跨界融合,互动发展。更好地推动制造业和信息业在技术、产业、产品、体系、生产业务模式等方面的全面高效融合。以两化融合带动信息产业加速发展,并以此为支撑更好地促进两化的融合。

(3) 分类施策,协调发展。把握新技术在不同环节、行业、领域的扩散规律和应用模式,针对不同企业、行业、区域两化融合发展基础、阶段和水平差

---

[1] Zhu J., Sun Y., "Dynamic modeling and chaos control of sustainable integration of informatization and industrialization", *Chaos, Solitons & Fractals*, 2020, 135:109745.

[2] Zhang Kun, Zhang Zhenji, "An Overview on the Integration of Informatization and Industrialization(IOII)", *International Journal of Hybrid Information Technology*, 2016, 9(9).

[3] 工业和信息化部:《"十四五"信息化和工业化深度融合发展规划》,2021年11月30日。

异,加快形成方法科学、机制灵活、政策精准的分类推进体系。

(4)市场主导,循序发展。把市场对资源配置的决定性作用和更好发挥政府作用有机结合起来,积极完善两化融合政策举措,突出企业主体地位,形成促进公平竞争、激发创新活力、保障循序发展的两化融合市场环境。

信息化水平是对一个地区信息化发展水平的定量描述。它能反映一个地区的信息化发展环境、信息化程度一级信息化发展能力。两化融合的评估体系主要有一级指标3个、二级指标11个、三级指标43个。指标相互之间既独立又相互联系,共同构成一个有机整体。

表 7-3 两化融合评价体系

一级指标	二级指标	三级指标
融合环境	基础设施信息技术设备装备率	每百人计算机拥有量
		每年人均信息技术设备投资金额
		企业上网比例
		网络带宽及覆盖率
		数控、自动化设备数量占生产设备总数量百分比
		年信息化投资占年产值的百分比
		信息化累计投资总额占固定资产总值的百分比
		数据中心建设及信息资源的覆盖率
	政策法律环境	政策法规文件数、贯彻落实情况
		网络犯罪率
		引进外资数量,GDP 比重
		两化融合领导力、执行力
	经济发展环境	工业产值占 GDP 百分比
		信息产业产值占工业产值百分比
		工业企业数
		IT 企业占企业总数比例
	人文环境	网民占职工总数比例
		工程技术人员占职工总数比例;IT 人员占工程技术人员比例
		职工接受 IT 培训比例

续表

一级指标	二级指标	三级指标
融合水平（广度）	信息技术在企业、行业、地区应用普及率(%)和覆盖率(%)	信息技术在产品、服务应用普及率、覆盖率
		辅助设计(CAD)应用普及率、覆盖率
		生产控制普及率、覆盖率
		资源规划管理系统(ERP)应用普及率、覆盖率
		供应链管理系统(SCM)应用普及率、覆盖率
		客户关系管理系统(CRM)应用普及率、覆盖率
		商业智能应用普及率
	电子商务普及率(%)和覆盖率(%)	电子商务采购率
		电子商务销售率
		电子商务交易率
融合水平（深度）	业务（产品、服务）创新度	业务（产品、服务）内容；业务流程、实现方法创新程度（产品与服务的新任务、新思路、新方案）
	信息技术应用创新度	应用系统解决方案创新
		软硬件设备与系统集成创新
		智能化应用(智能控制、管理、决策)覆盖率
	信息化与工业化融合覆盖率	融合要素覆盖率
		融合企业在行业、地区企业总数覆盖率
融合绩效	社会效益	行业创新能力影响力
		对上下游企业电子商务、信息化的带动作用
		区域贡献与服务影响
		地区吸引外资增长率
	经济效益	成本费用降低幅度
		经济收益增长率
		劳动生产率提升率
		投资回报率

四、赛迪研究院与中国工经联《工业数字化转型评价体系》

经济的日益数字化凸显了数字化转型的重要性。然而，颠覆性变化不仅发生在公司层面,还对环境、社会和制度方面产生影响。近几十年来,全球化给企业带来了越来越大的变革压力,这就要求企业高效整合。企业不仅要生存,还要在竞争环境中茁壮成长。只有通过数字流程和协作工具才能实现高效集成。在这种情况下,数字化转型(DT)的重要性正在增强。研究强调,DT应纳入现有的商业视角,因为其不仅涉及技术变革,而且影响到许多或所有业务部门。①

数字转型,也就是所谓的"数字化",被定义为一种社会现象或文化演变。对于公司而言,数字化转型是一种商业模式的演变或创造。事实上,这被视为社会的根本转变,由被称为"数字"的几代人推动,数字技术深深植根于其文化和日常实践中。在这种情况下,公司必须能够通过改变业务模式或开发新的业务模式来适应这种变化。

因此,数字化转型是企业对数字化技术创新性和原则性的应用。具体来说,是企业为完善自身商业模式、工业模式及流程,并最终破旧立新所做的战略性调整。

数字化转型将用户置于企业战略的核心。客户对产品和服务的质量要求越来越高。他们希望公司能够快速适应并根据不断变化的需求进行定制。尤其是新的"数字"一代,他们对新技术有着深刻的了解,并具有通过社交媒体与他人分享经验的重要能力。为了迎合客户新的期望,公司必须根据消费趋势调整其产品和服务。这就是为什么数字化转型通常从转变营销职能开始。通过采用 CRM(客户关系管理)工具,企业利用社交网络分析模块集成了强大的社交维度。②

然而,用户体验不仅涉及公司的客户,也涉及内部用户,即合作者或员工。事实上,在日常生活中使用新技术的员工在采用最新创新方面往往比公司领先一步。移动和协作技术的应用改变了工作场所,远程工作的密集实践改变了工作方式。因此,公司投资于移动性、互联对象和协作平台,为员工提供工作质量和效率方面的增值服务。人力资源职能的数字化也伴随着 ERM(员工关系管理)工具的实施。这些工具将员工视为内部客户,旨在确保高水平的服务。

数字化转型的源头来自三个方向,一是工业自动化;二是企业信息化和两

---

① Kraus S, Jones P, Kailer N, "Digital transformation: An overview of the current state of the art of research", *Sage Open*, 2021, 11(3).
② Henriette E, Feki M, Boughzala I, *Digital transformation challenges*, 2016.

化协同;三是新一代信息技术。

数字化改造主要从数字化转型的基础支撑、数据汇聚、新模式应用、服务创新、可持续发展等五个方面展开。基础支撑作为基本能力为数字化转型提供开发、技术、安全底座;数据汇聚能力体现平台采集数据、交换数据、分析数据、应用数据水平,衡量数据要素作用和价值;平台通过基础支撑和数据汇聚迭代形成多样化新模式新应用并拓展服务创新能力,有效驱动制造业数字化转型和高质量发展,最终在双向循环下实现长期可持续发展。

《工业数字化转型评价体系》认为工业数字化转型的评估需要贯彻以下原则:[1]

(1) 创新引领:创新力是企业的核心竞争力,是数字化的意义。数字化转型是一个创新的过程,是基于技术驱动的封闭价值体系。如今的时代是数字经济的时代,数字化转型它体现了创新开放、数据驱动的新的经济形态,带领走向新的辉煌。

(2) 数据驱动:数字时代创新引领最重要的实现途径就是数据驱动;只有数据驱动才能解决过去工业产品规模化转向数字经济时代靠数据信息知识技能的转变。

(3) 开放合作:只有创新引领,数据驱动,开放合作,利用非线性、非连续的动态网络关系,连接更多生态伙伴共同去解决随机的、不可预见的问题,同时期满足动态变化的个性需求,才能找到新增量空间。

(4) 业务引领,技术支撑:数字化转型需要企业最高层面确立转型总体目标,不同企业数字化转型所处的行业和发展阶段不同,企业应因地制宜,探索最适合自己的发展战略,行业上下游、产业链各企业之间的协同也在助推这一过程。

(5) 统一规划,迭代实施:统一规划指对企业的数字资源进行系统性的梳理。此外,企业应该根据自身的经营特点、信息化水平、人员和能力水平制定转型方案,采用敏捷迭代的方式对企业内的基础设施、技术平台、组织架构等内容进行数字化转型的迭代实施。

数字化改造主要从数字化转型的基础支撑、数据汇聚、新模式应用、服务创新、可持续发展等五个方面展开。

---

[1] 哈佛商业评论:《数字经济时代,企业的核心竞争力究竟是什么?》,https://www.sohu.com/a/342909465_286727(发布时间:2019 年 9 月 23 日)。

根据评价框架中基础支撑、数据汇聚、新模式应用、服务创新、可持续发展5个方面，设计了5项一级指标，下设19个二级指标、39个三级指标。为明确评价工作所需要采集的数据，确保评价体系的落地实施，在三级指标下设了100个评价项。

表 7-4　工业互联网平台赋能制造业数字化转型能力评价指标体系

一级指标	二级指标	三级指标
基础支撑	数字基础设施	平台实际用云量
		平台数据储存量
		标识解析
	开发能力	工业微服务
		工业模型
		工业数字孪生
	安全保障	信息安全防护
数据汇聚	设备上云	连接工业设备情况
		工业设备接入数据字典
	工业大数据	工业数据交换
		大数据储存服务
		大数据分析服务
		大数据可视化服务
		数据建模及数据开放
		数据共享
	工业APP	工业APP数量
		工业APP分类
		工业APP应用
新模式应用	平台化设计	平台化设计应用提供情况
	智能化制造	智能化制造应用提供情况
	网络化协同	网络化协同应用提供情况
	个性化定制	个性化定制应用提供情况
	数字化管理	数字化管理应用提供情况
	服务化延伸	服务化延伸应用提供情况

续表

一级指标	二级指标	三级指标
服务创新	平台服务企业	平台服务企业情况
	平台服务行业	平台服务覆盖行业情况
	平台服务区域	平台服务区域情况
	平台开发者	平台开发者注册及活跃度情况
可持续发展	平台营收	平台研发投入情况
		平台业务收入情况
		投资回报情况
	应用能效	成本情况
		企业存销比情况
		生产能耗情况
		产品研发情况
		产品良率情况
		故障性检修情况
	成果转化	平台获得专利情况
		平台获得软著情况

五、北京商道融绿《上市公司应对气候变化指数》

2020年9月22日,习近平主席在第75届联合国大会中正式提出中国"二氧化碳排放力争于2030年前达到峰值,努力争取2060年前实现碳中和"的重大目标。在2021年3月全国人大通过的《"十四五"规划和2035年远景目标纲要》中,重点提到在"十四五"期间将采取更加有力的政策和措施积极应对气候变化,落实"碳达峰、碳中和目标"。

上市公司是中国经济的重要组成部分。根据2019年年报统计,我国A股上市公司总营业收入已经超过5万亿元,超过GDP的50%。气候变化带来的物理风险和转型风险将对上市公司产生越来越实质性的影响。以产值比例推算,上市公司的碳排放总量占我国总排放量的很大比例,也给气候变化带来直接的影响。随着国际国内资本市场对包含气候变化在内的ESG(环境、社会和公司治理)相关因素的关注度的提升,投资者在进行投资时也将加大对于投资组合气候风险的关注,上市公司对气候相关信息的披露则会成为投资者进行判断的核心信息来源。

上市公司应对气候变化主要从四个方面出发:治理、战略、风险管理、指标与目标。其中治理主要是披露组织机构与气候相关风险和机遇有关的治理情况;战略是从披露气候相关风险和机遇对组织机构的业务、战略和财务规划的实际和潜在影响出发;风险管理是披露组织机构如何识别、评估和管理气候相关风险;指标和目标是披露评估和管理相关气候相关风险和机遇对使用指标和目标。①

《上市公司应对气候变化指数》从四个方面出发设置评估指标,包括:治理、战略、风险管理、指标与目标。根据评价框架中四个方面,设计了4项一级指标,下设10个二级指标、35个三级指标。

表7-5 上市公司应对气候变化的指数体系

一级指标	二级指标	三 级 指 标
治理	董事会监管	关于环境事务设立了责任明确的董事委员会
		关于气候变化与温室气体事务设立了具体董事委员会
		董事会定期评价气候变化绩效
		董事会披露气候变化政策对组织影响的潜在财务变更
	企业ESG/可持续发展治理体系	公司气候相关信息披露与公司ESG评级的关系
	高管和约与责任	主管通过年报、网站等公开渠道阐明气候变化观点
		组织设立风险管理团队处理具体的GHG(温室效应气体)事务
		有专门的高管与政府、媒体和公众沟通气候变化问题
		行政官员、高管报酬与GHG管理目标挂钩
		组织建立对GHG管理现有差距进行评价的依据
战略	实体风险对企业战略的潜在影响	生物多样性损失
		对从业人员的健康威胁
		基础设施失灵情况
		因识别出风险造成的实际损失
		运营成本

---

① 商道融绿:《A股上市公司应对气候变化信息披露分析报告》,2021年3月。

续表

一级指标	二级指标	三级指标
战略	转型风险对企业战略的潜在影响	政策与法律
		企业的声誉
		企业占据市场的份额
		企业的技术更迭换代的速度
风险管理	研发	订立政策以通过应用/获取低排放技术发展能源效率
		有投资策略用于研发低排放技术以支持能源效率项目
	潜在减责	制定战略以最大限度降低暴露潜于气候变化有关风险中
		推行策略以避免卷入与气候变化有关的不利诉讼
指标与目标	排放会计	运营过程中直接/间接GHG排放的年度库存报告
		对GHG排放的储蓄与来自项目的补偿进行计算
		设定年度排放基准线以评价将来的GHG排放趋势
		为设施与产品设置GHG绝对减排值
		雇请第三方验证GHG排放数据
		对供应商在运营合作中有特殊的减排要求
		于产品信息通过产品标签告知客户减排信息
		对产品环境影响的信息发布建立了可信的标签标准
	低碳运营	提高节能设施的使用度
		远程办公比例
	减排措施	订立公共政策支持关于气候变化协作解决方案个数
		可持续教育政策演讲次数

第二节 双化协同指标评价体系

一、指标设置原则

随着全球经济社会发展和人口增长,发展与环境之间的冲突逐渐加剧。绿色发展是可持续发展的关键组成部分之一,关系到人类社会与自然的和谐。同时,推动绿色经济已成为建设美丽中国的重要一步,这对实现国家"十四五"规划提出的"生态文明建设新进展"具有重要意义。数字化是推动绿色经济发展的重要引擎,它是指将数字知识和信息作为关键生产要素,将现代信息网络作为重要载体,将信息和通信技术作为有效手段,最终促进技术创新、效率提高和经济结构优化的关键手段。其高度的技术逻辑复杂性、增长和清洁度可以为中国实现绿色经济发展提供一条新的道路。[①]数字化绿色化协同发展是经济社会高质量发展的内在需求,国际形势变化多端,需要升级技术创新以应对层出不穷的挑战,更需要制度创新来激发数字化与绿色化协同发展的潜能。

《"十四五"国家信息化规划》提出"深入推进绿色智慧生态文明建设,推动数字化绿色化协同发展""以数字化引领绿色化,以绿色化带动数字化"。在全球经济竞争日趋激烈的背景下,数字化与绿色化成为全球经济社会转型的两大趋势。发展绿色经济已成为我国的战略选择。最近,人工智能、大数据和物联网等数字技术有了重大发展。尽管受到经济衰退和新冠感染全球大流行的不利影响,我国的数字经济仍以每年9.7%的速度快速发展,占2020年GDP的38.6%。数字化已经渗透到经济和现代社会的各个方面。它也成为推动技术创新和效率提高的关键力量,从而推动社会向包容性和知识型转型。

数字化绿色化协同发展的基本原则:数字引领,绿色带动。以数字化引领绿色化,以绿色化带动数字化,对经济社会、生产生活进行数字化与绿色化的深度协同、同步升级,大力推动数字经济发展和绿色低碳转型,实现高质量发展。

一是数字牵引实体经济绿色发展。以数字技术为手段,以信息网络为载体,以数据资源体系和数字基础设施为基础要素,在能源、交通、建筑、工业、农业等实体经济领域,通过感知控制、数字模拟、决策优化等方式,实现资源的最优利用与分配,污染物的最少产生与排放,经济与环境的均衡发展。

二是绿色带动数字产业转型升级。以绿色转型为驱动目标,充分利用绿色技术与手段,对数字传感、传输网络、应用平台等进行绿色智能升级、过程控制优化、协同减排等升级改造,推动数字产业的绿色转型。

二、指标体系框架

双化协同评估指标体系共由三级指标构成,其中一级指标共有3个,即技

---

① Yang W, Chen Q, Guo Q, "Towards Sustainable Development: How Digitalization, Technological Innovation, and Green Economic Development Interact with Each Other", *International Journal of Environmental Research and Public Health*, 2022, 19(19).

术赋能、网络驱动和市场交易;二级指标 8 个,分别为技术投入、技术产出、技术转化、新型基础设施、双化数据平台、碳交易、数据交易、技术交易;三级指标 24 个,详见表 7-6。所有指标之间层级分明、相互独立。

表7-6 双化协同理论评价指标体系

一级指标	二级指标	三级指标	备注
技术赋能	技术投入	双化技术年 R&D 内部经费支出额(亿元)	双化技术:储能、固碳、可再生能源、生产流程与工艺改造、装配式建筑、信号灯控制、液冷技术等绿色技术与数字化融合的技术
		双化新产品开发经费支出额(亿元)	
	技术产出	双化技术融合论文数量(篇)	
		双化技术融合专利数量(个)	
	技术转化	数字化低碳产业园区数量(个)	技术转化指标考察各行业通过双化技术创新产生的标志性转化成果
		智慧能源系统数量(个)	
		绿色智能建筑数量(个)	
		绿色智慧交通项目数量(个)	
		绿色低碳数据中心数量(个)	
		绿色金融产品数量(个)	
网络驱动	新型基础设施	5G 通信技术覆盖率(%)	
		云计算技术覆盖率(%)	
		物联网覆盖率(%)	
	双化数据平台	双化公共数据平台数量(个)	
		双化企业数据平台数量(个)	
市场交易	碳交易	碳交易平台数量(个)	
		碳交易市场参与主体数量(个)	
		碳市场交易额(亿元)	
	数据交易	碳相关数据交易量(个)	
		碳相关数据交易主体数量(个)	
		碳相关数据交易额(亿元)	
	技术交易	数字技术与绿色技术交易量(个)	
		数字技术与绿色技术交易主体数量(个)	
		数字技术与绿色技术交易额(亿元)	

其中技术赋能是指利用数字技术和绿色技术协同发展,共同赋能传统经济,促进产业转型升级。通过数字技术与实体经济深度融合,赋能传统实体经济,以大数据、云计算、物联网、人工智能等信息技术为支撑,实体经济的数字化发展以及绿色转型。同时,通过绿色技术的创新发展带动数字经济的低碳转型和高质量发展。数字技术和绿色技术协同发展、深度融合,促进生产力的提高,实现降本增效,创造更多价值,推动社会转型。因此下设 10 个三级指标:双化技术年研发(R&D)内部经费支出额、双化新产品开发经费支出额、双化技术融合论文数量、双化技术融合专利数量、数字化低碳产业园区数量、智慧能源系统数量、绿色智能建筑数量、绿色智慧交通项目数量、绿色低碳数据中心数量、绿色金融产品数量。

网络驱动是指以网络为载体,打破时空限制,链接个体要素,实现资源高效优化配置。网络驱动主要依托数字信息技术和网络平台,构建信息、数据、人际网络,对资源进行优化配置。数据流通和网络平台是网络驱动的关键。因此在网络驱动下设 5 个三级指标,分别为 5G 通信技术覆盖率、云计算技术覆盖率、物联网覆盖率、双化公共数据平台数量、双化企业数据平台数量。

市场交易是指运用市场机制,对碳资源及其相关要素进行合理配置,促进碳排放主体实现低碳排放。市场交易的核心在于碳资源,主要由三个部分各有侧重的碳权交易、数据交易和技术交易构成。碳资源的计量对于市场交易十分重要,因此在市场交易下设 9 个指标,分别为碳交易平台数量、碳交易市场参与主体数量、碳市场交易额、碳相关数据交易量、碳相关数据交易主体数量、碳相关数据交易额、数字技术与绿色技术交易量、数字技术与绿色技术交易主体数量、数字技术与绿色技术交易额。

技术赋能、网络驱动和市场交易共同构成数字化绿色化协同发展的主要模式。数字技术与绿色技术融合的技术赋能为传统经济注入活力,网络搭建驱动经济的数字与绿色发展,市场交易进一步助力资源实现有效配置。三者构成全面考察双化发展的重要指标。通过双化协同,进一步促进社会的可持续发展。

三、测算方法

根据不同的指标,有不同的分类标准如下:

评估级别分为五级:优、良、好、中、差;普及率分为五级:86%—100%、76%—85%、61%—75%、41%—60%、0—40%;百分制定义为以下五个级别:86—100 为一级、76—85 为一级、61—75 为一级、41—60 为一级、0—40 为一级。①

(一) 技术赋能效应

技术投入的评价,分为 5 级:

5	优秀,双化技术年 R&D 内部经费支出额 30 000 亿元及以上,双化新产品开发经费支出额 25 000 亿元及以上,86 分及以上
4	良好,双化技术年 R&D 内部经费支出额 25 000 亿—<30 000 亿元,双化新产品开发经费支出额 20 000 亿—<25 000 亿元,76—85 分
3	较好,双化技术年 R&D 内部经费支出额 20 000 亿—<25 000 亿元,双化新产品开发经费支出额 15 000 亿—<20 000 亿元,61—75 分
2	一般,双化技术年 R&D 内部经费支出额 15 000 亿—<20 000 亿元,双化新产品开发经费支出额 10 000 亿—<15 000 亿元,41—60 分
1	差,双化技术年 R&D 内部经费支出额 15 000 亿元以下,双化新产品开发经费支出额 10 000 亿元以下,40 分及以下

技术产出的评价,分为 5 级:

5	优秀,双化技术融合论文数量 10 000 篇及以上,双化技术融合专利数量 10 000 个及以上,86 分及以上
4	良好,双化技术融合论文数量 8 000—<10 000 篇,双化技术融合专利数量 8 000—<10 000 个,76—85 分
3	较好,双化技术融合论文数量 6 000—<8 000 篇,双化技术融合专利数量 6 000—<8 000 个,61—75 分
2	一般,双化技术融合论文数量 4 000—<6 000 篇,双化技术融合专利数量 4 000—<6 000 个,41—60 分
1	差,双化技术融合论文数量低于 4 000 篇,双化技术融合专利数量低于 4 000 个,40 分及以下

---

① 龚炳铮:《信息化与工业化协同程度(协同指数)评价指标和方法》,《中国信息界》2010 年第 11 期,第 21—24 页。

技术转化的评价,分为 5 级:

5	优秀,数字化低碳产业园区数量 2 万个及以上,智慧能源系统数量 1 000 个及以上,绿色智能建筑数量 3 万个及以上,绿色智慧交通项目数量 2 000 个及以上,绿色低碳数据中心数量 200 个及以上,绿色金融产品数量 500 个及以上,86 分及以上
4	良好,数字化低碳产业园区数量 1.5 万—<2 万个,智慧能源系统数量 800—<1 000 个,绿色智能建筑数量 2.5 万—<3 万个,绿色智慧交通项目数量 1 500—<2 000 个,绿色低碳数据中心数量 150—<200 个,绿色金融产品数量 400—<500 个,76—85 分
3	较好,数字化低碳产业园区数量 1 万—<1.5 万个,智慧能源系统数量 700—<800 个,绿色智能建筑数量 2 万—<2.5 万个,绿色智慧交通项目数量 1 000—<1 500 个,绿色低碳数据中心数量 100—<150 个,绿色金融产品数量 300—<400 个,61—75 分
2	一般,数字化低碳产业园区数量 0.5 万—<1 万个,智慧能源系统数量 600—<700 个,绿色智能建筑数量 1.5 万—<2 万个,绿色智慧交通项目数量 500—<1 000 个,绿色低碳数据中心数量 50—<100 个,绿色金融产品数量 200—<300 个,41—60 分
1	差,数字化低碳产业园区数量少于 5 000 个,智慧能源系统数量少于 600 个,绿色智能建筑数量少于 1.5 万个,绿色智慧交通项目数量少于 500 个,绿色低碳数据中心数量少于 50 个,绿色金融产品数量少于 200 个,40 分及以下

(二)网络驱动效应

新型基础设施的评价,分为 5 级:

5	优秀,全球范围内的云网协同,5G、云计算、物联网覆盖率 70% 及以上,86 分及以上
4	良好,多云或多网络具有高级协同功能,5G、云计算、物联网覆盖率在 50%—<70%,76—85 分
3	较好,多云或多网络具有基本协同功能,5G、云计算、物联网覆盖率在 30%—<50%,61—75 分
2	一般,多云或多网络但不协同,5G、云计算、物联网覆盖率在 10%—<30%,41—60 分
1	差,单一云或单一网络,5G、云计算、物联网覆盖率低于 10%,40 分及以下

双化数据平台评价,分为5级:

5	优秀,双化公共数据平台数量1 000个及以上,双化企业数据平台数量1 000个及以上,86分及以上
4	良好,双化公共数据平台数量800—<1 000个,双化企业数据平台数量800—<1 000个,76—85分
3	较好,双化公共数据平台数量600—<800个,双化企业数据平台数600—<800个,61—75分
2	一般,双化公共数据平台数量400—<600个,双化企业数据平台数400—<600个,41—60分
1	差,双化公共数据平台数量低于400个,双化企业数据平台数低于400个,40分及以下

(三) 市场交易效应

碳交易评价,分为5级:

5	优	碳交易平台20个及以上,碳交易市场参与主体数量100个及以上,碳市场交易额5亿元及以上,86—100分
4	良	碳交易平台15—<20个,碳交易市场参与主体数量90—<100,碳市场交易额4亿—<5亿元,76—85分
3	中	碳交易平台10—<15个,碳交易市场参与主体数量80—<90个,碳市场交易额3亿—<4亿元,61—75分
2	低	碳交易平台5—<10个,碳交易市场参与主体数量70—<80个,碳市场交易额2亿—<3亿元,41—60分
1	差	碳交易平台在5个以下,碳交易市场参与主体数量70个以下,碳市场交易额2亿元以下,0—40分

数据交易评价,分为5级:

5	优	碳相关数据交易量5亿及以上,碳相关数据交易主体数量10万个及以上,碳相关数据交易额5亿元及以上,86分及以上
4	良	碳相关数据交易量4亿—<5亿,碳相关数据交易主体数量8万—<10万个,碳相关数据交易额4亿—<5亿元,76—85分
3	中	碳相关数据交易量3亿—4亿,碳相关数据交易主体数量6万—<8万个,碳相关数据交易额3亿—<4亿元,66—75分

续表

2	低	碳相关数据交易量2亿—<3亿,碳相关数据交易主体数量4万—<6万个,碳相关数据交易额2亿—<3亿元,56—65分
1	差	碳相关数据交易量2亿以下,碳相关数据交易主体数量4万个以下,碳相关数据交易额2亿元以下,55分及以下

技术交易评价,分为5级:

5	优	数字技术与绿色技术交易量5亿及以上,数字技术与绿色技术交易主体数量10万个及以上,数字技术与绿色技术交易额5亿元及以上,86分及以上
4	良	数字技术与绿色技术交易量4亿—<5亿以上,数字技术与绿色技术交易主体数量8万—<10万个,数字技术与绿色技术交易额4亿—<5亿元,76—85分
3	中	数字技术与绿色技术交易量3亿—<4亿以上,数字技术与绿色技术交易主体数量6万—<8万个,数字技术与绿色技术交易额3亿—<4亿元,66—75分
2	低	数字技术与绿色技术交易量2亿—<3亿以上,数字技术与绿色技术交易主体数量4万—<6万个,数字技术与绿色技术交易额2亿—<3亿元,56—65分
1	差	数字技术与绿色技术交易量2亿以下,数字技术与绿色技术交易主体数量4万个以下,数字技术与绿色技术交易额2亿元以下,55分及以下

参照各项评价指标的重要性确定各项评价指标的权系数,按评价标准对各单项评价指标进行评分,通过各级指标逐级加权计算,进行汇总,形成数字化绿色化协同发展总水平的总评分,这些综合评价分数可称为数字化绿色化协同发展指数。

$E=\sum(I_i\times W_i)$,E表示协同发展指数(总评分);I_i表示第i个评价指标,W_i表示第i个指标的权重,$\sum W_i=1$。

技术赋能的$W_i=0.3$,它的3个二级评价指标权重$W_i=0.1$,$i=1,2,3$;

网络驱动的$W_i=0.4$,它的2个二级评价指标权重$W_i=0.2$,$i=1,2$;

市场交易的$W_i=0.3$,它的3个二级评价指标权重$W_i=0.1$,$i=1,2,3$。

按企业、地区及行业不同的协同评价对象,可形成企业协同指数、地区协同指数及行业协同指数。

根据上述数字化绿色化协同发展评价指标、评分标准和方法,可以对企业、产业或行业及地区数字化绿色化协同发展程度进行评价,得出企业协同指数、行业协同指数及地区协同指数,据此协同指数数值大小可划分协同程度的三个等级或协同三个阶段。

E 综合评分(协同指数)30—50 分,为初步(局部)协同;

E 综合评分(协同指数)51—80 分,为中级(基本)协同;

E 综合评分(协同指数)81—100 分,为高度(全面)协同。

表 7-7 双化协同理论评价指标解释

一级指标	二级指标	二级指标解释	三级指标	三级指标解释
技术赋能	技术投入	为数字技术和绿色技术发展投入的资金	双化技术年 R&D 内部经费支出额(亿元)	一年为数字技术和绿色技术研发所支出的经费
			双化新产品开发经费支出额(亿元)	为数字技术和绿色技术新产品研发所支出的经费
	技术产出	开发研究数字技术和绿色技术产出的相关成果	双化技术融合论文数量(篇)	研究数字技术和绿色技术融合的论文数量
			双化技术融合专利数量(个)	同时含有数字技术和绿色技术的发明专利数
	技术转化	基于数字技术和绿色技术实现的成果落地	数字化低碳产业园区数量(个)	通过数字化技术和绿色化技术建立起来的低碳排放产业园区,以第二、第三产业为主
			智慧能源系统数量(个)	以冷热量平衡为核心,整合多种可再生能源,达到能源的循环往复利用,一体化满足多种需求功能的系统的数量
			绿色智能建筑数量(个)	运用数字技术和绿色技术,实现节能减排的智能化建筑
			绿色智慧交通项目数量(个)	将数字技术与绿色技术融合用于交通领域的项目的数量
			绿色低碳数据中心数量(个)	运用绿色技术实现节能减排的低碳数据中心的数量
			绿色金融产品数量(个)	有关低碳和绿色技术的金融产品的数量

续表

一级指标	二级指标	二级指标解释	三级指标	三级指标解释
网络驱动	新型基础设施	构建数字化网络所需要的基础设施	5G通信技术覆盖率(%)	5G技术在数字化绿色化融合产业中的覆盖率
			云计算技术覆盖率(%)	云计算技术在数字化绿色化融合产业中的覆盖率
			物联网覆盖率(%)	物联网技术在数字化绿色化融合产业中的覆盖率
	双化数据平台	可以用于网络传输的整合数据平台	双化公共数据平台数量(个)	实现数字化绿色化的相关公共数据的平台的数量
			双化企业数据平台数量(个)	实现数字化绿色化的企业的数据平台的数量
市场交易	碳交易	碳排放权交易	碳交易平台数量(个)	可以进行碳排放权和碳汇交易的数字平台数量
			碳交易市场参与主体数量(个)	参与以及进行碳排放权交易的主体数量,包括但不限于政府、企业、投资机构、社会机构、个人等
			碳市场交易额(亿元)	碳排放碳配额市场的交易额
	数据交易	碳相关数据交易	碳相关数据交易量(个)	碳相关数据的市场交易量
			碳相关数据交易主体数量(个)	参与碳相关数据市场交易的主体的数量,包括但不限于政府、企业、投资机构、社会机构、个人等
			碳相关数据交易额(亿元)	碳相关数据的市场成交额
	技术交易	数字技术与绿色技术的交易	数字技术与绿色技术交易量(个)	涵盖数字技术和绿色技术的市场交易量
			数字技术与绿色技术交易主体数量(个)	参与涉及数字技术和绿色技术的市场交易主体的数量,包括但不限于政府、企业、投资机构、社会机构、个人等
			数字技术与绿色技术交易额(亿元)	涉及数字技术和绿色技术的相关市场成交额

执笔:范佳佳(上海社会科学院信息研究所)

第八章　2023年上海数字化绿色化协同发展最佳实践案例集

在2022年亚太经合组织第二十九次领导人非正式会议上，习近平主席发表了题为《团结合作勇担责任　构建亚太命运共同体》的重要讲话，提出"加速数字化绿色化协同发展，推进能源资源、产业结构、消费结构转型升级，推动经济社会绿色发展"。《"十四五"国家信息化规划》指出，要"深入推进绿色智慧生态文明建设，推动数字化绿色化协同发展。以数字化引领绿色化，以绿色化带动数字化"。2022年11月，中央网信办、国家发展改革委、工业和信息化部、生态环境部、国家能源局5部门联合印发通知，确定在河北省张家口市、辽宁省大连市、黑龙江省齐齐哈尔市、江苏省盐城市、浙江省湖州市、山东省济南市、广东省深圳市、重庆市高新区、四川省成都市、西藏自治区拉萨市等10个地区首批开展数字化绿色化协同转型发展（双化协同）综合试点。

为积极响应国家数字化绿色化协同发展的战略部署和创新实践，紧密结合上海的发展实际，深入推进各行业数字化绿色化协同发展，2023年5月，上海社会科学院信息研究所联合上海市能效中心、中国信息通信研究院华东分院举办"2023上海数字化绿色化协同发展最佳实践"征集活动，面向全上海市广泛征集能源、工业、建筑、交通、大数据等重点行业"双化协同"创新实践案例。在为期1个月的征集活动中，共收到申报案例48项。经过专家对案例的真实性、创新性、典型性、成效性、可推广性等方面综合考察，最终评选出5大行业15个最佳实践案例，收入《2023上海数字化绿色化协同发展最佳实践案例集》。供相关政府部门、事业单位、行业组织，以及致力于"双化协同"转型发展的企业和个人参考。

一、能源行业案例

(一) 上海电气的基于"星云智汇"的能碳双控数字化平台

1. 背景介绍

在"双碳"目标、现代能源体系和消费侧改革等因素的交错加持下,能源消费端的协同转型迫在眉睫,特别是对追求高质量发展的企业来说,如何同时满足减碳、降费和发展是一大难题。对此,电气数科依托上海电气多年积累的源、网、荷、储能源产品技术和工业互联网数字产品技术,着手打造了基于"星云智汇"的能碳双控数字化平台。

2. 企业基本情况

上海电气集团数字科技有限公司是一家专注于软件和信息服务业的国有企业。该公司致力于基于"星云智汇"的能碳双控数字化平台的实践。这一实践以数字技术与绿色技术的融合创新为特点,构建能源和碳排放双重控制的数字化平台。该平台旨在实现能源消耗的智能化管理和碳排放的精确控制,为企业和社会提供可持续发展的解决方案。实践项目的实施地址位于上海市合川路 2555 号。

3. 案例基本情况

该项目在能碳双控平台建设过程中,精细分析各业态全要素用能需求,因地制宜规划与建设绿色低碳、源荷互动的现代能源体系。融合应用数字化工程,形成物理分散、逻辑集中、精确可测、全面可观、高度可控的特色亮点。激发能碳数据的要素价值,提升面向绿色低碳的数字化管控能力与服务能级。以控碳为目标,控能为手段,支撑当下各产业低碳战略的发展需求。

平台的顶层设计思路旨在解决传统的"烟囱式"软件系统存在的杂乱无章、数据孤岛等问题,采用更加合理的数字化工程方法进行顶层规划。以数据视角审视整体系统,平台将能碳双控分为四大业务领域:对外、控碳、控能、基础业务领域。这四大业务领域,满足用户侧的多层次能源消费需求,基于统一数字化底座,融合多源数据,可以最大发挥数据要素价值。

能碳双控平台四大业务领域由 16 个业务应用构成,通用组件由数字化底座统一提供,保障数据一致性和业务连贯性。

以控碳为目标、控能为手段;以规划为引导、运营为重心;以软件为载体、机理为核心。平台不仅服务于运营阶段的运行维护、市场交易等需求,而且服务于规划建设阶段的规划设计、设备选型等需求，面向规划建设和运营全生命周期，深度融合装备技术与信息技术，提供一站式的能源管家服务。

4. 案例技术创新点

（1）基于"星云智汇"的能碳双控数字化平台。该平台整合了电气数科多年积累的源、网、荷、储能源产品技术和工业互联网数字产品技术，针对能源消费端的协同转型需求，打造了能碳双控数字化平台。这一平台提供了面向绿色低碳的数字化管控能力与服务，实现了控碳为目标、控能为手段的能源管控体系，支撑产业低碳战略的发展需求。

（2）数据化工程方法的顶层规划。平台的顶层设计思路避免了传统"烟囱式"软件系统存在的杂乱无章、数据孤岛等问题。通过数据视角审视整体系统，将能碳双控分为四大业务领域，并融合多源数据，最大程度发挥数据要素的价值。通用组件由数字化底座统一提供，保障数据一致性和业务连贯性，从而实现物理分散、逻辑集中、精确可测、全面可观、高度可控的特色亮点。

（3）一站式的能源管家服务。该平台不仅服务于运营阶段的运行维护、市场交易等需求，还服务于规划建设阶段的规划设计、设备选型等需求，面向规划建设和运营全生命周期。通过深度融合装备技术与信息技术，提供了一站式的能源管家服务，满足用户侧的多层次能源消费需求，为企业追求高质量发展提供了全方位支持。

5. 案例效果

目前，电气数科能碳双控数字化平台的建设已取得了一定阶段性成果。借助上海电气集团"节能先锋"行动，帮助企业用户以更经济的方式、更低的峰值提前实现碳达峰。平台的绿色低碳服务新模式已成功应用在多个项目，主要建设成效如下：

（1）上海电气风电集团汕头零碳园区

① 用户情况

风电汕头智慧能源示范项目占地约 136 亩（1 亩约合 666.7 平方米），设计生产 4—10 MW（兆瓦）以上级海上风电机组，建设集技术、制造、实验、培训、运维为一体的综合型海上风电产业基地，设计年产 200 套风电装备，年实现产值约 70 亿—100 亿元。当前，随着互联网＋产业的进一步完善以及 5G 的应用，原有的管理、生产已不能适应新的企业发展需求，企业正处于转型升级阶段，在生产管理、成本控制、质量管理等方面提出了更高的要求。为了实现生产方式的转变，提升企业管理理念和生产管理水平，迫切需要进行数字化转型。

② 建设内容

为了降低能耗和碳排放,项目团队采取了多重措施、依托"能碳双控"平台的能耗管理模块进行节能降耗,包括数字化综合能源管理系统、设备状态监测、精益生产工艺管理、循环经济模式以及节约用水等环保举措。园区风光储一体化综合能源智能管理及可视化系统被设计为一个分项能耗计量模型,以提高能耗透明度,并顺便降低用电量,挖掘潜在节能潜力。这些措施有助于缓解企业对能源和资源的需求,同时减少其对环境的影响。通过数字化转型和多项节能措施的实施,该项目实现了较显著的节能降耗效果。园区综合能耗管理系统提高了能源管理水平,实现了能源消耗监测、分析以及节约用能储能调度。通过智慧能源运维调度与管理,实现了对生产设备能源监控和管理的优化完善。同时,工业互联网技术的应用,通过数据采集和实时监控,掌握生产情况,发现能源浪费、能耗不合理等问题并及时进行纠正,全面提升了企业整体节能降耗水平。

③ 应用成效

上海电气风电集团汕头5G智慧园区建设,使用数字化转型和高新技术将海上风电制造骨干企业提升到一个崭新的高度,并且向全球展示了数字化转型的潜力和未来发展方向。经过数字化转型和节能降耗措施多年实践的检验,企业产品市场竞争力大大增强,企业收益逐年攀升,助推企业战略目标的实现和长期发展。经过数字化转型和节能降耗措施,实现了在生产、能源消耗等方面的优化和提升,对企业发展的经济效益和社会效益都产生了积极的影响:打造成为汕头智慧能源示范项目,广东首个零碳园区;提升园区数字化管理水平,人均生产效率提升175%至350%;挖掘节能潜力,降低单位产值用电量56%及电网用电量63%;通过整合源网荷储,调动供电侧及负荷侧调节能力,实现智能微网动态平衡。

(2) 国网冀北零碳仓库

① 用户情况

国网冀北供电有限公司物资部积极响应国家"碳达峰、碳中和"政策号召、牢固树立"能源转型、绿色发展"理念,积极探索供应链运营新模式,创新提出以"零碳仓库"为核心构建零碳仓储体系,以点带面推动绿色供应链建设,电力行业尽早实现"碳达峰、碳中和"。"零碳仓库"的建设,具有标杆示范效应,将为实现国网"绿色供应链建设"目标探索行之有效的实践路径和创新手段。

② 建设内容

针对国家电网冀北公司提出的以"零碳仓库"为核心构建零碳仓储体系，上海电气数科公司参与打造国网冀北零碳仓库标杆示范项目。数科公司与相关单位一起，充分发挥"能碳双控"平台的理念与优势，有力解决客户的痛点，为相关区域供电局电力物资仓库零碳转型提供前期规划咨询与数字化升级服务。主要包括：第一，开展专业化碳盘查。依据世界资源研究所（WRI）和世界可持续发展工商理事会（WBCSD）发布的温室气体核算体系（GHG Protocol），开展检储配一体化基地的碳排放核算，摸清"碳家底"，并持续跟踪。第二，建设绿电微网。充分利用本地可再生能源，建设清洁能源发电系统，构建绿色电力微网，抵消外购电力碳排放。第三，提高建筑绿色等级。采取建筑围护结构、照明、暖通、雨水回用等工程，提高建筑绿色等级，减少能源和资源浪费，并实施三级分项计量，为建筑能耗优化管理打下坚实基础。第四，提升仓储作业效率。建设立体仓库及其相关智能管理系统，提升空间利用率、物资周转率等仓储作业效率，降低能耗与碳排放强度，综合解决绿色减碳和业务发展的矛盾。在绿色包装、可回收载具等方面持续探索，全方位深化减碳工作。第五，建设数字化平台。采用先进合适的数字化技术，有效支撑能耗管理、碳排放管理、微网管理、仓储管理等业务需求，实现检储配基地的综合数字化转型。

③ 应用成效

通过对园区建筑、暖通、电气等改造，大幅降低了园区碳排放量；通过对检储配基地仓储中心进行智能化升级与改造，实现优化仓储存储布局、提高物资流转效率、精简现场作业人员为现有团队的 1/3、大幅提升物资出库效率的目标；建设园区微网系统，集成了风电、光伏、储能、充电桩，及办公楼宇、检测中心、立体仓库及职工之家等各类供、用能设施，"自发自用，余电上网"，帮助园区实现零碳目标。

（3）盐城智慧能源大数据区域平台

① 用户情况

江苏盐城，拥有 582 公里海岸线、683 万亩沿海滩涂，有着丰富的"风光"资源，是长三角地区首个千万千瓦新能源发电城市。基于"碳达峰、碳中和""3060"目标，能源数字化转型已成为新时期能源发展必然趋势的形式下，为推动盐城能源数字化转型赋能，盐城能源大数据区域平台应运而生。平台致力于推进盐城市新能源产业体系建设，推广新能源综合利用模式，推动互联网、大数据和新能源产业深度融合，打造重要的新能源产业基地和新能源创新发展示范城市。

② 建设内容

平台顶层设计按照"能源一张网"进行综合规划,分别从"源、网、荷"多维度展现盐城区域能源在能源网络传输各节点、各阶段的实时状态。平台设计资源禀赋、项目开发、电网架构、能耗统览、平台赋能、发展蓝图,共6大功能区。从不同层面切入,分别展示盐城市能源的分布和项目开发情况,新能源企业变电站和国网变电站的建设发展情况,发电设备整体运行状况,各区县能耗分布情况等。系统从"源、网、荷"多维度展现盐城区域能源在能源网络传输各节点、各阶段的实时状态。对盐城各区域新能源项目按照不同维度进行分类统计和展示,企业资产分布、区域能源结构、新能源发展历程一目了然,重点项目与在建项目监管跟踪、及时掌控。单项目中实时运行情况统一清晰概览。实现了管理方式平台化、项目信息可视化、运行信息数字化,更加智能、安全、科学、便捷。具体包括:第一,电网潮流数据分析:电网潮流结构图、各区域负荷实时状态、电力能源机构组成;各类资源负荷出力对比,规划及开发容量占比;重点项目机位、海缆路由、机组状态概要信息等展示。第二,气象资源数据分析:气象资源数据,功率预测、测风、环境监测设备数据与分析;机组实景状态展示与实时运行数据;电站发电量、生产指标行业统计数据对比(电量、可利用率、资源利用率)。第三,大数据中心决策:规划决策数据支撑;各区域负荷用电峰谷分析、消纳分析;重点项目运行建设周期跟踪、监控数据及日常运维。

③ 应用成效

第一,管理模式提升显著:从纸质化业务流程全面演化至数字化管理模式,运营、运维、工单、票据全面电子化。第二,运营成本下降:每光伏场站工作人员减少1人,每风电场站工作人员减少3人。第三,事件响应速度:平均场站日常故障事件响应速度提高20%。

(4) 平煤能源智慧集控区域平台

① 用户情况

平煤神马集团以绿色发展为重要战略方向,大力发展光伏发电。为解决下属新能源电站设备数量众多、场址分散的问题,建设了平煤能源智慧集控区域平台。该平台整合集团光伏全产业链,实施"金太阳"工程,打造光伏绿能工厂,计划建设5个产业园区,10座集中式光伏发电站,并应用各种APP功能模块、监控系统模块、设备管理模块等。

② 建设内容

平煤能源智慧集控区域平台包括 APP 功能模块、在建工程模块、监控系统模块、设备管理模块、管理系统模块、报表管理模块、运维系统模块、应用系统模块等模块,实现集中式＋分布式能源统一管理。

③ 应用成效

集中式＋分布式能源统一管理,可管理 20＋集中式光伏电站,20＋分布式光伏电站及 100＋户用屋顶光伏;建立统一运营运维标准,加速新并购资产管控效率超过 50%;采用区域化人、车、备件统一调拨管理,加快现场作业响应速度超过 20%。通过大数据分析、智能预警预测和精准分析各光伏电站运营情况,精准定位故障信息,降低设备故障持续时间。结合项目运行数据的设计后评价,有效提高项目在设计阶段的财务评估准确性,减少 EPC 项目投资风险,提高资产收益。该平台推动了光伏发电产业的发展,促进了当地经济的绿色转型。未来平煤能源智慧集控区域平台将进一步完善智能化管理,应用更多新技术,优化管理流程并提高管理效率,实现数字化转型。同时,平煤神马集团还会不断拓展光伏发电规模,加强与周边区域的合作,推动光伏发电产业和绿色经济的可持续发展。

(5) 上海电气汽轮机厂节能改造项目

① 用户情况

目前,上海电气已将旗下的上海电气电站设备有限公司汽轮机厂(以下简称"上海电气汽轮机厂")作为实施该计划的科技示范项目,在汽轮机厂率先开展"节能先锋"行动。

② 建设内容

基于能碳双控平台,采用屋顶光伏、水蓄冷、零碳会客厅、光储充电棚、照明节能等技术手段,实现节能减排目标。将数字化技术与新能源发展相结合,为内部企业绿色发展深度赋能的同时,向外部企业输出成功经验,赋能传统生产制造企业绿色发展,为上海"双碳"目标达成贡献电气智慧。

③ 应用成效

预计年节省电费 600 万元＋,年碳减排 6 000 吨＋,投资回报期小于 5 年。该项目年节约电费 15%,年节约标煤 800 吨,年减少二氧化碳排放 6 000 吨。该项目不仅为上海电气汽轮机厂提高了运营效率,还为整个行业提供了可复制的绿色发展示范。通过该项目,上海电气可以向外输出绿色转型成功经验,帮助传统企业实现绿色发展,推动全社会节能减排。

6. 案例成绩

2022年工信部工业互联网平台＋产业链/供应链协同试点示范；2022年工信部新一代信息技术与制造业融合发展试点示范；2022年度上海市工业互联网标杆平台；2022年度上海市智能工厂数字化转型服务商推荐名录；2021年度工信部第三批服务型制造示范平台；2021年工信部工业互联网平台创新领航应用案例；2021年工信部工业互联网APP优秀解决方案；2020年度上海市工业互联网平台服务商推荐目录；2019年度上海市工业互联网平台集成服务商推荐目录。

7. 案例点评

上海电气集体数字科技有限公司建立的基于"星云智汇"的能碳双控数字化平台，有效应对了能源消费端的协同转型需求。平台融合多源数据，通过数据化工程方法解决传统软件系统问题，提供控碳为目标、控能为手段的能源管控体系，支撑低碳战略发展。平台不仅服务运营阶段，还支持规划建设全生命周期，提供一站式的能源管家服务。已成功应用于多个项目，帮助企业以经济、低峰值实现碳达峰，促进绿色低碳服务发展。

（二）上海极熵的全域物联与 AI 智能相结合的智慧能源管理

1. 背景介绍

企业能源管理的不足包括能源消耗的监测和分析不够精细、能源浪费和损耗难以有效识别和纠正、能源使用和节约意识不足等问题。而 AI 智能分析和全域物联技术可以发挥重要作用，通过实时数据采集和智能分析，帮助企业精确监测能源消耗，识别潜在浪费和损耗，并提供个性化的节能建议。全域物联技术能够实现设备和系统的互联互通，提供全面的数据集成和管理，从而实现能源系统的优化控制和协同管理。这些技术的应用将帮助企业提高能源利用效率，降低能源成本，推动可持续发展。

2. 企业基本情况

上海极熵数据科技有限公司是一家专注于能源互联网领域的民营企业。该公司致力于推动智慧能源管理项目的实践。这一实践以数字化引领绿色化为特点，提供智能化的能源管理解决方案，积极致力于推动能源行业的数字化转型，并为构建智慧城市和可持续能源体系做出贡献。该实践项目的实施地址位于上海市松江区荣乐东路905号。

3. 案例基本情况

（1）案例概况

该项目为纳博特斯克液压有限公司智慧能源管理项目，通过全域物联的方式帮助企业实时了解自身用能信息及重点用能区域，通过 AI 智能分析，结合企业历史经验，帮助企业加强能源管理，指导企业进行针对性的节能技改以节省电能消耗。

项目在需要进行监测电力信息的配电柜、配电箱以及公司内所有机械化设施共计 153 处设备，分别都安装智能采集设备。智能采集设备由智能网关、多功能采集电表、LoRa 网关、磁吸电压取样线和开口式电流互感器等设备组成。最终多功能电表会将数据上传给边缘计算网关，由边缘计算网关上传到云端，对公司内主要用能设备进行数据监测和分析。

通过对各区域电能的监测和分析，结合工厂生产情况，帮助工厂及时发现设备、管道的诸多问题。指导工厂后续通过设备管理和工艺优化进行节能改造，并通过平台了解具体节能效果。

（2）主要技术

系统的整体架构主要包括前端的传感器及边缘物联代理，云端物联管理中心及全业务数据中心与企业中台，和相应的业务应用。整体架构如下所示：

传感器、智能终端和边缘物联代理是整体系统的数据来源，系统采用边缘计算逻辑采集现场表计与自动化设备数据。支持 Modbus RTU/Modbus TCP/Modbus RTU 转 TCP/DLT-645 等电力常用数据采集协议，支持对上述协议的常见变种用法；支持基于回路和柜号的配置管理；支持对各类电力表计基于模板的配置管理；支持对上传频率的调整；支持对原始采集数据的线性换算；支持对原始数据点进行各类运算（包含数学运算、统计运算等）后产生虚拟数据点；支持对原始数据点和虚拟数据点配置报警逻辑，报警逻辑支持与或非等逻辑运算；支持对高频采集数据的缓存；支持在报警发生时，自动上传相关高频数据；支持采集点、虚拟点和报警逻辑等配置的服务端存储和配置下发。

物联管理中心是数据在云端的入口，采用集群式架构，以应对高并发数据流入。支持以太网、Wi-Fi、3G/4G 数据链路，支持多链路的互备与自动切换；支持多机负载均衡接入；支持分布式存储、支持存储容量按需扩展；支持内存数据库存储数据快照；支持业务系统 API 接入。

全业务数据中心和企业中台包含对数据的处理和对业务的承载。数据处理方面包含流式处理和批处理。流式处理根据现场数据实时计算结果，并推送给业务系统;批处理根据累积的数据定时启动运算,并将结果存储到数据库。模块由驱动程序、集群管理程序、计算结点和计算进程组成。企业中台则涵盖微服务管理,微服务应用的提供和整体业务形态的支撑等。

基于实际场景需求,该项目采用如下技术框架:

数据接入技术:数据接入技术使用 Actor 模型开发分布式接入微服务,保证网关接入与数据接入无阻塞处理并支持动态水平扩展,保证数据接入对高并发大数据量的承载能力。

数据清洗与计算:数据清洗与计算使用 SparkStreaming 流处理对接入后数据进行清洗与计算,Spark 框架基于内存进行高速计算,比传统 Storm 流式方案性能更加优秀。同时对离线数据使用 Spark 批处理,比 HadoopMR 方案效率更高。框架支持资源编排水平扩展,可处理 PB 级数据。

数据存储:数据存储使用分布式数据库 Cassandra 进行大数据存储,经过测试其写入性能远高于传统 HBase/Hive 等分布式数据库和数仓。

数据流转:数据流转使用 Kafka 集群进行数据消息流转,是大数据系统里的标配。

数据查询:数据查询使用 Presto 整合异构数据源,支持 OLAP 查询和 Notebook 分析。

业务框架:基于 Spring Cloud 微服务框架开发业务系统,是目前微服务开发的主流领先框架。通过解耦各模块支持服务扩展/降级/熔断等特性,保证高并发访问下系统高可用。Spring Security 实现认证。前端框架:基于 React 开发的 SPA 前端应用。React 采用声明式开发,React 可以非常轻松地创建用户交互界面。为应用的每一个状态设计简洁的视图,在数据改变时 React 也可以高效地更新渲染界面。支持组件化,创建好拥有各自状态的组件,再由组件构成更加复杂的界面。无需再用模板代码,通过使用 JavaScript 编写的组件,可以更好地传递数据,将应用状态和 DOM 拆分开来。

中台框架:Spark+Akka+Cassandra+Kafka+Yarn 是目前国际上领先的大规模、分布式和高并发处理技术框架族,如 Facebook 等有超过 30 亿用户基数、瞬时连接超过千万的国际领先技术公司使用了其中的 Spark、Akka、Cassandra 和 Kafka;而 Yarn 技术则是目前基于物联网技术的应用解决方案中在配置应用方面最领先的技术。

4. 案例技术创新点

项目创新亮点主要包括多元化精细数据分析、智慧化能效诊断、主动式管理工具等综合赋能工厂完成节能减排工作。

(1) 多元化精细数据分析

平台对全区域配电柜、配电箱设备等主要设备的电压、电流、有功、无功、功率因数,主变压器温度,甚至频率、相位等进行采集和处理。系统提供友好方便的人机界面,完成历史曲线或报表数据、历史事件信息的查询、显示。支持按日期、按类型、按电力设备层次关系,以表格、曲线方式查询历史瞬时数据记录、实时统计数据、历史统计数据;支持分类别、分时间、分对象查询历史事件数据。系统提供多种能源数据对比分析工具,工厂可结合产线、产品、能源种类等多种维度数据进行秒级颗粒度数据对比,达成工厂精细能源数字化管理基础。

(2) 智慧化能效诊断

系统在精细数字化基础上,利用人工智能算法技术,将工厂能源场景和节能机理结合,应用在工厂能源诊断结论输出,相较于基础的数据可视化,平台通过高性能电表对多级用能设备数据完成采集,根据算法模型训练要求对采集的高质量数据进行清洗加工,经由人工智能学习算法模块完成训练,结合工厂能效诊断机理模型完成分析,形成基于数据的能效分析结论,并将分析结果和建议定期自动生成运行报告,指导工厂完成能效提升相关的管理动作。

(3) 主动式管理工具

系统通过边缘侧报警机制和服务端管理任务提醒机制,帮助工厂管理者完成主动式能源精益管理。边缘侧智能报警包括报警规则灵活配置、报警消息上报、报警信息推送、报警日志记录等模块。平台支持自定义报警规则,规则灵活可配,自定义报警规则支持计算与逻辑设定,用户可根据需要设定报警逻辑,实现报警目的。报警消息上报模块,通过智能网关接收到配置或预置的报警规则,采集到实时数据,实时计算报警规则是否触发,一旦触发立即上报报警事件。服务端管理任务提醒包括针对系统分析统计的数据,进行同环比阈值设定、绩效基线越线设定等管理任务提醒,结合系统的报警及任务提醒消息推送模块,根据用户实际需要配置,可通过 PC 端、微信小程序、短信、电话等进行推送。

体现以上创新亮点的案例如下:

(1) 空压机用能的改善

AI 根据历史用电数据分析出,工作日从深夜到凌晨的时间段,空压机依旧以较低功率持续运转并展示可能的原因。根据分析,可能的原因是设备和管道漏气。经过人员核查,共发现140个漏气点。在全部一并确认无误后,纳博立即进行了修复以保证生产线停止时没有电力浪费并最终通过平台数据验证了改造结果。

(2) VOC加工设备的改良

为满足环保需求,工厂排放的挥发性有机化合物(VOC)加工设备长期运转消耗大量电能。根据生产经验,基本上,VOC处理设备是和涂装干燥工序联动运行的。在能源可视化各设备耗电量后,对照VOC处理设备和烘干炉的运行状态,发现双方没有联动。即使在干燥炉停止运转的时间段,部分VOC处理装置仍然持续运转。因此,工厂引入开关联动机制进行改善以消除不必要的设备运转,并通过能源平台对比改造前后数据,计算出技改的具体省电情况。

(3) 屋顶风机的改良

通过能源管理系统发现,在休息时段屋顶风机仍有较低负荷,AI诊断分析为设备未关闭。根据排查,原因为部分风机未及时关机,造成能源异常损耗。根据AI指导,工厂改善了风机管理的策略,从而减少了能源的浪费。

5. 案例效果

该项目首先帮助客户能源管理提质,为客户提供数字化设备管理看板,实时查看设备数据,提升能源管理精度;其次辅助客户运营增效,通过数字化运营,降低低效环节的损耗,提升运营效率;最后通过数据分析及生产经验,挖掘预测性维护、设备管理及工艺改造等措施帮助企业进行节能减排。

在硬件建设成果上,实现了物联设备安装。在软件建设成果上,实现了平台可视化+AI辅助节能。

通过全域物联将工厂各设备总用能情况进行展示,此外还可选择单个回路查看多颗粒度的回路电量使用情况,辅助工厂人员实时了解各设备耗电占比及单设备的运行状况。

根据AI分析指出夜间空压机浪费情况,并进行漏气检查和修理,使深夜时段的电力消耗消失。该改良预计每年可以节约20万元/年的电力成本。根据AI分析指导屋顶风机的策略调整,帮助节省电费5万元/年。根据AI分析,目前系统空调模块用电量过高,因此计划采取空调厂商合作形式进行改善,预计节能12万元/年。

6. 案例成绩

2022 ABB电气创新挑战赛暨创新南山"创业之星"大赛揭榜赛配电系统一等奖;2022年度WWF气候创行者;2022中国低碳科技新势力TOP20;工信部

2021年工业互联网试点示范项目、工业互联网平台＋绿色低碳解决方案示范。

7. 案例点评

上海极熵数据科技有限公司是一家致力于指导企业节能技改、节省电能消耗的企业，通过全域物联的方式帮助企业实时了解自身用能信息及重点用能区域，通过 AI 智能分析结合企业历史经验帮助企业加强能源管理。该项目创新亮点主要包括多元化精细数据分析、智慧化能效诊断、主动式管理工具等，能综合赋能工厂完成节能减排工作。

(三) 黑鲸能源的低能耗空气直捕二氧化碳技术创新(DAC)

1. 背景介绍

从空气中直接捕集二氧化碳(direct air capture，简称"DAC 技术")是一项新兴的负碳化技术，已有多个 DAC 技术项目在美国、加拿大、冰岛等国家实现规模化生产与运营。DAC 技术是遏制全球变暖趋势的一大利器，且能够最小化全生命周期减少碳足迹。但受制于目前捕集成本高(220—460 美元/吨)，规模化捕集受到影响。

公司灵感源于世界首台直接碳捕集设备 Orca(Climeworks 公司研发，比尔·盖茨投资，市值高达 70 亿美元)。黑鲸能源采用聚胺浸渍高性能介孔吸附剂，研发了"基于蒸汽辅助变温变压吸附技术"的设备，可实现低能耗的空气中的二氧化碳捕集。黑鲸能源基于新吸附剂材料的突破和新工艺的研发，将成功突破捕集成本瓶颈，捕集成本能做到 120—150 美元/吨。未来可通过扩大规模，例如采用余热回收再利用等工艺，来进一步降低能耗，从而降低 DAC 技术的捕集成本，力争实现每吨二氧化碳捕集成本 100 美元以内。

2. 企业基本情况

黑鲸能源发展有限责任公司是一家专注于新能源新材料和双碳领域的企业，致力于气候治理工作。作为一家民营企业，黑鲸能源发展有限责任公司秉持绿色化带动数字化的理念，重点实践项目是新材料新工艺的低能耗空气直捕二氧化碳技术(DAC)。这项实践旨在通过绿色化的方式推动数字化发展。该技术通过创新的方法，在低能耗的条件下直接从空气中捕捉二氧化碳，以实现气候治理和碳排放的减少。该实践项目的实施地点位于上海。

3. 案例基本情况

(1) 案例概况

目前实验室内样机正在研发中，吸附量级对比实验室样机已完成放大 800

倍，2023年10月完成小试。黑鲸能源基于新吸附剂材料的DAC新工艺，在二氧化碳极端稀薄（空气中的二氧化碳浓度约为400 ppm）的常温空气条件下仍能实现高吸附量（在25 ℃和400 ppm的CO_2浓度条件下吸附量＞1.5 mmol/g）、快速吸附动力学和循环稳定性，从而可实现"低成本、分布式、规模化"的二氧化碳捕集，为气候治理提供高效、负碳化的技术路径。

（2）核心技术

黑鲸能源依托固载有机胺吸附剂新材料，设计研发新工艺流程，从而实现了以低能耗方式从空气中直捕二氧化碳。空气中二氧化碳通过入风口进入吸附床，常温下二氧化碳和吸附剂反应，形成氨基甲酸铵等产物，从而实现二氧化碳的吸附。单塔自循环，双塔交替吸附。

脱附解吸时，吹扫的水蒸气进入吸附床，二氧化碳被重新释放出来，实现吸附剂的再生，随后经过冷凝管，二氧化碳和水分离，完成碳捕集环节，同时分离后的水可循环利用。

吸附剂具有高吸附量、快速吸附动力学、循环稳定性强等特点，新型吸附剂及新工艺技术，可实现"低成本、分布式、规模化"的捕集。不同于CCUS烟气捕集的二氧化碳，通过DAC技术捕集下来的二氧化碳，具有优质的自身属性，通过封存可实现负碳化。二氧化碳可以大规模封存或利用、化工合成、农业应用、地质封存、海洋封存等，为气候治理提供高效负碳化的技术路径。

（3）可行性分析

世界上众多科学家表示，世界要实现气候变化目标，DAC（直接空气捕获）技术是"不可避免的"。传统CCUS技术用于消除碳增量，DAC技术可消除历史存量，只有负碳化技术才能真正让地球降温，DAC作为一项利用工程系统从大气中去除二氧化碳的技术，其大规模应用对于有效降低大气中二氧化碳浓度、遏制气候变化具有重要意义。

第一，DAC技术成熟，商业前景广阔。目前DAC成熟等级为7级（示范级），已具备大规模示范和初步商业化的能力，并且海外已有多个商业化项目在运行。黑鲸能源研发的设备和工艺可以按照项目需求，进行定制化设计，无需依赖点源。目前海外已商业化的对标项目为Climworks公司的冰岛DAC项目，该项目年捕集4 000吨二氧化碳，封存成本为600—800美元，售价1 200美元/吨，购买方是微软、瑞士保险、个人等。目前该公司正在建设百万吨级别的DAC工厂"猛犸"。美国政府已经提供了35亿美元的拨款，用于建造捕获和永久储存二氧化碳的除碳工厂，打造数个百万吨级的DAC项目集群，美国政府还将除碳工厂的税收优惠扩大到180美元/吨,以支持这一新兴技术。

第二,固载有机胺吸附剂为最具潜力的吸附剂。核心吸附剂材料(固载有机胺吸附剂)可以应用到目前化工企业烟气二氧化碳捕集中,对比目前的有机液胺吸收剂,能耗降低30%。更低的能耗即更低的成本,因此,固载有机胺吸附剂也被认为是最具潜力的吸附剂。

第三,"零碳属性"可整合、助力多行业实现碳中和。随着CCUS技术的发展,大规模二氧化碳的封存日趋成熟,二氧化碳可以依据实际情况进行地质封存、海洋封存、建筑建材固碳等,也可以凭借"零碳属性"进行再利用,如化工合成(制汽油、甲酸、乙醇等)、赋碳农业(提高甜瓜30%—40%的产量)、食品碳酸饮料等,助力多个行业实现碳中和。

4. 案例技术创新点

第一,新型吸附剂,兼具高吸附量、快速吸附、循环稳定性等特性。团队研发合成了一种可从常温空气中捕集二氧化碳的聚胺浸渍高性能介孔材料——固载有机胺吸附剂(简称"吸附剂"),在极稀条件下仍具有高吸附量、快速吸附动力学和循环稳定性,吸附剂制备简单,成本低廉,兼具化学吸附特性和较低再生温度($\leqslant 120 \ ℃$)。

第二,可低能耗地进行循环吸附。开发了基于蒸汽辅助的低能耗变温吸附循环系统,综合考虑系统分离效率和运行能耗,可应用较小成本将空气中二氧化碳浓度进行富集。

第三,设备可进行模块化设计。构建了一种基于结构性吸附剂的DAC捕集系统,可实现紧凑条件下持续捕集空气中二氧化碳并进行富集,设备实现了模块化设计,可以进行移动式应用,也可依据客户需求进行定制。

5. 案例效果

国际能源署数据显示,全球2022年二氧化碳排放量达315亿吨。迄今全球已有19家工厂从事空气中直接捕集二氧化碳项目,分布在欧洲、美国和加拿大,中国目前没有此类项目运营。黑鲸能源预计2023年10月完成"吨级"小试示范,完成基础数据的验证,同步年底启动中试样机/工业化样机的研发与生产,预计2024年年中开始中试项目的建设,实现"百吨级"到"千吨级"的跃迁,真正实现大规模的空气直接捕集二氧化碳,助力中国"双碳"战略目标。

6. 案例成绩

黑鲸能源已加入联合国全球契约组织(UN Global Compact);已申请一项的国家专利("一种DAC吸附剂及其制备方法")。

7. 案例点评

黑鲸能源是一家致力于气候治理的公司,通过自主研发的新材料和新工艺,开发了低能耗的空气二氧化碳的直接捕集技术(DAC技术)。其新型吸附剂具有高吸附量、快速吸附动力学和循环稳定性等特点,配合蒸汽辅助变温变压吸附循环系统,实现了低能耗的二氧化碳捕集。该技术具有模块化设计的特点,可以根据项目需求进行定制,并可移动式应用。预计2024年中旬开始中试项目建设,助力中国"双碳"战略目标。(该企业案例入选《2023年长三角双化协同典型案例》)

二、工业行业案例

(一)宝武碳业的碳基新材料绿色智能工厂

1. 背景介绍

宝武碳业是中国宝武"一基五元"战略中新材料业务的核心组成部分,以"成为中国新型炭材料行业领先者"为愿景,致力于碳基新材料产业发展。近年来,宝武碳业积极推动碳基新材料智能工厂建设,打造新型炭材料绿色生态圈,厂容厂貌和管理模式均有了较大提升。如今,宝武碳业宝山基地厂区干净整洁,满眼绿意;管理模式上践行"三治四化"和"两于一人",在此基础上,宝武碳业宝山基地聚焦绿色低碳,以四期排送上水系统为试点先行,全力打造低碳绿色智慧园,在园区内积极践行"极致能效近零碳排,智慧制造上水赋能"理念,同步大量引进新兴绿色低碳技术建立技术库,旨在通过实践验证,以点带面,将绿色化、智慧化做到极致。

2. 企业基本情况

宝武碳业科技股份有限公司是一家位于上海市宝山区的国有制造业企业,主要从事化学原料和化学制品的生产。公司旨在将数字技术和绿色技术融合创新,实现技术创新和节能减排可持续发展。案例项目的实施地址位于上海市宝山区同济路1800号。

3. 案例基本情况

(1) 实践介绍

① 智能制造

基于5G网络的关键核心设备远程运维:宝武碳业基于企业5G专网建立起一个设备远程智能运维平台,功能包括适用于一总部多基地的系统架构、灵活的后台管理、统一的数据采集、设备基础信息管理、诊断模型工具应用、设备状态实时报警和预警、多数据集成相关接口开发、设备状态统计与展示等。通过业务驱动,将设备数据、工艺数据、经营数据整合融合,建立丰富的模型诊断库,为设备状态管理提供实时的、科学的、智能的信息化管理手段。大幅降低点检人员工作负荷,提高远程诊断准确率和设备故障预判能力,保障生产安全。四期排送上水系统已经将园区内 100 kW 以上设备全数接入平台,实现了故障预警和信息及时推送,在预知性维护中发挥了重要作用。

智慧能源管理系统:宝武碳业智慧能源管理信息平台是一套先进、安全、可靠的能源管理平台,能帮助梳理并固化业务流程,助力企业能源组织体系变革,深化业务应用,逐步实现能源管理业务全覆盖,实现总部与众多生产基地一体化能源业务穿透式管理,提升能源管理系统精细化水平,加快能源管理的智能化建设。系统除了涵盖能源(包括电、天然气、高炉煤气、焦炉煤气、蒸汽、纯水、工业水、中水、压缩空气、氮气等介质)管网的实时监控、趋势分析和能源产耗统计,满足企业日常生产管理和成本核算的需求以外,还建立了能源综合分析评价体系以及关键用能设备的效能监控体系,加强对重点用能设备(加热炉、冷冻机、风机、泵等)的能效诊断与分析,形成能耗的分类、分项、分区域分析评价,优化能源使用、减少能源浪费、降低企业综合能耗,帮助现场操作人员更有效的使用能源,从而实现"节能降碳、绿色能效"。四期排送给水系统已经将园区内所有用能设备纳入效能监控,园区综合能耗逐年下降。

总部、基地、作业区三层智慧转型架构:宝武碳业以构建"一总部多基地"的智慧制造及一体化经营管控为目标,基于云边端协同,强化多基地协同管控、支撑总部营运,融入中国宝武"一朵云、一张网、一颗芯"的整体 IT 战略协同体系。以绿色发展为统领,以智慧制造为牵引开始实施碳基新材料智能工厂建设。在生产运营方面,实现"三跨"融合,建立了一体化运营平台;在工艺设计方面,引入了 BIM 协同设计技术,构建了全生命周期数字孪生工厂;在安全环保方面,实施了 VOCs 动态预警系统,以保障环境的安全;生产制造方面,采用云化 MES 系统,实现了多基地生产管控的集成;在质量管理方面,引入了碳基新材料领域国内首套全流程质量管理系统;在设备管理方面,建立了设备智能运维平台,助力多基地设备远程运维,专家远程诊断支撑;在信息安全方面,采用了态势感知技术,构建了全域工控安全防护体系。

② 绿色制造

对于煤化工企业,消耗的能源主要有三种:水(冷却、洗涤、原料添加等使用的工业水);电(风机水泵压缩机类动设备、加热电捕类静设备、照明设备等使用的电能);汽(清扫、保温、加热、蒸馏、升压、保压等使用的各种压力等级的蒸汽)(注:煤气主要作为企业的生产原料)。经过长时间的摸索和实践,通过改进生产工艺、提高能源利用效率、推广清洁能源、实施资源循环利用等方式,达到了一定的绿色制造效果。

第一,改进生产工艺。比如,优化装置开停工过程减少损耗;减少原料泄漏引起的损耗;落地的原料残渣回收利用;产品原料优化配比;通过优化工艺减少动设备的运行量,通过增加定期清洗提高换热设备的效率;优化工艺降低原料消耗;将一些工艺相同的原料槽并联运行在低负荷时停用一套或几套大槽设备,冬季使用常温冷却水替代冷冻水;冬季调整动设备投用量;提高冷却塔效率等一系列手段进行节能降耗。

第二,提高能源利用效率。机泵类动力设备是主要能源消耗,要降低动设备的能源消耗,第一步就是提高电机的效率,宝武碳业早在几年前就已经全面推行电机能效提升计划,全部更换了高耗能电机,同时也一直致力于提高供电系统的功率因数。在驱动电机效率提高到相对极限时,进一步提高电机效率的难度非常大,付出的代价也更高。通过群策群力,决定简化动力系统传动环节,缩短传动链,对机械传动系统进行节能改造,继而提升动力系统的工作效率。因此,在2022年引入了永磁调速技术,实践证明,简化传动链,提高传动效率效果十分明显,在四期排送供水泵上应用,实现了平均30%的节能效果,年节电达到875 460.2千瓦时。该节能技术的成功应用,迅速打开了绿色低碳智慧园的一扇门,宝山基地已经系统策划好每年陆续实施一批节能技术改造项目。

第三,推广清洁能源。极致能效虽然能减少碳排放,但实现近零碳排放还需要推广应用清洁能源。2023年计划实施的屋面光伏发电项目已于6月底实现并网发电,总装机容量934千瓦,就近分别接入各生产装置380伏配电母线。该项目25年总发电量约2 095.21万千瓦时,25年年均发电量约83.81万千瓦时,相当于年降碳486.9吨二氧化碳。同步还将在计划蒸汽减温减压系统中增设差压发电装置,在大型换热器上增设余热回收装置,以及给水系统增设水电双驱冷却塔等,同时考虑在四期水道装置试点智慧照明系统。

第四,实施资源循环利用。绿色制造离不开资源的循环利用。宝武碳业是1985年开工的老厂,部分设备装置会在数年内寿命到期,性能急剧下降,届时将需要大量的设备投资。本次实践选四期装置进行试点就是由于四期装置设备较新，节能改造替换下的设备完全可以用作一、二、三期设备的备件，继续发挥"余热"。同时，宝武碳业建立了自己的采购系统以及智慧仓库系统，两个系统相互连接，在购买备件材料的时候，系统会自动搜索库存以及在途订单并给予提示，避免重复购买，同时所有购买的每一个设备或材料都会自动入库录入。每一个设备甚至每一个设备部件在智慧平台上都有档案和代码，在设备发生故障时，能很快的检索到同类设备以及备件。

（2）主要技术

第一，永磁调速技术。对叶片式风机水泵类用电设备而言，调速带来的节能效果不言而喻，早年变频器的风靡就能证明这一点。虽然变频器技术越来越成熟，但是其维护成本高且会污染能源系统却无法避免，而且高压大功率变频器耗材多，体积大，不具优势。移动式套筒永磁调速器只需要替代原有泵机接手，同时加装一套电机底座就可以实现调速目的，且由于没有物理连接，几乎不会磨损，也能大大减少机泵振动，降低维护成本。现还在实施应用调速型永磁多级同步电动机来替代传统风机电机，也就是上文提到的，简化动力系统传动环节，缩短传动链。原来的风机是电机通过长轴和减速机驱动的，现在通过大扭矩低速永磁同步电机直接驱动，减少了减速机和长轴及其传动损失，使得原来90千瓦的电机现在只需要75千瓦的永磁电机就能驱动，低压设备耗材少，采购和维护成本也比高压的低。更值得一提的是，本次改造还将实现自动调速控制，通过建立PID联动节能模型，根据春夏秋冬四季和昼夜变换，伴随而来环境气温的高低变化，通过安装在冷水池的水温、环境气温、相对湿度等传感器所检测数据，传输到PLC系统。通过预设的PID模型，根据控制水温、环境气温、环境空气、相对湿度等数据，进行自动控制。控制相应调速装置进行调速，实现风水泵上下联动调速运行，从而达到智能化节能降碳的目的。

第二，分布式光伏发电。太阳能作为一种清洁可再生能源以其独有的优势成为人们关注的焦点，宝武碳业位于上海市宝山区，根据有关气象资料表明，水平面太阳年总辐射量多年平均值约为4 554兆焦/平方米，即1 265千瓦时/平方米。充分利用现有建筑物屋面及场地资源，安装光伏发电系统产生绿电是实现园区近零碳排的重要措施。通过太阳能光伏发电组件布置与建筑的充分结合，在保证发电效率的同时，兼顾与建筑造型和周围景观相协调。为了得到较高的电压，并通过最大功率点跟踪系统来获得最佳的发电效果，需要将各个光伏组件用串联、并联的办法连接成为光伏阵列。根据光伏组件的排布情况敷设桥架，用于光伏组件串引出的到逆变器的直流电缆以及逆变器引出的到低压柜的低压电力电缆的敷设。根据各厂房屋面朝向及组件安装角度，尽可能将处于相同发电情况的光伏阵列接入同一台逆变器，光伏阵列的组串设计满足逆变器直流工作电压范围，同时其最大功率输出电压满足并网逆变器的最大功率点跟踪(MPPT)范围。根据太阳能光伏组件的工作电压以及拟选用的逆变器参数，结合该项目屋面较为分散的情况，采用组串式光伏逆变器，将光伏阵列组合接入逆变器。逆变后的交流电直接并入380伏系统，该项目年发电量可以全部消纳。

第三，蒸汽系统节能改造。蒸汽是排送区域消耗的第二大能源介质。围绕蒸汽系统的节能，技术团队可谓殚精竭虑。绝热保温、减少"跑冒滴漏"，降低蒸汽不经济使用已经做到了极致。由于蒸汽是外采购，入厂蒸汽压力相对于所需偏高，原设计采用了阀门减压，存在压力损失。通过广泛技术寻源，技术团队计划采用高效蒸汽透平膨胀机发电技术对现有蒸汽减压装置进行节能改造，改造后原减压装置作为备用系统，使蒸汽的热量更高效地被传递利用。具体方案为：减压前的高压蒸汽经透平膨胀机降压膨胀做功，将压力势能转换为机械动能输出，通过齿轮箱减速后带动发电机发电，降压后的蒸汽再进入下一级管网。

高效蒸汽透平膨胀机技术，具有效率高、设备体积小、启停方便、变工况特性好、便于现场维护等突出优点。根据输入蒸汽参数和使用量，经优选透平膨胀机及发电机，该项目年总发电量可达600万千瓦时，年降碳量达到4 284吨二氧化碳，实现了余能回收和绿色低碳供能。增设的透平膨胀发电系统也将接入公司关键核心设备远程运维平台和智慧能源管控平台，时刻监控透平机效率，保证透平机高效运转。

第四，智慧照明系统。照明耗电是园区内仅次于动力设备外的耗电大户。前期公司已经将大量的金卤灯替换为更高效的LED灯，实现了绿色照明。但区域管理团队仍不满足于此，又结合智能化赋能提出了智慧照明方案。该方案分为两部分，第一部分是新型荧光材料铺设的感应巡检通道，该材料接触后底部会通过微电流，点亮区域范围的巡检步道，能耗非常低，普通光伏风力即可驱动；第二部分是在设备侧安装智能型大功率太阳能灯具，基于照度需求进行智能调节。低亮度模式时，仅维持昏暗的灯光，使远程视频能看到设备大致情况即可；中亮度则通过感应，在巡检人员经过时打开，满足设备简单巡检；高亮度状态满足夜间高强度的检修需要。夜间远远望去仅有夜光涂料突出的巡检道路和昏暗灯光下在岗的设备，而当有人员经过时，太阳能灯具会迅速点亮,将附近的人和设备置于聚光灯下,映照出一片美观、实用、节能的大舞台。

4. 案例技术创新点

第一,智能化运维(远程运维与无人巡检)。通过引入先进的远程运维和无人巡检技术,实现对碳基新材料智能工厂的设备和运行状态进行实时监控和管理,提高生产效率和降低运维成本。

第二,智能工业互联(工业互联网与信息安全)。将工厂各个基地实现互联互通,形成工业互联网,同时采取信息安全措施,确保数据的可靠性和系统的稳定性,持续优化生产流程,提高协同运营效率。

第三,碳足迹追踪(碳足迹管理与生命周期监管)。利用数字化手段实现碳家底管理,全面监管从原料到产品的生命周期过程,通过"碳足迹"(生命周期LCA)建设,推动绿色制造和高质量发展转型。

第四,智能制造工厂(先进制造技术与新材料融合)。将先进制造技术与新材料制造过程深度融合,优化工艺和设备,推动工艺改进升级和能效平衡优化,实现碳基新材料制造的智能化和高效化。

第五,能源利用效率提升(绿色低碳能源应用与资源循环利用)。通过改进生产工艺、提高能源利用效率,推广清洁能源和资源循环利用,即开源节流,对现场动力、照明和能源等方面进行系统的节能改造,从源头上杜绝浪费,打造绿色低碳排送智慧园区。

5. 案例效果

(1) 工艺改进项目

2023年排送作业区提出工艺改进项目共计19项,预计经济效益可达1 200万元,截至2023年6月底统计的数据,其中12项已开始产生效益,目前效益已达到610万元。其中6项超出预计效益,其中1项效益接近预计效益的3倍。

(2) 已实施项目(举例)

① 循环水泵永磁调速

情形一固有节能量:消除原有设备富余能力,达到节能效果电流从初始电流17安下降至16安,节能量6%。

情形二调速节能量:用户端负荷下降需求下降,系统管网水压上升,永磁调速降低转速减少输出水泵电流从16安下降至12安,节能量25%。

全年累计节能量:按照此次改造的2台循环水泵为例,固有节能量10千瓦/台,运行时间8 760小时,冬季90天低负荷调整40千瓦/台,合计全年节电量34.8万千瓦时,折合标准煤42.76吨。

② 分布式光伏改造

根据太阳辐射资源分析所确定的光伏发电站多年平均年辐射总量,结合初步选择的太阳能电池的类型和布置方案,进行光伏发电站年发电量估算。由于光伏组件的转换效率呈逐年递减状态,因此随着时间的推移,实际发电量不断减少,光伏项目25年发电量计算结果参见下表。

表8-1 宝山基地屋面25年光伏发电量计算

年 份	当年发电量(万千瓦时)	累积发电量(万千瓦时)
第1年	89.65	89.65
第2年	89.17	178.82
第3年	88.68	267.50
第4年	88.19	355.70
第5年	87.71	443.40
第6年	87.22	530.62
第7年	86.73	617.35
第8年	86.24	703.60
第9年	85.76	789.35
第10年	85.27	874.62
第11年	84.78	959.41
第12年	84.30	1 043.70
第13年	83.81	1 127.51
第14年	83.32	1 210.83
第15年	82.83	1 293.67
第16年	82.35	1 376.01
第17年	81.86	1 457.87
第18年	81.37	1 539.25
第19年	80.89	1 620.13
第20年	80.40	1 700.53
第21年	79.91	1 780.44

续表

年　份	当年发电量(万千瓦时)	累积发电量(万千瓦时)
第 22 年	79.42	1 859.86
第 23 年	78.94	1 938.80
第 24 年	78.45	2 017.25
第 25 年	77.96	2 095.21

光伏项目 25 年总发电量约 2 095.21 万千瓦时,25 年年均发电量约 83.81 万千瓦时。年发电量远远小于宝武碳业生产负荷年用电量(约 3.6 亿千瓦时),可以全部消纳。每年节约受电约 10 万元,而太阳能光伏绿电的价值远高于相应的电价。

(3) 计划实施项目(举例)

① 蒸汽系统节能改造

一期蒸氨、三期煤精等用户需要使用 0.7—0.8 兆帕蒸汽,汽源来自厂区蒸汽管网,压力为 1.6 兆帕,原设计采用减温减压装置进行减压后送往用户,在此过程中造成大量高质量的能量损失。根据 2022 年 6 月至 2023 年 6 月一年的运行参数,得出一期 S16—S7 减压站和三期 S16—S8 减压站蒸汽参数如下:

一期 S16—S7 减压站的蒸汽参数在减压前,压力波动范围为 0.8 至 1.55 兆帕,平均压力为 1.3 兆帕;温度波动范围为 180—300 ℃,平均温度为 238 ℃;蒸汽量波动范围为 12—40 吨/小时,平均蒸汽量为 29 吨/小时。减压后,压力为 0.7 兆帕,温度为 170.4 ℃。三期 S16—S8 减压站的蒸汽参数在减压前,压力波动范围为 0.8—1.55 兆帕,平均压力为 1.3 兆帕;温度波动范围为 180—300 ℃,平均温度为 220 ℃;蒸汽量波动范围为 13 至 30 吨/小时,平均蒸汽量为 20 吨/小时。减压后,压力为 0.8 兆帕,温度为 175.4 ℃。

拟在原有蒸汽减压站位置并列布置高效透平膨胀机发电机组,原有减压减温装置保留作为备用。发电机组包括高效透平膨胀机、齿轮箱、发电机、润滑油系统及控制系统。发电机组具备机组正常启动、运行、停机及自动保护等功能,电气仪表信号按业主要求可接入公司关键核心设备远程运维平台和智慧能源管控平台,时刻监控透平机效率,保证透平机高效运转,或接入现场 PLC。发电机就近直接并入 380 伏系统,实现了余能回收和绿色低碳供能。

② 智慧照明系统

四期排送水道共计 50 瓦无极灯 27 套,125 瓦泛光灯 11 套,共计 2.73 千瓦。预计仅需要14套50瓦智能型光伏调光灯具，1.9公里新型感应式荧光步道，就可以替代原有照明。在没有夜间抢修作业的情况下平均每小时仅0.42千瓦能耗，且全部由光伏装置提供。

6. 案例成绩

获得上海市节水型企业称号；获得INTERTEK公司颁发的绿叶国际认证；获评宝山区十大工业元宇宙应用场景；获评上海市100家智能工厂；获评工信部99家智能制造示范工厂（上海市仅3家）。

7. 案例点评

宝武碳业通过建立5G网络的设备远程智能运维平台和能源信息化智慧平台，实现设备远程监控和能源管理的全覆盖。其广泛采用绿色制造技术，包括优化生产工艺，减少能源消耗和环境污染，推广清洁能源和资源循环利用等措施对于广大制造业企业具备示范效应。另外，宝武碳业构建了由工艺设计协同、质量管理、设备管理和信息安全防护组成的总部、基地、作业区的智慧转型架构，实现生产运营一体化管理。以上举措提高了生产效率、降低了能耗消耗和对环境的影响，有力地推动企业从智能制造向绿色制造转型。

（二）上飞公司的民用飞机制造绿色园区管理平台

1. 背景介绍

为响应《"十四五"国家信息化规划》，上海飞机制造有限公司（以下简称"上飞公司"）坚定实施数字化转型战略，开创环保管理信息化发展新局面。传统环境管理模式难以满足企业管理要求、适应企业精细化管控预期，企业环境管理思路亟待转换。信息化技术的快速发展为企业环境管理模式提供新思路，探索基于物联网云平台的环境管理模式成为发展趋势。公司联合同济大学和相关技术企业制定了绿色园区远景规划和实施路径，充分利用信息化建设，全方位赋能民用飞机制造过程绿色智慧管理业务，实施智慧化绿色生产管理平台，全力保障ARJ21支线客机量产和C919大飞机适航取证的国家战略。

公司以绿色高效发展为理念，依托5G高速通信网络，建设智能化高效绿色园区管理平台。绿色园区管理平台包括环保排放处理与监测、固体废弃物管理、能源环保设备管理等主体业务系统。其中，环保排放处理与监测是的公司建设绿色园区的起点和重要抓手。将"原料无污染、生产洁净化、废物资源化、能源低碳化、资源可再生、产业共赢"等理念贯穿于民用飞机生产过程。公司提出了数字化与绿色化融合发展要求，务实推进预警、人机协同，实现废水、废气和固体废弃物等达标排放、环保重点设备运行监控。稳步推进节能降耗，助力实现智慧"双碳"目标。

针对绿色园区管控实时性强、风险控制点位多、风险大、应急处置要求高的特点，上飞公司按照国家和上海市环保有关监测规定，加强公司各厂区环保排放在线监测系统建设，充分借助现有环保排放监测设备，与政府环保监测部门数据同步，实现公司对环保排放数据的实时监测，设置排放数据预警值，提前发现和定位排放隐患，采取措施及时处置，有效避免排放超标报警事件及不良影响；为增加现场设备运行、污水处理和排放的实时数据量，实现移动版远程视频监控，并形成与现场设备定位、设备运行状态监控的有效集成，在环保设备维护保养方面，保障按时保质保量完成各类维护保养工作，拟建设环保设备维护保养管理模块。在大场生产车间排风设备运行方面，按照环保规定，定时开启排风设备，并形成台账备案。

2. 企业基本情况

上海飞机制造有限公司是一家专注于飞机制造行业的国有企业，主要承担我国拥有自主知识产权的 ARJ21 新支线飞机、C919 大型客机批产和国产宽体客机研制任务，以及波音 737MAX 水平安定面等 4 个项目转包生产。长期以来，公司致力于数字技术与绿色技术融合创新，构建民用飞机制造绿色园区管理平台。

该平台将数字技术与绿色技术相结合，推动飞机制造行业的可持续发展和绿色化转型。利用该平台可实现对绿色园区的管理与监控，优化能源利用和资源配置，降低环境影响。实践项目的实施地址位于上海市浦东新区上飞路 919 号。

ARJ21 新支线飞机进入批生产阶段，目前已交付中国国际航空、中国南方航空、中国东方航空、成都航空、天骄航空、江西航空、华夏航空、印尼翎亚航空等客户，累计交付飞机 101 架、运营航线 352 条、通航城市 120 个、安全载客突破 600 万人次、安全运行突破 20 万小时。2022 年 12 月 18 日，首次交付首家海外客户——印尼翎亚航空。C919 大型客机取得 TIA、TC、PC，正式进入批生产阶段。2022 年 9 月 29 日，C919 大型客机在北京获颁型号合格证(TC)。11 月 29 日，获颁生产许可证(PC)。12 月 9 日，向中国东方航空交付全球首架飞机。

3. 案例基本情况

(1) 软硬件原型系统设计

设计绿色园区管理平台涵盖内容如下图所示：

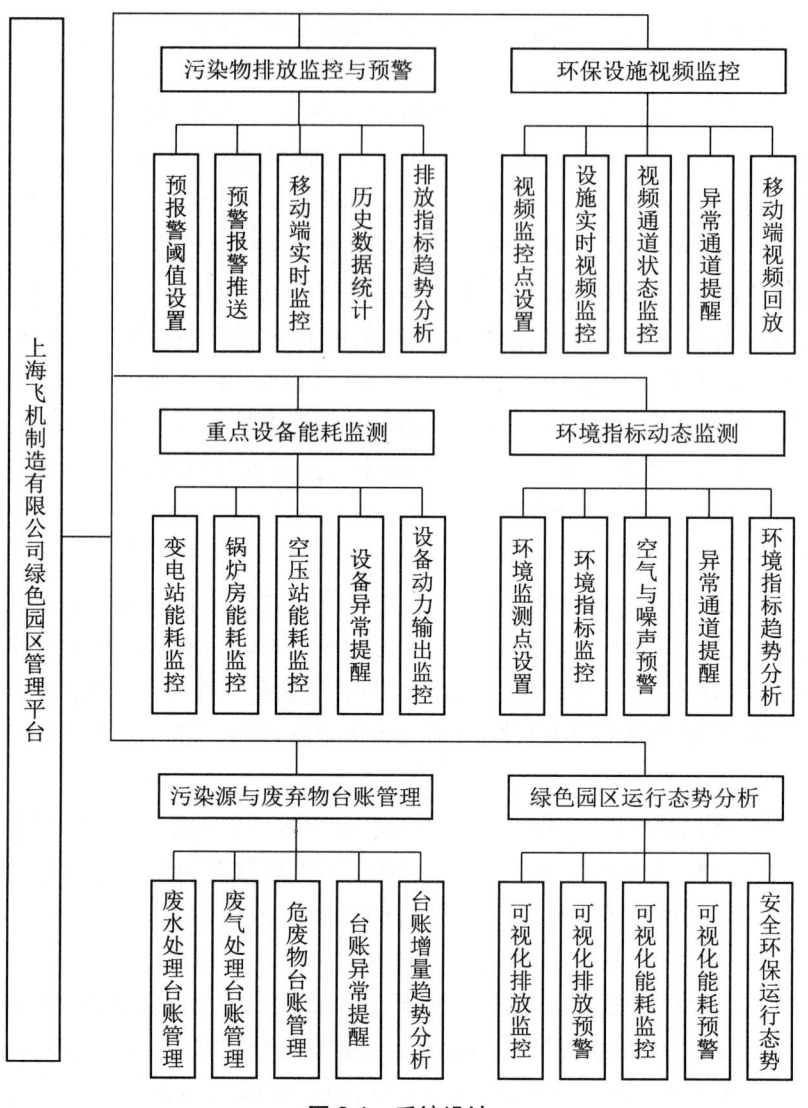

```
                          ┌─────────────────────────┬─────────────────────────┐
                          │   污染物排放监控与预警   │     环保设施视频监控    │
                          └─────────────────────────┴─────────────────────────┘
                          ┌──┬──┬──┬──┐             ┌──┬──┬──┬──┐
                          │预│预│移│历│排            │视│设│视│异│移
                          │报│警│动│史│放            │频│施│频│常│动
                          │警│报│端│数│指            │监│实│通│通│端
      上                  │阈│警│实│据│标            │控│时│道│道│视
      海                  │值│推│时│统│趋            │点│视│状│提│频
      飞                  │设│送│监│计│势            │设│频│态│醒│回
      机                  │置│  │控│  │分            │置│监│监│  │放
      制                  │  │  │  │  │析            │  │控│控│  │
      造                  └──┴──┴──┴──┘             └──┴──┴──┴──┘
      有                  ┌─────────────────────────┬─────────────────────────┐
      限                  │    重点设备能耗监测     │   环境指标动态监测      │
      公                  └─────────────────────────┴─────────────────────────┘
      司                  ┌──┬──┬──┬──┐             ┌──┬──┬──┬──┐
      绿                  │变│锅│空│设│设            │环│环│空│异│环
      色                  │电│炉│压│备│备            │境│境│气│常│境
      园                  │站│房│站│异│动            │监│指│与│通│指
      区                  │能│能│能│常│力            │测│标│噪│道│标
      管                  │耗│耗│耗│提│输            │点│监│声│提│趋
      理                  │监│监│监│醒│出            │设│控│预│醒│势
      平                  │控│控│控│  │监            │置│  │警│  │分
      台                  │  │  │  │  │控            │  │  │  │  │析
                          └──┴──┴──┴──┘             └──┴──┴──┴──┘
                          ┌─────────────────────────┬─────────────────────────┐
                          │  污染源与废弃物台账管理 │  绿色园区运行态势分析   │
                          └─────────────────────────┴─────────────────────────┘
                          ┌──┬──┬──┬──┐             ┌──┬──┬──┬──┐
                          │废│废│危│台│台            │可│可│可│可│安
                          │水│气│废│账│账            │视│视│视│视│全
                          │处│处│物│异│增            │化│化│化│化│环
                          │理│理│台│常│量            │排│排│能│能│保
                          │台│台│账│提│趋            │放│放│耗│耗│运
                          │账│账│管│醒│势            │监│预│监│预│行
                          │管│管│理│  │分            │控│警│控│警│态
                          │理│理│  │  │析            │  │  │  │  │势
                          └──┴──┴──┴──┘             └──┴──┴──┴──┘
```

图 8-1　系统设计

（2）核心技术

上飞公司面向民用飞机安全环保的系统性保障任务，运用产学研高效协同模式，建设民用飞机制造过程绿色安全智慧管理平台过程中，研制如下核心技术：

第一，飞机喷漆厂房非甲烷总烃（NMHC）排放浓度预测与人机协同管控。按照 NMHC 70 毫克/立方米的国家排放标准，设计飞机喷漆厂房 NMHC 的神经网络跟随预测模型和声光提示，通过人机协同操作，合理控制飞机零件喷漆设备流量，实现了连续4年达标排放。

第二，污水排放云监控与多主体协同运维。通过区环保局数据共享，实现浦东和大场两厂区多排污点的水质监控与预警消息推送，以及业主方、监测方和云服务方等多主体、零时延、协同运维。

第三，针对环保设备运行台账，加装了智能仪表等物联网设备。实现了无人干预的设备开关机自动台账功能，有效节省了人工记录的工作量。

第四，开发了移动端APP。实现了危废处理各环节的日检台账的移动化巡检功能。

第五，环保效能指数EPI自适应建模与态势研判。面向飞机绿色环保多要素，构建自适应的动态权重和环保能效指数EPI，支持可视化态势研判。

4. 案例技术创新点

第一，智能迭代式预测引擎。基于高速公路区间测速数学模型，研制面向废气在线监测的智能预测引擎，实时同步环保监控系统物联网数据，动态推演和预测每小时内可用排放指标，从源头上降低超标排放风险。

第二，LoRa和5G双网融合技术。利用LoRa和5G双网融合技术，通过声光警示装置，为喷漆车间操作人员提供油气流量控制导引，实现人机协同，降低非甲烷总烃超标70毫克/立方米风险。

第三，手机短信报警防线。针对污水排放和固废处置等实时管控业务，增加手机短信报警防线，将各排放点和仓储点监测指标预警短信推送到主管部门和车间环保员，提高环保管理的及时性和准确性。

第四，智能仪表和物联网设备。对环保设备运行台账进行智能化，加装智能仪表和物联网设备，实现无人干预的设备开关机自动台账功能，有效节省人工记录的工作量，提高管理效率和准确性。

第五，移动端APP与日检台账移动化巡检功能。开发了移动端APP，实现了危废处理各环节的日检台账的移动化巡检功能，方便现场人员记录和管理，增强了工作灵活性和便捷性。

5. 案例效果

该项目面向民用飞机零部件加工、复材热处理和零件化学处理、部装、总装、出厂试验等过程，聚焦绿色环保管理主体业务，开展了5项关键技术攻关，突破了现有管理效率瓶颈。完成了公司—车间—班组三级管理业务的纵向全覆盖深度。完成了浦东基地和大场基地环保局排放监控点位的实施范围的横向全覆盖。获得软件著作权6项。

该项目立足民用飞机制造过程绿色智慧管理内在需求，适应复杂航空装备制造领域环境保护数字化转型的发展趋势，在持续完善平台功能的同时，积极推进产学研合作，开展应用推广和技术服务，为同领域企业突破绿色管理效能瓶颈，提供共性关键技术支持。在厂区扩展应用方面，上海飞机制造有限公司首先完成了浦东基地绿色智慧管理平台软硬件建设，在平台二期阶段，完成了大场基地的平台建设，实现了厂区、车间、站房全覆盖，全面提升了管理效能，有力保障了支线客机ARJ21量产和大飞机C919顺利适航取证工作。在产品推广方面，上海飞机制造有限公司联合同济大学，开展技术研制，迭代升级平台功能，纵向层级深化，横向应用拓展工作。联合上海通金信息科技开发有限公司，面向航空航天装备制造业，开展技术推广和项目产业化工作。

相比2021年，2022年化学需氧量（COD）减少13%，氨氮排放量减少12%，总铬排放量减少54%，六价铬排放量减少63%。相比2021年，2022年二氧化硫排放量减少10%，氮氧化物排放量减少12%，二氧化碳排放量减少9%，此外，历经五年开发研制，民用飞机制造过程绿色智慧管理平台建设在管理、技术、经济和能力方面取得显著成效。首先，纵向循序渐进，由公司—车间两级环境保护，向公司—车间—班组三级环保管理发展。通过平台建设，有效支撑了班组在环保日常管理中的自查自改工作。按照"成熟一级，推进一级"的工作部署，由公司安全环保部牵头实现了公司—车间层面的环保业务闭环管理，继而推广到车间内部的作业班组，实现了纵向业务全覆盖。其次，横向串珠成链，管理范围由点及面，由单一环节向飞机制造全过程扩展。全方位管控环境风险，深入分析风险要素的时空演化特征，及时发现隐患，落实临时管控措施、确定整改方案和整改完成时间。并借助公司5G工业园区通信设施，实现了隐患视频数据、现场协调处置会议、自动代办提醒的大数据、高速度传输和便捷通知、督促整改等业务新模式，使得环保管理驶入快车道，有效支撑了横向业务全覆盖。最后，经济降本增效，累计实现间接经济效益90万元。

综上，本平台项目成为民用飞机制造过程环保数字化转型的重要成功实践，平台常态运行有效保障了ARJ21量产与C919国产大飞机顺利适航取证。

6. 案例成绩

2019年，上海飞机制造有限公司荣获"上海市浦东新区环保诚信企业"称号；2021年，上海飞机制造有限公司荣获"上海市第二批绿色制造体系示范单位（绿色工厂）"称号；2022年，上海飞机制造有限公司入选上海市第一批现代环境治理体系示范单位；2023年，上海飞机制造有限公司荣获"国家级绿色工厂"称号。

7. 案例点评

上海飞机制造有限公司响应《"十四五"国家信息化规划》，致力于数字化转型和绿色环保管理。其主要业务系统包括环保排放处理与监测、固体废弃物管理和能源环保设备管理。核心技术涵盖 NMHC 排放预测与管控、污水排放云监控与协同运维、智能仪表和物联网设备等。通过智能预测引擎、5G 与 LoRa 双网融合技术、手机短信报警防线、移动端 APP 和日检台账移动化巡检功能等创新，有效降低排放风险，提高管理效率。绿色智慧管理平台已在浦东和大场基地实现全覆盖，为 ARJ21 支线客机和 C919 大飞机的量产和适航取证提供重要支持。公司致力于推广应用和技术服务，为航空装备制造业提供关键技术支持。（该企业案例入选中国互联网发展基金会组织的《2023年双化协同优秀案例》《2023年长三角双化协同典型案例》）

（三）延锋汽车的数字化绿色化协同创新工厂

1. 背景介绍

实现"双碳"目标，发展绿色低碳经济，协调推进数字化和绿色化发展，是构建可持续发展的必然路径。随着全球气候变化的加剧，减少碳排放成为全球共同关注的问题。为实现全球碳中和目标，我国制定了相关政策措施，要求企业加强碳排放管理，并建立数字化碳管理平台。主要基于以下几点：（1）应对气候变化的全球性挑战：随着全球经济和人口的增长，人类对能源的需求也在不断增加，这导致温室气体的排放量不断上升，进而引发了全球气候变化。为了应对这一全球性挑战，国际社会已经制定了一系列应对气候变化的政策和行动计划，其中数字化碳管理平台的建设就是其中的一项重要措施。（2）数字化技术的快速发展：近年来，随着云计算、大数据、人工智能等数字化技术的快速发展，数字化碳管理平台的建设变得更加容易和可行。数字化碳管理平台可以帮助企业和组织更加精准地监测和管理碳排放，从而降低碳排放的成本和风险，同时提高企业的环境和社会责任。通过数字化碳管理平台，实施产品全生命周期供应链碳管理，建立产品碳足迹数据库，遵循国际标准准则，实现碳足迹计算结果海外国内客户的认可。（3）国际碳市场的逐步建立：为了推动全球减排行动，国际社会已经建立了一些碳市场和碳交易机制，包括欧盟碳排放交易体系、联合国碳市场和碳中和目标等。数字化碳管理平台可以帮助企业和组织更好地参与这些碳市场和碳交易，从而实现更高效的碳管理和碳减排。

数字化为绿色发展提供机遇：(1)数字技术赋能绿色技术创新。通过清洁技术改造，管理模式创新等，革新既有生产模式，构建清洁低碳、安全高效的能源体系，形成绿色低碳循环生产模式，加快"脱碳"进程。延锋通过数字化手段介入，进一步优化重塑部分生产流程，改良生产工艺，提高生产效率，从"制造"到"智造"。(2)加强数字技术在节能提效领域的应用，充分运用人工智能、大数据、区块链等数字技术为工艺设计、生产制造、回收利用等各环节，为绿色低碳转型赋能，实现对工业能源消耗和碳排放数据的实时监测、管理和核算，系统提升能源利用率。促进技术创新，优化产业结构，同时提升资源配置效率，提升能源利用率。

绿色发展为数字技术应用提供实践场景：(1)数字技术可以提高企业传统能源供能效率，通过增加太阳能、水能、风能、生物质能等新能源和可再生能源使用，加快推动碳捕捉利用与封存等低碳技术产业化，不断提升自身竞争力。(2)延锋和供应商建立合作关系，共同推动绿色供应链管理，促进供应商的环境管理和节能减排措施，以及确保供应链的可持续性和透明度。(3)延锋采用循环经济模式，通过回收和再利用废弃材料和零部件，减少资源的消耗和废弃物的产生。建立回收网络，与其他企业合作共享资源，并开发可循环利用的产品设计和制造工艺。(4)培养员工绿色意识，加强员工对可持续发展和绿色化的认识理解，多参与绿色创新项目和建议，共同推动企业的数字化和绿色化转型。

综上所述，数字化碳管理平台的建设是应对气候变化的全球性挑战、数字化技术的快速发展和国际碳市场的逐步建立的必然结果。

2. 企业基本情况

延锋汽车饰件系统有限公司，系上汽集团、华域汽车全资控股国有企业，属于规模以上服务业。延锋从 1936 年一家木模作坊起步，在中国已有 80 余年的发展历史。延锋专注于汽车内外饰、汽车座椅、座舱电子及被动安全领域。延锋总部位于上海，在全球建有 240 多个分支机构，约 67 000 名员工，位列 Automotive News 全球百强汽车零部件企业第 16 位，连续多年被评为杰出雇主称号。该公司正在推动名为"延锋数字化绿色化协同发展"的实践项目。作为数字化引领绿色化的实践性质，该项目旨在通过数字技术的应用，推动企业向绿色化发展，实现数字化与绿色化的协同。延锋总部位于上海市徐汇区柳州路399号,具体的实施地址位于上海市浦东新区巨峰路2199号(延锋金桥工厂)。

3. 案例基本情况

(1) 建设内容

碳足迹追踪系统是一个基于信息技术的碳管理平台,主要用于监测、评估和管理组织碳排放、产品碳排放和碳减排情况,为组织提供低碳、可持续发展的决策支持。其建设内容和思路如下:

第一,数据采集和监测。碳足迹追踪系统需要采集并监测组织的碳排放数据,包括能源消耗、运输、生产过程、供应链等方面的数据。可以通过物联网、传感器等技术实现数据的自动采集和传输,减少人工干预。

第二,数据管理和分析。采集到的数据需要进行处理和分析,以便组织了解碳排放的情况和影响因素。数据管理和分析模块需要具备数据存储、清洗、处理和可视化等功能,以便用户可以快速了解和分析数据。

第三,碳排放评估和预测。基于采集到的数据和分析结果,碳足迹追踪系统可以对组织的碳排放进行评估和预测。该模块需要具备基于数据的评估和预测算法,可以帮助组织了解碳排放的趋势和未来发展方向。

第四,碳减排方案和管理。碳足迹追踪系统可以根据评估和预测结果,提供碳减排方案和管理。该模块需要具备碳减排方案的制定、实施和监测等功能,可以帮助组织实现低碳发展目标。

第五,报告和交流。碳足迹追踪系统可以生成报告和数据分析结果,并支持数据共享和交流。该模块需要具备数据可视化和报告生成功能,以便组织可以向外界展示自己的碳排放情况和管理成果。

综上所述,碳足迹追踪系统建设的思路是从数据采集和监测、数据管理和分析、碳排放评估和预测、碳减排方案和管理、报告和交流等方面入手,实现组织的碳排放监测和管理,为组织可持续发展提供科学依据和决策支持。

(2) 数字化和绿色化协同发展中的举措

第一,重视信息化的基础建设。延锋公司逐步构建全球基础架构、集成的信息化平台,强化公司的运营能力,提升集团的管控水平。通过建立全球PLM平台实现全球研发一体化管理,建立ERP平台实现全球业务运营一体化管理,建立EI\MII集成平台,完成与全球生产基地制造过程中的MES等车间应用系统的集成,实现全球生产资源和能力一体化管理,初步形成在总部管控之下的全球化基地一体化运营管控流程,形成精益、协同、高度整合的延锋

生态链。主要成果如下:

提升公司协同设计能力。通过全球研发平台的搭建,帮助全球研发人员多快好省地工作。使研发人员能够通过日常使用的工具和过程与协同设计平台进行互动,进一步提升全球研发人员的个人生产力,实现研发业务协同并促进产品设计数据更方便、更安全地被获取和使用,帮助缩短产品开发周期,降低产品开发成本,减少生成资金流动所需的投入,缩减构成产品开发费用的运作成本,全面提升公司全球化的协同研发能力。

提升公司协同运营能力。通过全球运营平台的搭建,保证了公司延锋总部与全球生产基地能够在第一时间内协同工作,提高了价值链中商务流程的运营效率,实现良好的全球资源共享与信息流通,完善与供应商、合作伙伴和客户的外部协同合作,改进全球化运营流程,降低运营成本,增加市场份额,扩大市场领域,综合运营实现公司内外部的有效连接,提高效率和客户服务水平,全面提升全球财务、制造、供应链一体化协同管控能力。

提升公司资源管控能力。通过各系统间的数据集成以及延锋总部数据中心的集中部署,完成全球三大数据中心的有效协同,满足全球业务数据的集中管控要求,实现关键资源的集聚与对接;完成全球PLM、ERP和MES等重点应用系在设计、供应链、制造和服务等环节有效协同,满足延锋总部在开展全球化业务过程中关键数据的提取要求,实现跨组织、跨地域、高效快捷的工作沟通和信息共享,提高公司团队协作能力和工作效率,以及管理层运营决策能力。

综上,基于网络化协同的全球一体化综合运营管控平台,推动延锋公司系统内的创新资源、生产能力和市场需求的跨区域、跨业务和跨企业的集聚和对接,实现延锋全系列产品在设计、制造和服务环节的并行组织和协同优化,强化精细化运营能力,提升集团管控水平,建立具有原创技术的世界技术中心,具备支持全球业务的技术能力和管理能力,融入全球汽车零部件供应链。

第二,搭建基于"互联网+"模式下的能源管理信息平台。该信息平台的主要内容包括能源计量器具配备,根据能源管理中心的策划,完成不同能源、各个层级、不同对象的计量器具配备。同时实现生产设备、产品制造过程等其他信息系统(MES\ERP)的数据联通;实现能源和设备、产品等信息的数据采集,通过实时数据与设定的能源基准进行对比,系统能提供报警,并将此事件归档记录;能源实时监控,将各类能源数据通过图表的形式进行展示(包括能流图、能源统计报表等);通过关联MES等其他系统的生产数据,对关键设备

(主要能源使用)的能源单耗监控;实时给出当前设备的能效等级。

通过能源管理信息平台的建设,将能源管理体系策划、运行和持续改进的全过程开发为模块化流程,实现了体系信息化;各业务系统下属工厂、业务系统和延锋总部可以共享平台的功能和资源,实现了管理网络化;能源数据采集监控系统将物联网技术运用于能源系统,实现了决策数字化。具体成效主要展现在以下五个方面:通过全面数字化管理,推动业务流程持续优化;构建协同工作平台,提升能源管理效率;以智能制造为主攻方向,创新能源管理推动模式;形成能源管理的长效机制,获取节能减排绩效;推进能源管理创新应用示范,践行延锋社会责任。

第三,聚焦智能座舱与可持续技术,遵循绿色、低碳、循环的发展路径,实现高质量、可持续发展是延锋全球战略支柱之一。

公司成立了可持续发展执行委员会,推动实现公司的可持续发展战略目标。2022年,延锋连续第二年获得CDP评级A−,体现了公司在气候变化透明度和行动方面的全球领先地位。

在可持续材料的研发与应用上,延锋开发了16种可持续材料,包括8种可再生塑料材料、2种生物基塑料材料和2种生物基聚氨酯材料;与2021年相比,全球再生树脂采购量增加85%。

公司还成为了德国汽车工业协会下可持续汽车供应链组织RSCI成员,确保供应链透明。为了更准确地监测产品生命周期的碳排放,开发并实施了组织和产品碳足迹追踪系统。

4. 案例技术创新点

第一,全球PLM平台实现全球研发一体化管理。通过建立全球PLM平台,实现全球研发人员的协同工作,提升个人生产力,促进产品设计数据的方便、安全获取和重用,缩短产品开发周期,降低产品开发成本,全面提升公司全球化的协同研发能力。

第二,ERP平台实现全球业务运营一体化管理。通过建立ERP平台,保证延锋总部与全球生产基地能够协同工作,提高价值链中商务流程的运营效率,实现全球资源共享与信息流通,降低运营成本,增加市场份额,扩大市场领域,全面提升全球财务、制造、供应链一体化协同管控能力。

第三,EI\MII集成平台实现生产基地制造过程一体化管理。通过EI\MII集成平台,完成与全球生产基地制造过程中的MES等车间应用系统的集成,实现全球生产资源和能力一体化管理,初步实现在总部管控之下的全球化基地一体化运营管控流程,建立延锋生态链。

第四,互联网+能源管理信息平台搭建。搭建基于"互联网+"模式下的能源管理信息平台,实现能源计量器具配备、能源和设备、产品等信息的数据采集与实时监控,提供报警与数据归档记录,以及能源数据通过图表展示和关键设备能源单耗监控,全面推动能源管理体系数字化、网络化协同和决策数字化。

第五,可持续发展与绿色技术创新。延锋公司重视可持续发展,成立可持续发展执行委员会,通过研发和应用16种可持续材料,加入可持续汽车供应链组织RSCI等措施,推动绿色、低碳、循环的发展路径,提升公司可持续发展能力,融入全球汽车零部件供应链。

5. 案例效果

第一,根据国际标准规范方法学,制定延锋碳数据管理流程,建设延锋碳排放追踪系统,以供支持核算分析。系统支持不同计算标准,如ISO 14067、ISO 14064、PAS-2050、EF3.0、IPCC等。

第二,为延锋提供方便的碳排放和产品碳足迹计算工具,提升了CDP披露的数据质量;提供了证据链管理,方便审计追溯;同时提供了因子库管理,方便公司沉淀自己的因子库数据。

第三,建立可持续价值链,进行预测报告和系统化分析生产经营过程,推动供应链上下游企业全生命周期减排,实现降本增效和科学减排。

第四,数字化模拟排放产生过程。在产品研发期,通过系统可模拟不同原料、不同生产工艺、不同能源消耗、不同使用环境、不同回收工艺流程下的产品全生命周期的碳排放,帮助您选择最佳方案。

第五,数据可视化管理。以丰富的动态图表方式清晰展示产品在原料获取、生产、使用、回收和再利用过程中的温室气体排放数据。

第六,供应链可持续性管理。通过该系统,可强关联产品研发、生产、回收和供应链关系,帮助更好地管理供应商和产品上下游的可持续性发展。

第七,生成报告与评价。基于数据管理和各计算标准,系统可按监管或不同框架要求自动生成产品碳足迹报告。

第八,与内部系统便捷联通。可与企业原系统对接,例如物流、ERP、MES、BPM等系统,实现自动导入生产BOM、工序、物流、废弃物等相应信息,进行自动化计算产品碳足迹。

该系统是集碳数据采集、存储、计算和分析为一体的平台,可实现生产数据的互通,支持围绕企业生产价值链的碳排放数据管理,实现从全企业到生产单元、到产品级的精细化、全方位管理,推动形成"收集—解读—决策"的主动碳管理过程,助力延锋"碳"索未来,践行向"零"。众所周知,数字化绿色化协同转型是趋势,是共识。对于汽车零部件企业是新机遇,更是新挑战。未来延锋将全力协同推进数字化和绿色发展。数字技术应用和绿色发展实践相互促进、相互支持,有助于实现经济增长和可持续发展。通过采取这些最佳实践,汽车零部件企业可以实现数字化绿色化协同发展,实现经济效益和环境效益的双赢。这不仅有助于企业的可持续发展,还为行业的可持续转型做出积极的贡献。

6. 案例成绩

多年次获取《上海市工业节能和合同能源管理专项资金》;CDP 气候问卷披露,2021、2022 年连续二年获得 A－评级;首届浦东新区绿色低碳产业发展大会,获评《浦东新区节能低碳示范基地》之一;正在申报"绿色工厂";获评 2020 上海市智能工厂、2021 全国智能制造示范工厂、2023 上海市标杆性智能工厂。

7. 案例点评

碳足迹追踪系统是一个信息技术平台,用于监测和管理组织的碳排放。系统包括数据采集、碳排放评估、预测、碳减排方案和报告等模块。通过物联网和传感器等技术,自动采集组织的能源消耗、运输、供应链等数据。数据经过处理和分析后,进行碳排放评估和预测。系统提供碳减排方案,并生成报告用于交流和展示。延锋公司在数字化和绿色化发展方面的举措包括构建全球基础架构、集成信息化平台、搭建能源管理信息平台等,推动公司可持续发展目标的实现。通过以上举措和依托碳足迹追踪系统,延锋公司在低碳、可持续发展方面取得了成绩。

三、建筑行业案例

(一)上海建科集团的绿色科研办公楼

1. 背景介绍

为积极响应国家"双碳"战略,在上海推进城市更新发展的背景下,上海市建筑科学研究院有限公司(简称"上海建科集团")通过对建科中心科研办公楼的更新实践,为中心城区高密度老旧园区的功能再生、品质提升和绿色焕新提供解决方案与技术示范。

2. 企业基本情况

上海建科集团是一家建筑业国有企业。该公司正在推动名为"上海建科集团建科中心绿色科研办公楼"的实践项目,旨在通过数字化、绿色化手段推动建筑行业的可持续发展。该项目将绿色化理念融入建筑设计与施工过程中,采用环保材料、节能技术等措施,为建筑行业的绿色发展做出贡献。上海建科集团建科中心科研办公楼围绕"创造美好工作生活向往的社区"的中心目标,秉承"人本化、智慧化、生态化、绿色化、健康化、低碳化"六大原则,进行项目技术策划。通过绿色、低碳、健康相关技术手段,目标实现国内外七大认证:在绿色低碳方面,该项目以我国绿色建筑三星级为基础,打造美国LEED铂金级、上海市超低能耗办公示范建筑,并逐步实现运行"净零碳""碳中和"的目标;在健康方面,该项目以国内外两大主流健康建筑评价体系的最高等级为目标,包括中国健康建筑三星级以及美国WELL建筑标准铂金级认证。上海建科集团建科中心科研办公楼位于上海市徐汇区宛平南路75号,上海建科集团徐汇园区中部。

3. 案例基本情况

（1）项目概况

项目总建筑面积6 727.88平方米,朝向为南偏东20.2°,地上4层,地下1层,建筑高度为23.95米,建筑结构形式为钢框架结构。项目的主要功能为办公、会议及配套。

（2）项目特色

上海建科集团建科中心科研办公楼在绿色低碳技术策划时,坚持"被动优先、主动优化、产能增效"的原则,因地制宜地集成了多项兼具经济与效益的示范技术,以实现项目超低能耗建筑、碳中和运行的目标。

4. 案例技术创新点

第一,环境友好及亲生命设计。建科中心是在密集市区中对旧建筑拆除之后建设的改造更新项目。留给项目可以发挥的场地非常狭小,原本建筑的流线不合理、视觉空间狭小、功能不足等原因,让这块地变成个空间洼地。通过设计师的巧妙设计,把场地变成生态反哺和功能再生的价值高地和建科会客厅。在空间上建科中心的首层进行了架空设计,并沿场地入口方向设计了下沉式庭院,减轻视觉上的局促感。

另外,将建筑整个形体做了流线型的延展,把场地东北角的空地充分利用,建设成了多功能厅,并和建筑主体联通。从整个场地主入口方向上来看,建科中心和北侧的二号楼、三号楼仿佛连成了一栋建筑,形成了形体上和风格上的归一化。

第二,精细化外墙体系设计。在外立面设计上,为了综合考虑节能效果、美学效果、实用性以及经济性,建科中心的外立面用了很多巧思。首先是延续园区的建筑外立面风格并考虑到超低能耗建筑的节能要求,项目立面大面积采用窗墙体系。25%的外墙创新性应用了超高性能混凝土 UHPC 装配式外墙,具有高耐久性和免外饰面的优势。在南立面设置了建筑光伏一体化系统。另外在中庭、连廊、多功能厅空间,为了打造视觉上更通透的空间并最大限度地引入自然采光,采用了局部玻璃幕墙的体系。在比例较高的外窗部分,均采用三玻两腔双中空的玻璃,传热系数达到 1.4 瓦/(平方米·开)。外窗整体是内凹嵌在墙体里,充分利用了墙体达到固定遮阳的效果。另外东向和南向这两个较不利朝向的外窗均设置了电动可调节外遮阳,进一步优化遮阳效果。

第三,光伏模块化集成技术。项目屋面设置了光伏光热一体化系统。采用常规光伏发电组件与 PVT 光伏光热一体化组件相结合的系统形式,在光伏发电的同时,把光伏板吸收的热量加以利用,用于食堂生活热水的预热。整个系统的光电转换率达到 23%,光热效率达到 50% 以上。另外,在太阳辐射条件较好、建筑遮挡较少的南立面设置立面光伏发电系统。与传统的非晶硅光伏薄膜系统不同,建科中心在窗的外框四周设置了彩色晶硅发电玻璃,选用了与外立面近乎一致的颜色,既不影响立面效果,又保证了光伏发电效率。

第四,空气源热泵热水系统。建科中心地下一层的食堂承当了建科集团徐汇园区员工就餐的功能,所以厨房生活热水用量大。项目采用了高性能的空气源热泵热水机,在屋顶太阳能光伏光热一体化系统预热的基础上,进一步对生活热水进行加热。空气源热泵热水机替代了传统的燃气加热或者电热水器加热,COP 达到 4.39,显著降低了生活热水加热过程的能耗和碳排放量。

第五,直流储能供电系统。项目在 2 楼会议室设置直流储能展示空间。展示空间内设置了直流用电设备,包括空气净化器、加湿器、直流会议屏等,并配有直流插座和直流照明。储能上采用磷酸铁锂蓄电池储能,消纳光伏发电量、延长零碳时刻。

第六,健康生理节律照明系统。在照明方面,考虑健康因素,建科中心设置了生理节律照明系统。在工作空间的照明设计上,提高主要视线方向上的等效生理照度(等值黑视素照度),不低于 240 勒,并设置色温可调的照面灯具,满足节律照明的需求。在室内外设置照度传感器,室内照明与室外电动遮阳卷帘联动,并分建筑内外区进行照明回路控制,保证照明节能与舒适。

第七,高品质健康环境保障。项目在空气、水质、声学及人体工程学方面充分利用了高品质健康办公环境的保障技术。在空气上,除了新风机组的高等级过滤外,还在室内加装内循环空气净化装置,建材和家具都严选有 FloorScore 和 GREENGUARD 金级认证的产品,从源头降低挥发性有机物等污染物。另外室内还设置空气品质实时监测和发布系统,可以随时感知室内空气品质。在饮用水上,采用了 NSF 认证的反渗透过滤直饮水,并考虑鼓励员工饮水,饮水点与工位的距离尽量不超过 30 米。在声学上,多功能厅会议室等大空间考虑吸声材料铺贴等措施,风机等也大多采用直流无刷的静音设备,保证良好的声环境舒适。在人体工学和健身上,所有的工位都设置可调节的人体工程学家具,并且在地下一层设置了健身房和淋浴房,为员工运动创造了条件。

第八,海绵型绿地和亲生命元素。项目通过透水铺装、下凹式绿地、雨水花园,实现径流年控制率 80%,年径流污染控制在 50%。并且通过节水灌溉、节水器具、用水远传计量系统等方式实现建筑节水。在室内外景观方面都考虑了亲生命元素的设计,例如屋顶绿化、垂直绿化墙体,并在食堂的上方设置了兼具自然采光功能的戏水鱼池。通过地面、屋面、立面多区位的绿化布置,乔灌草复层绿化的绿化形式,以及优选高碳汇的密集型植物类型,提高场地绿容率,最终测算项目的绿容率达到 0.852。

第九,再生低碳材料利用。项目的混凝土采用有绿色建材认证的产品,并且立面采用的超高性能混凝土(UHPC)利用了可回收的玻纤混凝土,整体结构采用钢框架结构,装配率达到了 80% 多,在景观上也充分考虑低碳的景观铺装和景观小品,通过这些技术降低建筑的隐含碳。在绿色建材运用比例方面,通过利用有绿色建材认证的混凝土、玻璃和保温岩棉,绿色建材比例达到 55%。

第十,智慧感知和智慧大脑。在建筑智慧系统方面,采用"智慧无卡化应用""智慧访客及防疫管理""智慧梯控""智慧餐厅""智慧车辆出入口管理""智慧办公"等智慧系统,实现精细化、个性化管理。项目以数字孪生技术为基础,除了设置具有安全报警与监控联动的安全大脑来实现动态应急管理功能的安全大脑外,还设置具备能源数字化综合管理功能碳中和大脑,以及实现对建筑室内空气、照明等环境数字化监测、可视化展示的健康大脑。

第十一，结构装修一体化浇柱。当今社会，高效、绿色的理念，日益成为建筑及装饰的主流趋势，因此绿色建筑材料的使用便日渐普及。相较于传统装修方式，结构装修一体化浇柱便是一种更为环保、安全且经济的新型建筑装饰模式。在建科中心设计建造过程中，结构装修一体化浇柱能够使得建筑装修更加高效，并且其绿色耐久的特点也为项目增添了诸多优势。在传统的建筑装修中，结构和装修是分别施工的。然而，在结构装修一体化浇柱的模式下，结构和装修同时进行。得益于一体化浇筑，在未来建筑的维护检查将更加高效，同时使得整个建筑的使用寿命大大增强。而且，由于施工工期的缩短，建筑方也能够在较短时间内获得投资的回报。此外，结构装修一体化浇柱还具有较为优秀的环保性和安全性。相较于传统的装修方式，减少了相关的施工垃圾产生，减轻了环境负担。

第十二，全钢结构装配式装饰系统。上海建科集团在建科中心的部分会议室，采用全钢结构装配式装饰系统，着力于成为装配式装饰的示范工程。钢结构装配式装饰系统采用钢制材料作为主要结构材料，具有快速拼装、适应性强、轻量化、节能环保、高耐久等优势。它的快速拼装为建筑物的快速建设、园区的快速更新改造提供保障，降低了人力和材料成本。并且因其适应性强的特点，可以适用于各种类型的建筑物及空间场景。与传统的建筑装饰材料相比，全钢结构装配式装饰材料的使用，不仅减轻了建筑物的自重，节约了基础投资，同时也方便了运输和安装，同时因其可重复使用、可回收利用的特征，符合环保要求。

第十三，设计施工一体化BIM技术应用。通过项目全生命期BIM技术与实践工作的融合应用，以最小的投入获取最大的价值，在项目实施过程中，确立"没有模型不开会、没有虚拟建造不开工"的具体实施目标。创新数字设计、数字建造、数字运营和数字交付应用场景，通过一系列BIM实施价值规划和实施，提高管理效率，提升BIM价值，形成数字资产，赋能智慧运营。（1）数字设计。设计各阶段利用BIM建筑信息模型集成各专业设计内容，形成数字设计方案。在预制构件阶段，应用BIM技术有效提高预制构件深化设计的合理性和精确性，满足生产高效、便捷和安装方便、有序的要求。同时，利用设计阶段的BIM模型，辅助实现生产、运输，安装以及材料统计等动态管理的要求，从而减少施工和设计之间的信息割裂，提高各参与方的协同和沟通效率。（2）数字建造。在施工阶段，通过数字场布解决项目场地狭小，确保园区正常运行的场布方案；通过4D进度模拟和专项方案模拟，减少错漏碰缺，减少返工和工程频繁变更等问题。对现场的施工组织和进度管理进行模拟及优化,提高施工工序安排的合理性;利用数字工地,提高现场的质量安全管理水平和对工程的施工管理效率,最终达到现场施工和竣工交付的管理要求。(3)数字运维。通过运维前置,提前安装运维阶段需要的传感器,收集运维阶段需要的数据和资料,以BIM技术为依托,形成数字资产,打造数字底板,有利于运用BIM技术提高管理效率、提升服务品质及降低管理成本,助力园区智慧运维。(4)数字交付。以运营为导向,实现项目全过程(规划设计、生产加工、施工建造、运维维护)和各参建单位(业主、设计、施工、项管、专项咨询、分包单位等)的BIM数据交付,最终交付与工程实体一致的BIM模型与数字档案。

5. 案例效果

该项目承载了以"三零三化"为核心的科研亮点,即零能耗、零碳排、零污染,以及设计人本化、建造数字化、运维智慧化。在零能耗方面,项目达到建筑绿建三星级认证、超低能耗建筑评价标准,外窗开启扇面积比达到10%,过渡季节可自然通风,门窗及外墙传热系数符合超低能耗标准,最大限度减少了建筑能耗。在零碳排方面,项目在材料选型上因地制宜,采用就近原则,减少运输能耗。外立面采用多种可回收材料,后期的运维结合相关科研课题,实现项目近零碳排的可持续性。在实现零污染方面,采用线上及全信息化设计模式,减少资源浪费。建筑采用工业装配式设计,在结构选型上采用钢结构,外立面设计采用模块化,缩短工期,减少扬尘噪声,增加施工精确度。

项目采用数字化的建造方式,基于BIM建模软件构建建筑信息模型,设计、施工、运维等单位使用一系列应用软件,项目协同管理,减少错误、节约成本、提高效益和质量。

在运维阶段园区基于信息通信技术,全面感知、分析、整合处理园区生态系统中的各类信息,优化园区资源调度,提高园区运行效率,提升使用体验,实现运维智慧化。引入前沿5G技术,项目科技含量高:项目坚持高标准规划,以健康、人文、绿色、智慧等理念规划园区的更新改造;项目坚持新技术引领,在项目建设中引入数字设计、智能建造、智慧运维,需要融合人工智能、大数据等新一代信息技术,以及5G、物联网等数字基础设施,打造智慧园区。项目坚持绿色建造,要求绿色建筑方面达到中国绿色建筑三星标准。

该项目获得了BRE-TUV的中国首批净零碳排放先锋建筑认证、上海市超低能耗建筑认证、中国绿色建筑三星级预评价标识、中国健康建筑三星级预评价标识以及LEED铂金认证、WELL铂金认证,同时获得上海市第四届

BIM技术应用创新大赛房建类一等奖、上海市装配式建筑示范项目、上海市徐汇区文明工地、上海市徐汇优质结构申报等奖项。

该项目通过城市更新的创新实践,结合人本健康的办公环境营造以及面向未来的数智运维技术,打造了双探引领的低能耗、低碳建筑示范,为上海市超低能耗、碳中和办公建筑树立示范标杆。

6. 案例成绩

2022年5月,获莱茵检测认证服务(中国)有限公司颁布的净零碳建筑认证先锋项目;2022年5月,获IWBI、WELL建筑中期认证;2022年6月,获USGBC、LEED铂金级预认证;2023年5月,获市住房城乡建设管理委员会颁布的上海市超低能耗建筑项目认定意见;2023年6月,获中国城市科学研究会颁布的金级碳中和建筑标识证书。

7. 案例点评

上海建科集团建科中心科研办公楼是为响应国家"双碳"战略、推进城市更新而设计的项目。旨在通过绿色、低碳、健康技术手段,打造具备美国LEED铂金级、上海市超低能耗办公示范建筑。设计包括环境友好的场地规划、精细化外墙设计、光伏模块化集成技术、空气源热泵热水系统、直流储能供电系统、健康生理节律照明系统、高品质健康环境保障以及海绵型绿地和亲生命元素的布置。项目注重节能、环保、健康和可持续发展,通过综合应用创新技术,努力实现超低能耗、净零碳排放和绿色办公的目标。

(二)上海城建的青岛自贸区片区绿色生态城区

1. 背景介绍

数字化协作能够加强信息共享、实时监控和智能决策,提高资源配置的准确性和时效性,优化运营流程,降低成本,增强合作伙伴间的协同效应,促进资源配置的快速发展和可持续运营。上海城建数字产业集团有限公司始终致力于此,服务建设绿色生态城区。

2. 企业基本情况

上海城建数字产业集团有限公司是一家国有企业,涉及专业技术服务业和房屋建筑业。该公司正在推动名为"青岛国际资源配置中心北片区绿色生态城区"的实践项目,以数字化引领绿色化的方式推动绿色生态城区的建设。通过应用数字技术,实现资源配置的高效管理和绿色生态环境的构建,为可持续发展做出贡献。项目的实施地址位于中国(山东)自由贸易试验区青岛片区南部。

3. 案例基本情况

(1) 项目简介

青岛自贸片区在全国 21 个自贸试验区 67 个片区中处于第一梯队,是国家赋予的"打造东北亚国际航运的枢纽""东部沿海重要的创新中心""海洋经济发展示范区",目标建设集航运、贸易、金融服务于一体的青岛国际资源配置中心项目,最大程度地发挥港口辐射带动作用,实现运输港向贸易港的转型。

青岛自贸片区海辰园项目(又称"青岛自贸片区航运贸易金融融合创新基地项目")是本片区国际资源配置的核心载体,承担着打造集"科技+航贸金"耦合发展于一体的"第四代自由贸易区"示范园区的重要角色。该项目规划用地面积 1.24 平方公里,地上建筑面积约 130 万平方米,地下建筑面积约 68 万平方米,全面承接片区五大主导产业,重点发展公共服务、产业服务、企业总部、科创研发、科创社区、产业配套等业态。

海辰园项目规模宏大,总投资约 200 亿元,对区域发展全周期、全方位贯彻"绿色可持续"发展战略极其重视。对照"工作项目化、项目清单化"总要求,该项目明确以"数智一体化"方式整合与衔接各专业条线建设施工方,以更精准的服务和更有力的要素保障,推动海辰园项目快落地、快见效,助力青岛自贸片区实现高质量发展。

(2) 建设内容

青岛国际资源配置中心北片区建设运营数智一体化建设项目采用统一设计、统一建设、统一运营、统一数智开发的先进理念,首创性地打造出同时包含产业方向、设计方案、建设标准、数智规划的片区开发模式。

搭建北片区建设运营数智一体化平台,提供全域、全周期的数据中台能力,赋能 BIM 协同设计子平台、工程建设综合管理信息化子平台、智慧工地子平台。各平台以数字协作的方式相互衔接,实现数据、业务互通互联,形成完整的建设、管理、运营链条,全面提高青岛自贸区国际资源配置中心北片区建设运营的管理水平和效率。

一方面,通过打造智慧产业、智慧交通、智慧管廊、智慧能源、智慧楼宇、智慧生态、智慧环境等场景,实现"公共资源服务"个性化共享模式,提高片区城市服务品质。另一方面,通过打造"1+N"模式韧性城市安全综合预警与管理平台,对各类灾害进行实时监测和智能预警,使整个片区具备高水平的应急指挥和调度能力。

目前,青岛自贸片区海辰园项目在本平台智慧化赋能之上,已大幅提升建设期工程管理水平和效率,未来还将逐步实现片区开发流程"全面整合"、运行态势"全面感知"、管理工作"全面把控",生态体系"全息智慧",努力打造国际一流、国内首创的零碳智慧片区标杆。

(3) 系统功能需求

青岛国际资源北片区涉及 7 个地块,涉及多家设计单位、全咨单位、监理单位、施工单位等。对建设单位而言,及时掌握项目进展、随时了解项目最新情况,以及命令的下达需要花费大量的沟通成本。对于底层员工来说无法保证信息及时到达,就难以减少错误和返工,不利于节省成本。同时,建设项目每个步骤的文档都需要安全记录和存储,没有项目管理软件,就需要在纸上完成。文书工作很容易丢失和过时,并且需要大量时间和精力归档。

基于一体化大平台集约效果、数据集中共享,园区的管理和经营将从分散向集约化转变。这主要包括横向和纵向两个方面。横向是把平台公司内部分散在各个部门的业务管理系统对接起来,统一入口、统一认证、数据共享;纵向则是将企业内部系统与平台公司相关系统进行对接,实现真正的大平台概念,为企业提供一站式的服务,同时也将工作集中在一个平台上,提高工作效率。

基于物联网的规模应用促进信息应用的智慧化和深度化,在项目的大规模区域管理中,提升环境监测、安全监控的效率和准确度,解决最为根本的环节。利用传感技术采集各项数据,更有效地达到监测目的,帮助片区及时做好防范和治理工作。

基于数据资源库,采用先进的 BIM 模型、数据挖掘分析、微服务等技术,实现城市信息多场景的二三维一体化展示,从宏观到微观、从整体到局部对城市规划、城市建设、城市管理进行数字化表达,为智慧青岛的建设提供强有力的信息化支撑,推动城市转型和高质量发展,推进城市治理体系和治理能力现代化。

智慧绿色片区作为一个综合概念,建设过程中需要用到形形色色的设备、标准,由于不同设备的供应商不同,兼容性也不一而足,一旦某一模块出问题,可能需要多个供应商来处理。另一方面,更多的设备代表着需要更多的运维人员,通过一体化平台实现园区的运营多业务的管理功能。结合自贸区的管理需求,该项目主要覆盖的业务包括一体化平台、智慧建设信息化总体 BIM 咨询、BIM 协同管理子系统、工程建设综合管理信息化子系统、安全监管子系统、碳足迹智能管控子系统。

(4) 功能描述

① 建设期功能描述："智慧＋绿色建造"

建筑业转型关键在于人与自然和谐共处。面对大气污染，碳排放量当属建筑业贡献较大。为了人民健康发展，建筑业必须转向低碳发展，践行绿色建造理念。这将是建筑业转型的首要任务，也是未来发展的必然趋势。数据信息，是能够帮助管理者进一步理解建筑。BIM技术能够让管理者在建筑运维管理中直观地了解运维对象，根据数据信息（包含全生命周期）改善运维流程，降低成本，提升效率。人工智能可协助分析海量数据，减少管理者的工作压力。"创新、协调、绿色、开放、共享"的新发展理念中，"绿色"是社会永续发展、人民追求美好生活的核心。建筑产业迎合"十四五"规划的新发展理念，重在绿色建设。为有效践行"资源节约型、环境友好型"的可持续发展战略，住建部门开展多地试点工作，以《绿色建造技术导则（试行）》文件，指导绿色建造工作，推进建筑业转型升级和城乡建设绿色发展。

所谓绿色建设，即利用新技术、建筑材料，实现人与自然和谐共生的工程建造活动。以园博园为例，建筑工程绿色施工技术得到广泛应用：主要以BIM为核心，装配式建筑和绿色材料相辅相成，稳步推进"碳达峰碳中和"预期目标的实现。随着经济迅猛发展，人们越发追求高质量生活，健康发展成为首要的目标。建筑产业迎合新发展理念，重在转型，打造绿色建筑，进入新的发展阶段。2020年8月，住建部等13部门联合印发了《关于推动智能建造与建筑工业化协同发展的指导意见》，提出到2025年，智能建造与建筑工业化协同发展的政策体系和产业体系基本建立。这将推动一批智能建造龙头企业，引领并带动中小企业向智能建造转型升级。2021年6月24日，中国建筑科学大会暨绿色智慧建筑博览会，以"绿色智慧建筑"开启"十四五"规划新篇章。而"绿色智慧建筑"是实现"碳达峰碳中和"的重要基石，也是推动建筑业转型升级的关键。智慧建筑充分考虑"以人为本"，利用5G、AI、物联网、云计算等技术与绿色建筑产业融合应用，探索建筑产业可持续发展模式：以智能建造为技术支撑，建筑工业化为产业路径，以绿色建造为发展目标，落实"中国建造"高质量发展战略，实现建筑行业转型升级。

第一，一体化开发管理策划与标准技术要求。需要通过编写园区数智一体化开发管理策划与标准，规范地上地下土地受让方按统一标准与园区建设管理数智一体化平台进行数据交互，在设计、施工、运营全周期满足园区数智标准统一管理要求，实现园区数智化可持续发展。

第二，智慧建设信息化总体BIM咨询。智慧建设BIM咨询范围为综合管廊设计阶段施工阶段以及竣工移交阶段BIM咨询服务。需要在设计、施工阶段，组织和协调项目BIM工作事项，对项目所有BIM相关方进行履约评价和验收考核工作，并对考核中发现的问题提出解决方案，落实检查工作，确保项目实施阶段BIM工作的正常推动。

第三，BIM协同管理子系统。BIM协同管理系统应作为各参建方参与BIM技术应用和多方协作配合的主要入口,该平台需满足全生命周期各参建方BIM模型的流转、展示、应用与管理工作。平台需综合考虑工程项目从前期（设计）到后期（运营维护阶段）整个生命周期中的各方、各阶段的数据如何高效集成、传递、共享。

第四，工程建设综合管理信息化子系统。基于建筑信息模型（BIM）＋地理信息系统（GIS）的工程建设综合管理信息化系统作为建设阶段各参建方信息录入的主要入口。平台应完全基于web页面，应具备与BIM协同管理平台数据互通的功能，确保两个平台用户都可用一套账号体系实现登录；应具备BIM＋二、三维GIS数据交互支持能力（如：工程建设过程中的质量、安全、进度及相关应用点的交互，图形、视频等的交互，不仅仅是放大、缩小、漫游的应用），三维GIS应用场景包括：三维GIS场景下实时查询BIM模型的工程属性；支持包括坐标量测、距离量测、面积量测等在内的量测分析；支持空间分析功能；支持监测点的位置信息及数据信息的展示。结合BIM＋GIS轻量化技术，用平台对BIM模型与GIS数据进行三维可视化展示；平台作为不同软件创建的模型进行数据交互的工具，能将不同格式的模型和数据进行融合，达到承接设计信息，加载施工信息，完善竣工信息的管理要求。平台应覆盖从项目前期到竣工交付各阶段，通过对项目建设各阶段的管理，实现数字化交付。该平台需以企业级的架构为出发点，需支撑建设管理单位对整个项目安全、质量、进度、投资、文明施工、技术方案等目标的动态控制，需对项目管理信息进行汇总分析，以实现对项目全方位、高效的管控，协助建设单位开展项目建设工作，提供项目管理数据展示和分析功能。管理平台应开放数据结构、开放接口、拥有对接其他既有的软件平台的能力。

第五，安全监管子系统。具有开放式框架和扩展能力，具有标准数据接口并可根据业务需求定制接口的能力，支持对第三方系统、平台的集成；所有相关数据均需推送接入工程建设综合管理信息化子系统主系统中，为使智慧工地建设达到预期目标，实现数据的无缝对接、保证应用的落地效果，该项目由承包方组织实施智慧工地,包含但不限于:现场人员管理、施工机械管理、绿色施工管理、指挥调度管理、安全文明管理、现场质量管理上传等内容。

② 运营期功能描述:"智慧+绿色运营"

A. 环境监测系统规划方案

在严峻的环境问题面前,传统的环境管理模式难以满足需求,信息孤岛现象明显,"智慧生态"概念应运而生,重点关注如何充分利用各种信息通信技术,感知、分析、整合各类生态环境信息,对各种需求做出智能的响应,使决策更加切合环境发展的需要。北片区综合利用物联网、5G、云计算、大数据、人工智能、3S、数值模拟等先进技术,以天空地一体化生态环境监测网络为基础,建立生态环境大数据中心,重点提供气象监测、水质监测、苗木养护、智能灌溉等功能,兼顾环境监测、环境监察、应急管理、网格化监管、机动车监管等其他环境管理业务,助力北片区生态文明建设迈向新台阶。

气象监测系统:通过打造生态环境监测系统,对北片区室外有机气体、二氧化硫、二氧化碳、$PM_{2.5}$、PM_{10}、一氧化碳、温度、湿度、臭氧等,室内温湿度、二氧化碳、甲醛、光照、有机气体、噪声等环境信息数据进行监测。实现数据统计、数据分析,平台应具有环境数据监测、多元数据统计分析、环境指标评价等功能模块,为北片区生态环境评估提供数据支撑。

水质监测系统:建立海绵城市水环境监测系统,对北片区重点水体、管道雨水、污水流量、水位、pH值、温度、浊度等数据实时监测。通过智能算法,实现数据采集、分析、异常告警、决策支持的联动,为绿色城市建设提供技术支撑。

智能灌溉系统:在实际运行过程中,灌溉系统除了采用喷灌、滴灌等灌溉技术,还需要采用先进的智能监测和控制系统。智能监测和控制系统的主要技术包括基于传感网络的信号采集与处理、网络通信以及远程监控等。智能监测系统包括远程监控平台及前端现场环境监测,前端环境监测包括土壤水分传感器、气象观测站、视频摄像相机等设备,远程监控平台用于现场环境的数据监控和存储、控制命令的下发以及系统的综合管理。

B. 城区道路监控与交通管理信息系统规划方案

智慧管控车路协同系统:深刻理解公众的出行需求,在将各种交通模式全部整合在统一的服务体系与平台的基础上,利用大数据进行决策,以优化资源配置、满足出行需求。通过可视化的车路协同系统的管理云平台、运营监控平台、大数据分析平台,进行数据的分析、预测、控制、指引等,实现城市交通绿色化管理，并将交通资源效能最大化，减少盲目空驶。基地外接东至疏港路（高架），南至同江路，内部多条道路，基地进出口较多，多个停车场库，对进出基地人员来讲交通诱导必不可少。可利用显示屏、伴随式信息服务进行道路状况发布，便于提供驾驶员选择出行路线，提高出行效率。

交通信息综合管理和预测：交通信息综合管理系统通过数据分析实现交通监管。同时依据数据整合和挖掘，可用于城市交通的协同和预测，为北片区的交通工具监管和调度提供了智能支持，为北片区的车辆引导、停车诱导、智能停车等综合车辆服务提供了基础支持，为北片区货物提高北片区人、货、车的转运效率。

智慧平安城市：包含视频监控系统、门禁系统、无线巡更系统、公共广播系统、电梯五方对讲系统等功能。

C. 城区停车管理系统规划方案

智慧停车系统：智慧停车系统借助互联网、物联网、人工智能、大数据等多技术融合的技术路径，实现人工收费、自助缴费等多种收费缴费形式。进行精细化运营，达到流程化、标准化、规范化、可视化的标准，对异常有预警、服务有监督、管理可追溯，通过大数据辅助决策，持续降本增效，提升管理与服务水平。打造无人值守、无感支付智慧化停车场管理系统，重点改善停车难、找车难、通行速度缓滞、缴费方式单一等问题，提升用户体验。

我国道路交通碳排放总量大，汽车尾气排放是其碳排放的重要来源，2019年全国机动车污染物排放总量为 1 603.8 万吨，机动车除了排放大量的二氧化碳外，还排放一氧化碳、碳氢化合物、氮氧化物和颗粒物等上百种有毒有害污染物。

通过智慧停车系统实现线上寻找车位，以一辆普通 1.6 升排量的家用车，百公里油耗 8 升来计算，如果利用智慧停车系统提前寻好车位，实时掌握泊位动态，那么每辆车每天则可少跑一公里，减少碳排放量 216 克。

服务平台的架构是建设智慧停车体系的重要环节，服务平台由管理员端、服务端和客户端三个部分构成，可以简单快速地将停车场内车辆及可用停车位数量等信息进行获取，并实时将信息传至服务器，同步至客户端，使用户可远程获知附近停车场当前车位状况。在管理员端，管理员注册并登录后，可上传自己需要管理的停车场相关信息、查看停车场地图、查看停车场监控、上传停车场数据并设置监测区域、查看自动生成的停车场平面图。管理员可以将所需管理的停车场有关信息上传至系统数据库中保存，对停车场的剩余车位信息进行实时更新；在服务端，利用从停车场收集的图片视频数据和文字数据，实现车位信息的获取，预测车位是否有人停车，并将数据推送至用户端。在用户端，用户可查询某一停车场的空位信息和使用停车场导航。

D. 城区公共安全系统规划方案

宏观解读——2021年国务院印发《"十四五"国家信息化规划》：到2025年，数字中国建设取得决定性进展，信息化发展水平大幅跃升，数字基础设施全面夯实，数字技术创新能力显著增强，数据要素价值充分发挥，数字经济高质量发展，数字治理效能整体提升。其中重点提到，推进新型智慧城市高质量发展。因地制宜推进智慧城市群一体化发展，围绕公共交通、快递物流、就诊就学、城市运行管理、生态环保、证照管理、市场监管、公共安全、应急管理等重点领域，推动一批智慧应用区域协同联动，促进区域信息化协调发展与信息共享。稳步推进城市数据资源体系和数据大脑建设，打造互联、开放、赋能的智慧中枢，完善城市信息模型平台和运行管理服务平台，探索建设数字孪生城市。实施智能化市政基础设施建设和改造，有效提升城市运转和经济运行状态的泛在感知和智能决策能力。推行城市"一张图"数字化管理和"一网统管"模式。丰富数字生活体验，加快发展数字家庭。推进新型智慧城市与数字乡村统筹规划、同步实施，探索城乡联动、资源共享、精细高效的智慧治理新模式。

技术支撑——数字孪生技术：公共安全防范：借助中心北片区地理信息系统等拟建资源，依托数字孪生城市，实现北片区公共安全应用场景的真实再现，通过接入各种传感信息，实现公共安全应用场景的实时动态监控，通过对海量公共安全数据进行整理、分析、挖掘、呈现，最终闭环的作用于物理世界，对北片区公共安全具有全面透彻的感知、系统整体的掌控以及迅捷精确的响应，使公共安全治理主体能够信息共享、互联互通，形成一体化的预警防控体系。基于数字孪生技术的公共安全，是公共安全治理的新模式，具有对城市复杂性、流动性和连续性的适应能力，对服务主体的开放性、动态性管理的支持能力，对信息多源化、复杂化的融合能力，对海量数据整理分析挖掘的呈现能力。应用数字孪生城市技术后，在公共安全领域，基于AI技术、算力的提升和数据超大规模汇聚，将散布在城市各个角落的监控摄像头等设备产生的数据连接起来，进行分析与整合，从而实现对城市的精准分析、整体研判、协同指挥。

项目建设需求：建立国际资源配置中心北片区基础信息模型及统一标准，

实现北片区智慧化数字资产交付；实现北片区建设及运营智慧管理及运营，为智慧城市、民生服务、公共安全、应急指挥等提供数据支撑。

运营管理需求：通过智慧交通、智慧公共安全、智慧片区数智化运营管理、智慧社区、智慧商圈、智慧办公等多个行业运营应用，使北片区的大数据智能化升级取得重点突破，实现片区便捷完善的民生服务、智慧精细的城市治理、高效协同的政府管理、产业融合的企业环境、生态宜居的城市绿廊。以国际资源配置中心北片区数智化运营为发展契机，建立一个由前沿技术与开放数据支撑的，面向政府部门、运营企业和公众的全国一流智慧示范新片区。

北片区地下空间安全（韧性城市）：实现城市地下空间的全面采集、系统分析、高效应用，为北片区的智慧城市建设奠定基础；及时、准确、全面地掌握城市地下空间基础设施情况，为管理方科学、精确、高效决策提供有力依据，整体提升管理方的科学化管理水平和智能化决策水平；实现全面、高效的防范和处置能力、保障公共安全，提高北片区管理服务水平。

E. 综合应急指挥调度系统规划方案

宏观解读——智慧管廊政策：地下综合管廊信息化管理系统的建设是保障城市地下综合管廊及各种地下管线高效运维管理的基础，是完善政府监管、审批、应急指挥的有效手段，是协调地下管线及综合管廊联动响应的重要途径，是促进青岛市新型智慧城市建设的有力举措。

技术支撑——数字孪生技术，应急演练仿真：在片区的城市运营管理中，突发事件的发生具有极大的不确定性，人为管理无法完全预测和消除事件的潜在威胁和现实的破坏，只能在力所能及的范围内尽可能减少突发事件带来的危害。

项目建设需求：以青岛市"十四五"信息化规划及智慧城市顶层设计为指导，以提升青岛国际资源配置中心北片区整体建设运维管理水平和风险防控与应急处置能力、为智慧城市建设提供基础支撑目标，深度融合BIM、GIS、智能感知与控制、物联网、云计算等信息技术，将建设北片区建设运营数智一体化平台，实现北片区建设期及运营期的运行状态统一管控与集中应急指挥，自动化汇集关键动态运行数据，并实现智能化的报警与事件处置。

4. 案例技术创新点

第一，BIM和GIS的融合应用。将BIM和GIS技术融合应用于智慧建设管理系统。通过BIM技术，实现对建筑信息的三维建模和管理，包括设计、施工、运营全周期；同时结合GIS技术，实现空间数据的可视化展示与分析，将工程建设信息与地理信息相结合,提高空间数据的管理效率和准确性,为项目的监管和决策提供更全面的视角。

第二,数字化交付和信息协同。通过智慧建设管理系统实现数字化交付和信息协同。该系统提供开放式框架和数据接口,能够与不同参建方的软件平台进行数据交互和信息共享,实现从项目前期到竣工交付各阶段的全程数据管理和协同工作。这样可以提高项目管理的效率,减少信息传递中的错误和重复劳动,加强各方之间的沟通和协作,最终推动项目建设数字化和智能化的进程。

第三,智慧工地管理系统。引入智慧工地管理系统,结合现场人员管理、施工机械管理、绿色施工管理、指挥调度管理、安全文明管理等多个方面,通过开放数据接口实现对第三方系统的集成。这样的智慧工地管理系统能够帮助提升工地管理的效率和安全性,实现数据的无缝对接和应用的落地效果,为建筑工地的数字化和智能化建设提供支持。

5. 案例效果

第一,以基于抵押支持债券(MBS)的"模型—进度—投资"一体化数据联动体系赋能企业全过程自动化管理。扎根项目特征,以"业务流程化、流程标准化、标准信息化、信息可视化"为原则,实现工程建设项目的标准化、数字化与智能化管理。

第二,基于BIM模型支撑起项目建设过程的关键因素管理,即进度、投资、质量控制;合同、信息管理;组织管理,即"三控两管一协调",为海辰园建设提速增效,实现包括施工进度管理量化提升25%,质量验收量化提升59%,投资统计与施工产值量化提升20%,工程专报量化提升39%,信息发布量化提升49%,文档管理量化提升59%,设计变更量化提升20%等效益。

第三,运营期聚焦城区绿色与数字化协同发展,着眼于城区智慧生态环境场景运营专项、城区道路监控与交通管理信息系统、城区停车管理系统、城区公共安全系统、综合应急指挥调度系统等多个子系统融合赋能,助力航运贸易金融融合创新高地建设。

6. 案例点评

该项目采用"数智一体化"建设理念,打造"第四代自由贸易区"示范园区。项目整合"数字化引领绿色化"理念,通过智慧化赋能提高工程管理效率,实现片区开发流程的"全面整合",运行态势的"全面感知",管理工作的"全面把控"和生态体系的"全息智慧",致力于打造国际一流的零碳智慧片区标杆。该项目融合了BIM和GIS技术,实现了建筑信息三维建模和空间数据可视化展示,提高了管理效率和决策视角。同时,引入智慧工地管理系统,增强了工地管理的效率和安全性,实现了数据无缝对接和数字化建设。通过这些技术创新,该项目将成为青岛自贸片区的重要示范区,推动高质量发展和绿色可持续发展。

(三) 上海巨硕的基于人工智能碳排放综合诊断与数字化管理平台

1. 背景介绍

通过数字化手段,可以监测和分析能源消耗、排放数据,实时识别和评估碳排放热点和效率低下区域,提供个性化减排方案和建议。同时,数字化平台可以促进企业间的数据共享与合作,实现碳减任务的协同推进。这种综合应用能够提高碳管理的精益度和精确性,推动碳效优化和减排措施的有效实施,实现园区及园区内企业的低碳转型和可持续发展。

2. 企业基本情况

上海巨硕投资管理有限公司是一家从事特色产业园区管理服务的国有企业。该公司正在推动名为"基于人工智能的(园区/楼宇)碳排放综合诊断与双碳路径规划数字化管理平台"的实践项目。该项目旨在应用人工智能技术,开发数字化管理平台,以综合诊断企业的碳排放情况,规划双碳路径,实现碳减排目标。该项目以数字化引领绿色化,为企业的绿色发展提供支持。实施地址位于上海市浦东新区康桥镇叠桥路128号。

3. 案例基本情况

(1) 项目概况

该项目聚焦以数字化赋能园区精益碳管理,切实推动园区及园区内企业的碳效优化与减碳落地。项目由巨硕园区与上海数道科技共同建设完成,依托数据与AI算法,实现了准确高效的"碳排放测算诊断"与"碳达峰/碳中和策略规划落地"。

项目充分从园区减碳落地需求出发,依托面向各类能源消耗与碳排放的全面监测与核算,通过解构分析实现"碳排大头"的精准锁定,并从碳排放规模、强度、增速、模式稳定性等多个视角维度进行综合化、体系化评估评级,根据横向对比对标,量化了解其在行业、地区的领先/落后程度,明确碳效弱点。通过碳排放盈缺分析与趋势预警,确保园区碳指标的完成。进一步延伸,基于当前碳排结构、碳排模式与可改造基础条件,全方位识别潜在减碳方向,以最早化碳达峰、碳中和以及投入产出比最大化为目标,智能化自动化形成最优化的减碳策略组合,并量化预估减碳策略实施成效与成本收益,从而切实帮助园区及园区内企业在快速掌握自身碳排放现状,识别弱点与不足的基础之上,明确后续减碳改进的空间与路径,落地推进实现"双碳"目标。

该项目帮助园区实现碳排放总量与强度的精益化双控,现有策略预估单区域实现年度降碳超过15%,实现电费及潜在碳交易综合收益超130万元,节约人力成本约114人·天/年。该项目作为张江集团双碳数字化工作的先行试点,后续将进一步在康桥工业区、张江集团下属其他产业园区逐步推广。

(2)总体架构

项目总体架构主要由数据采集层、处理分析层以及应用服务层三层构成:

数据采集层:依托数据采集层,完成多源异构数据的高效汇集整合,一方面,涵盖园区内企业工商信息、所属行业、位置信息等基础信息,以及企业用电量、用气量、固体化石燃料等能耗数据与各类在生产运营过程中产生的碳排放数据;另一方面,涵盖园区整体生产经营数据等产业/企业发展数据等。

处理分析层:处理分析层包含数据分析建模能力与双碳知识库的构建。其中,数据处理分析能力面向数据全生命周期各环节,构建涵盖数据融合、数据审核、数据清洗、数据转换、数据筛选、数据衍生、算法模型构建与结果评估的多维数据处理分析能力,实现多源异构数据的融合贯通与先进算法模型的集成应用,充分释放能源大数据价值,有力支撑碳排水平的精准分析与减碳空间的有效挖掘。双碳知识库以现行ISO 14064系列国际标准、《工业企业温室气体排放核算和报告》系列国家标准、《行业企业温室气体核算方法与报告指南(试行)》等权威标准为基础,整合面向组织级的碳排放测算方法,构建起碳排放因子库,为碳排态势的及时、充分感知提供科学依据;分类梳理现行国家核证自愿减排量(CCER)方法学,汇集符合园区、企业实际的减碳方法,为减排空间的识别及减排策略成果的量化提供有效助力。

应用服务层:应用服务层聚焦"双碳"精益管理决策与节能降碳实施需要,通过碳排动态监测、排放大户识别与碳排分布视图实现碳排现状解构分析;通过碳排对标评估、碳排归因分析、企业绿色评级实现碳排效率综合评估;通过碳排趋势预测预警、配额盈缺动态评估、排放结构变化分析支撑碳排趋势精准研判;通过减碳空间充分识别与减碳策略量化仿真助力减碳潜力的发掘与策略落地,助力企业碳排放态势的全面把控与碳减排空间的充分挖掘,赋能碳资产管理决策水平的持续提升,服务碳资产运作效益的不断优化。通过全生命周期闭环碳排放管理，帮助园区以及园区内企业提升自身能效碳效水平，降低能耗成本与碳排强度，构建以"碳效"为核心的数字化碳管理闭环。

(3) 主要技术

第一，碳排放结构分析。碳排放体量与强度核算：融合电力、天然气等各类用能数据与产值数据，准确核算年度及月度碳排放总量、单位产值碳排放量、单位面积碳排放量；碳流向网络：分别从能源供应侧与能源消费侧出发，细化拆解不同碳排放来源的具体流向，直观呈现从电力、蒸汽、天然气等来源流向不同区域、行业的情况，帮助园区明确"碳排放大头"；碳排放结构拆解：从片区、行业、企业等视角出发，逐层细化拆解园区碳排放结构，锁定后续减碳重点管控对象；碳排放模式识别：以时序视角提炼总结园区碳排放的模式特征，其对于碳排放效率评估和碳效对标起到直接支撑作用，同时也是碳达峰趋势预测与减碳策略仿真的重要基础。

第二，碳效多维对标。碳排放效率综合评级：从碳排放体量、碳排放强度、碳排放增速等政府考核重点维度出发，体系化评估碳排放效率；碳排放效率行业/区域横向对比：基于碳排放效率综合评估结果，从行业、区域等多角度进行对标，明确园区综合碳排放水平，以及在行业、地区的领先/落后程度；碳排放效率多维对标：从碳排放体量、强度、增速、稳定性等细分维度，对比当前园区与全市平均水平，细确定存在的不足与问题；碳排放效率四象限分析：分别以产值与碳排放量为横坐标与纵坐标，构建碳排放效率对比四象限，直观呈现当前园区在碳排放量与强度上的表现水平，及与其他园区的差异。

第三，碳排放趋势预警。碳排放盈缺分析：通过自动测算实际碳排量与年度碳排目标之间存在的差距，帮助园区实时跟踪碳排目标完成进度，提前预警超标风险；碳排放趋势预估及预警：在当前碳排放现状趋势的基础上，结合园区产业结构与各类企业的基本信息、产值数据等，对未来12个月的碳排放量进行了预测。并进一步结合国家、地方产业园区能耗标准与排放限额，动态测算园区整体是否超出排放要求，并对其中超过目标范围的月份提前预警；碳排放结构变化分析：从年度层面，梳理园区近年来的能源结构的变化情况，从片区、行业等维度，分类汇总分析各类能源排放占比，支撑不同年份碳排结构变化趋势的细化感知，进一步锁定碳排放规模与增幅双高的片区与行业。

第四，减碳策略组合生成。结合巨硕园区目前的碳排放结构与模式，可改造的基础（如可用屋顶面积、变压器额定容量等硬性基础，以及施工周期、投入等软性基础），以及最大化减碳收益的目标，平台智能化模拟计算并输出了包括光储一体化、暖通设备改造在内的一系列减碳策略组合,形成碳达峰、碳中和最优路径。

第五,策略量化仿真。针对智能生成的最优减碳策略组合进行全面的量化仿真。一方面,算一笔"效果账",量化预测策略实施后月度的碳排量与碳排强度的下降幅度。另一方面,算一笔"经济账",量化测算方案实施成本,以及潜在经济收益与碳交易价值。从金融视角区分自投模式与合同能源模式,提前测算年度的资金收益与投资回报期。

4. 案例技术创新点

第一,多维度的碳排放效率评估新体系。该项目在碳排放效率的评估上,突破了传统单一基于碳排放体量或强度的维度视角,而创新性地从碳排放规模、碳排放强度、碳排放增速、碳排放模式稳定性等政府侧重点关注的多个方向提炼了十余个维度,从而建立起一个多层级、多视角、可量化的碳排放效率评估体系,从而实现更为全面、准确的碳效诊断评价,并进一步从国家、区域、行业等层面进行对标,辅助园区及企业量化了解其在碳排放各方面在行业、地区的领先/落后程度,辅助定向提升主要碳效弱点,助推成为业界碳效标杆。

第二,基于人工智能算法的双碳(碳达峰、碳中和)路径规划新方法。该项目在碳排放测算解构与碳效诊断评估的基础上进一步服务延伸,以帮助园区及企业尽早实现碳达峰碳中和,最大化减碳收益为目标,创新性地基于数据与算法,自动化、智能化地实现了根据达峰时间目标、可改造基础、当前碳排放结构与模式等信息,判断各类减碳方式的可行性与潜在减碳空间,并智能化规划模拟计算,输出不同目标下的最优策略组合,量化测算方案实施成本,以及潜在经济收益与碳交易价值。

5. 案例效果

该项目在理论层面构建了从碳排放测算,到碳效评估诊断,再到减碳策略优化的全生命周期闭环碳排放管理,形成了完整的方法论与技术路径。在现实层面,一方面直接帮助园区、企业提升自身能效碳效水平,降低能耗成本与碳排强度,更为快速、高效地达成碳排目标,并依托自身碳资产在碳市场中实现更多的经济收益,另一方面在区域宏观层面以点带面,促进产业高质量发展,引领推动了区域、行业的双碳工作开展。具体而言,该项目在经济与社会层面效益如下:

经济效益:通过对园区减碳空间的充分挖掘,精准推荐节能降碳策略,助力能源改造的高效实施,节约能源使用成本,提升碳资产运作效益(以光储一体化策略为例,单区域预估实现年度降碳约15.6%,实现电费及潜在碳交易综合收益132.2万元)。形成面向碳排放管理从数据集成、数据处理到模型构建、结果展示全流程规范化、标准化的产品服务模式,有力提升碳排放管理工作效率,大幅节约碳排放测算统计、报告整理等相关人力成本(节约大约104人·天/年)。

社会效益:紧密围绕国家"双碳"战略要求,突出能源数据要素的放大、叠加、倍增效应,通过提升园区自身"双碳"精益管理能力,辅助园区内企业节能降碳落地,为"双碳"治理、产业绿色低碳发展提供有力支撑。以巨硕园区为起点,通过园区"双碳"数据示范的打造,进一步在康桥工业区、张江集团下属其他产业园区逐步推广,引领推动区域、行业双碳工作开展,推进全社会节能提效。聚焦当前产业园区与企业在碳排放评估诊断与减碳落地推进上的痛点难点问题,通过数字化碳管理平台的打造,构建起从碳排放测算,到碳效评估诊断,再到减碳策略优化的全流程能力,其方法论、技术路径及应用功能均具备较强的复制性与推广性,能够切实提升园区、企业自身能效水平,降低碳排强度,完成碳排目标,促进产业高质量绿色发展,形成"减碳排头兵"模式示范效应。

6. 案例点评

该项目旨在数字化赋能园区精益碳管理,推动园区及企业的碳效优化与减碳。依托数据与AI算法,实现准确高效的"碳排放测算诊断"与"碳达峰、碳中和策略规划落地"。通过精准锁定"碳排大头",从多个视角综合评估碳排放水平,并量化对标行业、地区的领先/落后程度,明确碳效弱点。通过碳排放盈缺分析与趋势预警,确保园区碳指标的完成。基于碳排结构与可改造基础条件,识别潜在减碳方向,形成最优化的减碳策略组合,量化预估减碳效果与成本收益。该项目帮助园区实现碳排放精益化双控。作为先行试点,项目将逐步推广至其他园区,助力实现"双碳"目标。

四、交通行业案例

(一) 随申行公司的碳普惠绿色出行平台

1. 背景介绍

为贯彻落实习近平生态文明思想,落实碳达峰、碳中和目标,健全生态产品价值实现机制,大力推动全社会低碳行动,引导绿色低碳生产生活和消费方式,营造全社会节能降碳、资源节约氛围,上海市生态环境部门牵头开展碳普惠体系建设工作,分别发布《上海市碳普惠体系建设工作方案》《上海市碳普惠体系管理办法(试行)》,指导本市碳普惠体系的设计、建设、运营、管理、监督等各项工作。

作为公司的三大平台建设任务之一,在启动"出行即服务"(MaaS)体系建设初期,市交通委即要求随申行公司积极参与本市碳普惠工作,在公共出行领域搭建统一的、具有广泛兼容性的、独立运行的碳普惠绿色出行平台。

2022年年底,随申行公司根据方法学草案,完成了探索性的碳普惠绿色出行平台1.0的搭建。2023年年初,由市交通委与市生态环境局对平台搭建成果予以肯定,并明确碳普惠体系建设和机制运行在交通领域通过"碳普惠绿色出行示范场景"的形式先行先试,在2023年内实现碳交易。

根据会议精神,公司按照市生环局总体规划,参照《上海市碳普惠体系建设工作方案》与碳普惠业务相关管理要求,完成了平台2.0迭代工作,2023年7月正式上线发布。

2. 企业基本情况

根据上海市公共数据统一授权运营要求,上海随申行智慧交通科技有限公司(简称"随申行公司")由上汽集团、久事集团、申通集团、仪电集团、上海信投、城建投资共同出资组建,是一家专注于科技推广和应用服务业的国有企业,负责本市交通公共数据的运营,为城市数字化转型提供交通数据支撑的数据平台企业化实体。作为国内首家政府自主建设的超大城市级出行服务数据平台公司,随申行公司致力于通过打通数据孤岛、数字挖掘加工,为上海以及未来长三角等区域提供"智慧融合、绿色低碳、高效便捷、公益惠民"的一体化出行服务。2021年3月,根据上海市委、市政府《关于全面推进上海城市数字化转型的意见》工作要求,为进一步提升交通生活数字化服务品质,由市交通委牵头实施MaaS体系建设。2021年8月,市政府常务会议明确,由市交通委归口管理、新设随申行公司具体承接建设本市绿色出行一体化平台、出行数据授权运营平台、碳普惠绿色出行平台,推进上海市生活数字化转型中的交通生活数字化转型。目前,该公司正在推动上海市碳普惠绿色出行示范场景的实践。作为数字技术与绿色技术融合创新的实践项目,该示范场景旨在提供全面的绿色出行管理和运营解决方案,实现对出行方式的优化和碳排放的控制,推动城市绿色交通发展。

3. 案例基本情况

（1）平台建设必要性

第一，碳普惠是上海 MaaS 系统建设的重要组成部分，是城市数字化转型在交通领域的重要体现。上海 MaaS 系统始终致力于全面整合出行场景，并同步探索交通出行碳普惠方案：一方面，研究交通碳普惠核算方法，主导交通领域碳普惠的场景接入、数据采集与整合、碳普惠方法学细则等，探索交通碳普惠实施路径和方案计划；另一方面，研究通过市场化集成绿色出行积分核算功能，如积分核销、出行福利、实物兑换、植树冠名等活动策略。

碳是上海 MaaS 系统建设的重要底层要素，注重公共交通在 MaaS 系统中的主体地位才有可能实现交通领域国家"双碳"目标。上海 MaaS 系统建设中通过统一平台进行碳普惠，能够折现出行服务的碳资产，又可以作为一种提高客户黏性的手段，从而提高整个公共交通系统的获客能力。为此 2023 年 1 月，上海 MaaS 系统已上线并试运行"上海市碳普惠绿色出行平台"。

第二，依托上海 MaaS 系统构建出行场景统一碳普惠平台，有利于一体化数据监管和碳迹追踪。基于交通出行行业的整体特征，在出行碳普惠管理上需要有一个相对集中的收口平台，能够实现对全量出行数据的监管和核验，能够执行统一管理和资源协调，避免过度商业化竞争对行业生态和公共出行服务造成无序冲击。

交通出行碳普惠工作中另一核心关键，是对于出行碳迹全链路的记录和跟踪，进而引导市民由"高碳出行方式"向"低碳出行方式"的迁移转变。上海 MaaS 系统的使命之一即是打通各平台数据，还原用户全链路出行行为情况，目前有且仅有上海 MaaS 系统具备实现出行碳迹全链路记录的能力与基础。

基于上海 MaaS 系统搭建的"上海市碳普惠绿色出行平台"是本市 MaaS 系统的重要组成部分，其已具备"出行场景统一碳普惠平台"所需的相关数据基础与处理能力，通过该平台处理后的数据可满足场景减排量签发的具体要求。

（2）功能介绍

碳普惠平台已实现以下功能：

第一，个人碳账户。碳普惠账户是各市场参与主体在碳普惠绿色出行平台开立的账户。在本平台上，支持个人开立个人账户，用于管理减排量和碳积分。用户在注册碳普惠平台后，需完成实名认证方开通个人碳账户。

第二，减排量管理。依据交通场景方法学，覆盖公交、地铁、轮渡、共享单车等低碳出行场景，通过打通并收集数据源企业提供的用户信息、行程信息和支付信息，为用户计算其出行所获得的减排量。本平台内用户可按照出行时间、出行方式、使用渠道等维度查询减排量获取明细。减排量未来支持参与个人碳交易或兑换为碳积分后进行权益核销。用户在出行平台中完成行程数据授权后，由各出行场景方向碳普惠绿色出行平台传输行程数据，平台根据约定的数据处理策略进行清洗、核验，经计算后用户个人碳账户中可查询到碳普惠减排量。

第三，碳积分管理。根据本市碳普惠相关管理办法，按一定比例将减排量兑换为碳积分，用户可在碳积分商城、各级碳普惠平台等渠道使用碳积分。鼓励企事业单位、社会组织、商业机构等共同拓展碳积分使用渠道、丰富激励形式、加大激励力度，促进碳普惠体系可持续发展。用户在碳普惠管理运营绿色出行平台中使用碳积分兑换权益，并对入驻商户和平台进行相关碳资产清结算登记用于后续参与碳交易。

第四，三方平台赋能。平台当前已形成标准化接口，具备向第三方平台快速输出产品服务或数据服务。平台根据各大流量三方平台对接需求展开技术赋能，旨在快速触达用户，引导更多市民参与到碳普惠事业。同步对接权益合作方成为平台商户，双向赋能各自用户并实现碳普惠闭环，逐步构建完善碳普惠积分消纳体系。

4. 案例技术创新点

本平台作为本市碳普惠体系推出的首个平台，其技术创新点主要包括：

第一，减排计算精。不同于当前各类鼓励性质的企业自循环低碳生态体系，该平台严格按照方法学计量用户减排量，对数据质量要求高、计算能力要求强、处理策略要求全，最终计算得到的结果可向用户客观准确反映其每次出行为环境治理所做出的贡献程度。正因为减排量计算的科学性和严谨性，从而支持该平台所生产减排量可在碳排放权交易市场内进行流通交易。

第二，接入场景全。相较于全国其他已开展交通碳普惠的城市，上海交通碳普惠覆盖场景既包括了公共交通相关场景，同时纳入了共享单车场景，基本囊括了日常基于订单出行的全部低碳出行方式。通过完成场景接入，市民使用低碳出行后均可积累减排量，同时平台积极开展与各出行服务方的权益合作，旨在通过碳积分兑换乘车券、骑行券等权益形式，鼓励用户多用多惠，构建低碳出行的良性循环。

第三，渠道覆盖广。碳普惠平台通过打造开放性平台模式，支持与各类平台在产品服务和数据服务层面快速打通,并赋能平台用户参与碳普惠,从而聚拢了大量业务合作方。平台推广运营早期完成与各大流量三方平台对接,并集中完成几个主要权益合作方的业务合作,在行业内打造"样板间"和"示范标杆",从而吸引更多平台参与合作。通过不断扩大渠道覆盖,在服务更多出行用户积累减排量的同时,也为用户提供了更多样化的权益消纳选择。

5. 案例效果

通过搭建本市绿色出行统一平台,为用户、为企业、为社会提供如下赋能:

第一,个人低碳出行激励。通过使用严谨的方法学,为用户科学计量其使用低碳出行方式实现的减排量,将个人对城市环保所作贡献进行量化,从而激发用户荣誉感和自豪感。在获得减排量的同时,用户还可选择参与个人碳交易获得资金回馈,或选择在平台运营方提供的消纳渠道参与前置普惠,从而鼓励用户更多使用低碳出行。

第二,创建企业绿色形象。近年来,企业越发重视其 ESG 理念实践(从环境、社会和公司治理三个维度评估企业经营的可持续性与对社会价值观念的影响),碳普惠平台为各类企业提供了参与碳普惠事业的路径,出行服务提供方通过数据对接赋能其用户计量减排量,权益合作方平台通过权益供给前置普惠用户,其他企业亦可进入碳排放权交易市场直接购买平台所产生的减排量进行配额抵消或公益宣传。

第三,数据反哺交通管理。交通行业致力于打通数据孤岛,实现各类出行方式的数据整合,从而全面评估全市交通出行体系运行效率。

通过碳普惠平台实现了公交、地铁、轮渡、共享单车等场景的数据打通,同时将逐步探索慢行导航、驾车导航等其他出行方式的减排量计算,基本涵盖了日常各类出行场景。通过平台各方的数据业务合作,厘清交通运行现状问题,为解决城市交通问题提供解决方案,从而实现交通数据治理反哺城市交通。

平台在 2023 年 7 月正式发布上线后,根据运行情况,不断优化完善运行机制和技术能力,并逐步考虑对接入的低碳出行场景进行扩展,积极探索使用区块链技术支持平台数据在各主体间的计算和流转。2023 年底前,按照市生态环境局总体规划,积极做好市级平台建设支撑工作,并完成碳普惠绿色出行平台 3.0 迭代,打通碳减排量交易链路,形成完整的碳普惠生态链,实现碳普惠闭环运作。

6. 案例点评

上海随申行智慧交通科技有限公司搭建的碳普惠绿色出行平台是上海市

碳普惠体系建设的一部分。该平台通过统一数据和管理，推动城市绿色交通发展，实现个人低碳出行激励、企业绿色形象塑造和数据反哺交通管理。平台具有减排计算精确、接入场景全面和渠道覆盖广泛的特点，将为用户、企业和社会提供全面的绿色出行管理和运营解决方案。平台上线后，预计能够实现减排量计算、碳积分管理和碳交易管理等功能，并逐步扩展低碳出行场景和探索区块链技术应用，最终形成完整的碳普惠生态链，推动碳普惠体系的闭环运作。

（二）上海智能交通公司的车路协同路侧感知技术

1. 背景介绍

随着我国城市化、机动化发展迅速，交通拥堵、安全、污染等问题日渐显著，车路协同作为智能交通发展重要方向，可以有效提高交通安全、效率和减少环境污染。车路协同作为数字孪生技术的重要组成部分，国家在"十四五"规划中，强调了车路协同在自动驾驶发展中的战略意义，未来中国将履行"单车智能＋车路协同"双轨并行的战略，打造更可靠的自动驾驶实施场景。

2. 企业基本情况

上海智能交通有限公司是一家国有企业，主要从事交通行业的业务。该公司致力于推动车路协同路侧感知技术的实践。作为数字化引领绿色化的实践项目，该项目旨在通过数字化手段，在交通领域实现车辆与道路的协同，提高交通效率和安全性。该技术可以通过路侧设备感知车辆的行驶状态和交通情况，从而实现智能化的交通管理和调度。

3. 案例基本情况

上海智能交通有限公司利用车路协同技术和设备助力城市交通运输系统的有效出行，提高居民出行效率，减少出行碳排放，拥有以下核心竞争力：

（1）车路协同路侧感知技术

基于车路协同技术，公司对路侧感知技术应用进行了研究和探索，项目的总体技术路线遵循云—路—车的技术架构体系，采用C-V2X通信技术，实现车路、车云的实时通信，实现高速公路以及城市道路典型场景下的车路协同的应用。全方位实施车车、车路和人车动态实时信息交互，在全时空动态交通信息采集与融合的基础上，开展车辆协同安全和道路主动控制，充分实现人车路的有效协同，保证交通安全，提高通行效率，从而形成的安全、高效和环保的道路交通系统。

建设方案由智能车端、智能路端、云端以及相应的业务系统构成,其核心是利用车、路之间的实时动态通信,改变传统道路交通车、路之间的静态联系,使车、路之间能够建立起实时自动连接、相互作用的动态系统。其特点是强调交通参与者、交通工具、交通设施之间的交互和实时调整,目的是提高交通的安全性和可靠性以及节能减排。

(2) 车路协同路侧感知设备

综合应用边缘计算、人工智能、视频和雷达多模态感知等技术,公司开发了一套基于车路协同路侧感知设备,可以实现微波雷达检测器、视频检测器、激光雷达检测器的数据融合,实现人、车、物、环境等交通要素高精准度、全息感知,包括机动车、非机动车、行人、大货车以及目标位置、车牌号、交通事件等信息,并及时推送给网联车辆,推进车路协同下的道路设施网联化。

具体实现的功能为:第一,全域数据感知:实现采集设备全域覆盖管理,实现各类采集数据的融合、实时分析输出多种交通数据;第二,数据融合处理:对路侧感知到的各类信息,经过边缘计算(MEC)及中心云处理,将事件及信息推送给路侧单元,广播给智能网联车辆;第三,网联场景应用:能够有效支撑网联环境搭建、开展车路协同场景应用、加速车路协同技术与智能交通体系融合。

车路协同领域的路侧感知技术研发将与车路协同深度融合,实现车与车、车与路、车与人、车与网络实时数据交互,从而帮助乘客进行路线规划,并为城市道路规划、建设和管理提供决策依据,最终提升交通效率,助力城市交通节能减排。目前,公司已经有一些智能网联试点示范项目,未来该技术将在更多的智能网联先导区、示范区和双智城市得到使用。随着智慧交通和智慧城市的发展,也会在更多场景下得到使用,并针对不同的场景形成个性化的解决方案,从技术研发、产品迭代到实施落地,形成完整的产业链,推动交通绿色低碳发展。

4. 案例技术创新点

第一,与现有传统机电系统资源整合利用。建立主动感知能力,实现基础感知(交通流、交通事件、视频/图像/记录),发挥前期市场价值。

第二,合理布设新型路侧感知设备。实现对多设备、多传感手段数据的充分融合和精确感知,大幅提升感知数据质量。

第三,在区域重点路段全覆盖布设综合路侧感知设备。实现交通中人、车、路、环境的全时、全天候、多要素的全时空精准感知。

第四,升感知要素精细度实现车路协同化感知。聚合 V2X 数据,将高速感知设备接入车路协同网络,实现人车交互,信息互通车路交互和谐,服务城市低碳绿色出行。

5. 案例效果

车路协同路侧感知设备支撑智能网联车辆各场景应用,包括闯红灯预警、绿灯车速引导、危险行为驾驶预警、弱势交通参与者预警等。通过智慧路口建设、搭建车路协同环境、无人驾驶测试等方面为智慧交通多场景应用搭建了良好的网络环境,促进车、路、城信息的共享和交互,为交通出行提供参考,为减少交通运输碳排放提供新的有效路径,推动城市交通绿色高质量发展。

(1) 面向城市交通建设管理部门,提供开放道路网联环境搭建及智慧道路管理支撑服务

智能交通公司参建的智能网联示范区车路协同应用环境建设项目,参与搭建 IPv6+智能网联和智慧城市应用承载网络,满足低时延、高可靠、多用户管理要求;建立车—路协同互认的 C-V2X 通信加密保护体系;分别搭建信号机与 V2X 以及车—路通信桥梁,完成相应路口信号灯信息数据采集以及车—路通信。

典型案例为柳州市车联网先导区建设项目 MEC 产品销售,该项目在现有的柳州车联网智慧路网基础上,进一步扩大范围,增加智能路侧设备单元,从而构建面向城市级的智能网联车路协同开放道路示范区,共安装 67 台 MEC。项目的建成,将增加智慧公交、城市 Robot Taxi、景区无人观光车、无人物流运输等多个场景,为智能网联、车路协同、自动驾驶等关键环节示范运营提供强大支撑,大力度推动车联网先导区建设,争创国家级车联网先导区。

(2) 面向城市交通建设管理部门,提供无人驾驶测试区域的模拟环境搭建及智慧道路支撑服务

构建路口精细化"全息视角",实现全天候拟合、全方位感知、全要素采集、高精度定位,为精细化管理打下基础;实现大视野下的机、非、人全要素采集,以全量数据,助力信号灯精准控制,夜间绿灯不空放,行人过街更从容;通过 AI 信号配时推理模型实现多路口联动控制与优化,打造"点"数据的精细化管理。

例如,嘉定全息路口车路协同应用及测评系统建设项目,其在嘉定区已建智能网联道路基础上,充分利旧,牵头参与 50 个全息路口建设,包含全息路口融合感知系统、路侧交通数据智能处理系统、基于全息感知的测试评价系统三

个部分。其中融合感知系统服务于数据集的创建,为其他两大系统提供数据支撑;感知融合系统与路侧交通数据智能处理系统协同,可以支撑对自动驾驶车辆的服务以及对更广泛交通参与者的服务;基于全息感知的测试评价系统则可以对应用场景的构建提供评价闭环,支撑样板路打造与经验总结。

在深圳坪山区,推出了全市首条智能网联汽车应用示范线路,搭建支持多种通信模式的路侧通信设施以及基于边缘云计算的环境感知路侧单元,满足网联式自动驾驶的应用测试与验证,建设了标志和标线识别及响应,交通信号灯识别响应,前方车辆、障碍物、行人非机动车的识别响应,超车以及并道行驶等14项基本测试项目。典型案例为深圳智能网联EPC项目。

(3)面向城市交通建设管理部门,提供开放道路无人驾驶智能网联环境搭建服务

基于无人驾驶、车路协同技术,打造广西区内首条Robot Taxi示范线路,让市民切身体验车联网的技术发展;针对3.07公里范围内开放道路设施升级改造,搭建智能网联基础设施环境,实现区域内开放道路Robot Taxi商业运营;为C-V2X共享观光车搭建覆盖2.91公里的智能网联环境,为大众提供全新驾乘体验,让科技走进人们的生活,融科技体验于公园游览观光。典型案例为柳州市车联网先导区建设项目。

车路协同是数字孪生在路侧感知方面的应用实践,坚持数字化、绿色化协同发展,公司通过技术的不断迭代与更新,服务城市低碳绿色出行,以数字孪生领域的车路协同路侧感知技术助力城市交通绿色低碳发展。

6. 案例成绩

2021年10月,获上海市交通工程学会三等奖(上海市交通工程学会)。

2021年11月,获上海市公路学会科学技术奖二等奖(上海市公路学会)。

2021年11月,获2021上海市城市数字化转型"智慧工匠"评选总决赛二等奖(2021上海市城市数字化转型"智慧工匠"选树、"领军先锋"评选活动组委会)。

7. 案例点评

上海智能交通有限公司通过整合传统机电资源和布设新型路侧感知设备,实现全时空精准感知交通要素。优势在于提升交通安全、效率,减少环境污染,改善出行效率,推动智慧交通发展。城市交通管理部门可获得开放道路网联环境搭建和智慧道路管理支撑服务,推动无人驾驶测试和智能网联车路协同场景应用,促进城市交通绿色高质量发展。通过车路协同路侧感知技术,

助力城市交通低碳绿色出行,实现数字孪生领域的创新和发展。

(三)赢彻星创的智能低碳辅助驾驶

1. 背景介绍

随着燃油、人力资源等物流成本的增长,运价进一步下降的空间已非常有限。为进一步实现供应链成本优化、提高运营效率,亟须通过新技术、新模式的实践应用,实现降本增效。目前,物流行业门槛较低,形成小而分散的运力体系,而小型车队与个体散户服务同质化严重。在公路货运市场的无序竞争中,物流企业主要通过超量运输、长时间运输等方式降低运输成本以达到低价竞争的目的。但此运输模式带来的超载、疲劳驾驶等现象,对人员、货物以及运输环境都造成了较大的安全隐患。通过对公路货运事故直接原因的深入分析,事故原因主要为司机因素和装备因素。其中,司机因素主要包括激进驾驶与疲劳驾驶,装备因素以设备盲区为主。此外,司机工作强度大、安全风险高、社会地位与福利难以得到保障也造成了货车司机就业满意度低。

2. 企业基本情况

赢彻星创智能科技(上海)有限公司是一家专注于制造业的企业,具体从事计算机、通信和其他电子设备制造,并专注于干线物流场景,具备极为稀缺的"L3/L4全栈自研+前装量产+运力运营"的能力组合,在卡车自动驾驶领域全面领先。该公司正在推动名为"百威-赢彻智能低碳辅助驾驶运营项目"的实践。作为数字化引领绿色化的实践项目,该项目旨在开发智能低碳辅助驾驶运营解决方案,该解决方案致力于提高驾驶过程的安全性和能源效率,减少对环境的影响。赢彻的目标是为物流客户提供更安全、更高效的自动驾驶货运网络(TaaS),并输出自动驾驶系统、软件服务及算法等,实现全面对外技术赋能,未来成为自动驾驶技术和运力的基础设施。

3. 案例基本情况

百威是全球知名的啤酒酿造商、全球五大消费品公司之一,总部位于比利时,旗下经营超过500个啤酒品牌。百威的业务遍及全球50个国家和地区。百威亚太控股有限公司,是百威集团旗下公司,主要在亚太区从事生产及销售啤酒,是亚太地区最大的啤酒公司。百威亚太在中国有26个百威工厂,15个物流配送中心(DC)。运输模式包括陆运、水运与铁路运输。百威承诺在2040年前整体价值链实现净零排放。承诺2025年前在中国整个价值链中减少25%的二氧化碳排放(2017年基准线)。基于此行业现状,百威联合物流服务运营商一起,着力研究探讨新技术、新模式并加以实践应用。

百威与赢彻在自动驾驶在干线物流的联合推广及应用,是人工智能、大数据、云计算等新一代数字技术赋能传统产业的绝佳尝试。并且打开了企业提高降本增效、提供安全、可持续发展的货运解决方案的新思路和新方法:

(1) 提升效率

第一,双驾变单驾。赢彻L3智能驾驶卡车采用全栈自研面向量产的轩辕自动驾驶系统,基于针对重卡自动驾驶的独有算法:超长距感知算法、自适应鲁棒控制算法。经过实际道路实践,车辆自行应对95%以上路段的驾驶工作,极大降低司机工作强度,有控制的延长单个司机的工作时长;当单驾司机出现困倦时,通过主动的周期性接管机制、被动的DMS困倦检测+提醒机制技术手段让其保持清醒的工作状态;紧急情况下,通过车辆搭载的MRC应急避险机制预防事故发生。在1000公里内可稳定实现双驾变单驾,单驾司机出勤与双驾司机一致,因此可通过节省司机人员费用降低人工成本。

第二,燃油节省。赢彻科技的节油技术路线构建了一套完整的技术栈,从以上4个切入点出发,形成综合性的FEAD解决方案,取得了商业运营环境下良好的节油效果:在车辆使用周期内,选择风阻优化与最优轮胎;小时级—车云协同全局速度规划;基于图神经网络GNN(graph neural network)技术,在云端建立以关键途径点为节点的图神经网络,利用历史经验数据和即时交通数据,实现最优的速度推荐。

第三,获得兼顾时效和油耗的全局巡航车速分配策略。针对每一条运营路线,根据历史运营数据特征(拥堵、平均车速等)和实际道路特征(坡度、车道数、服务区等)构建有向无环图,并利用图神经网络和历史数据训练进行训练,以获得兼顾时效和油耗的全局巡航车速分配策略。训练时,基于增量学习/终身学习LLL(life long learning)技术不断加入最新的运营数据,持续更新并优化策略。实际运营时,依托车云协同链路,实时获得运营车辆的位置、拥堵、预计到达时间等信息,并结合离线训练的网络参数,实现最优的速度分配快速推理输出,并通过车云协同链路对每辆车实时下发定制化速度分配策略,以获得时效和油耗的最优平衡。赢彻L3智能驾驶卡车通过节油算法FEAD在控制车辆油门、刹车、挡位的基础上,还做到实现智能跟车、智能变道、智能超车等行驶决策;从而实现燃油经济性。与普通柴油重卡相比,油耗可降低3%—5%。

(2) 提升安全

保障安全一直是百威及赢彻不可妥协的红线。赢彻项目组,严谨遵循正

向开发和功能安全的开发原则设计L3智能驾驶卡车,应用多种先进技术为安全护航:

第一,采用全冗余线控底盘。在转向、制动、供电系统均有多重冗余设计保障车辆行驶安全;L3/L4卡车车规级硬件套装:包括激光雷达、毫米波雷达、摄像头在内的传感器布局可覆盖360度感知其安装设计与车身造型一体化并具有防尘和自动清洗功能。面向L3的人机交互系统:通过DMS驾驶员监测系统、驾驶员手环、自动驾驶AD开关和中控交互大屏、灯带、语音提醒、预紧安全带和震动座椅提供听觉、触觉、视觉的全冗余人机交互;网络安全设计方案:在云、管、车端入口、车端咽喉、车内网络、零件6层布局纵深防御可应对300多个不同商用车应用场景下的潜在攻击路径抵御各类恶意安全入侵。

第二,基于先进技术的设计融合。赢彻L3智能驾驶卡车可有效避免因激进驾驶、疲劳驾驶等司机因素造成的安全事故,且360度无死角感知与超长视距可减少因视觉盲区造成的安全事故,具备比人类司机更快的反应速度,打造更安全的公路货运。

4. 案例技术创新点

第一,自动驾驶L3卡车实现双驾变单驾,降低人工成本与驾驶员疲劳。赢彻L3智能驾驶卡车通过全栈自研面向量产的轩辕自动驾驶系统,采用超长距感知算法和自适应鲁棒控制算法,使车辆在95%以上路段能够自行驾驶,实现双驾变单驾。通过主动的周期性接管机制和DMS困倦检测+提醒机制,保持单驾司机保持清醒的工作状态。在1 000公里内可稳定实现双驾变单驾,省去一个司机,降低人工成本,同时降低驾驶员疲劳导致的安全风险。

第二,自动驾驶卡车节油技术路线,优化车辆速度规划和驾驶决策。赢彻科技构建了一套完整的节油技术栈,包括风阻优化、最优轮胎选择和车云协同全局速度规划。通过图神经网络(GNN)技术,建立以关键途径点为节点的网络,并利用历史经验数据和实时交通数据,实现最优的速度推荐。根据历史运营数据特征和实际道路特征构建有向无环图,并通过图神经网络和历史数据训练进行训练,以获得兼顾时效和油耗的全局巡航车速分配策略。通过智能跟车、智能变道、智能超车等行驶决策实现燃油经济性,比普通柴油重卡可降低3%—5%的油耗。

第三,全冗余安全设计,保障自动驾驶卡车行驶安全。赢彻L3智能驾驶卡车采用全冗余线控底盘,在转向、制动、供电系统均有多重冗余设计,以保障车辆行驶安全。

5. 案例效果

百威与嬴彻自2023年8月开始在百威莆田工厂至浙江线路进行示范运营。百威与嬴彻科技合作,使用L3自动驾驶卡车成功实现单人驾驶完成全线路运输任务,全程自动驾驶里程占比达到95%,司机对于驾驶体验的舒适度给予了高度肯定,同时对于该技术的推广报以高度的期待。此次运营有力检验了自动驾驶技术的实践成果,为后续提升运营规模、扩大应用范围打下了坚实基础,为提高物流运输效率、优化成本控制保驾护航。

第一,双驾变单驾降低成本。嬴彻L3智能驾驶卡车,在1 000公里内可稳定实现双驾变单驾,并保持单驾司机与双驾司机出勤一致,省去一个司机,降低人工成本。

第二,节省燃油。随着节油算法逐步优化,油耗可降低3%—5%,每百公里节约1—1.5升,按照柴油平均6.5元/升,车辆每年行驶36万公里计算,与普通柴油重卡相比,每年可节约成本2.5万—3.5万元;对于利润面临进一步挤压的物流企业而言,自动驾驶技术的应用无疑能为其带来可观的利润空间,物流企业对自动驾驶技术的应用,需求也显得更加强烈。

自动驾驶车辆在公路的使用将为运输业带来一场革命,其中,不能忽视的一点是自动驾驶还会对地球环境产生重大影响。自动驾驶卡车每年可节约10%的油耗,从而带来二氧化碳的节省。由于自动驾驶车辆在加速、制动以及变速等方面都进行了优化,它们在一定程度上有助于提高燃油效率、减少温室气体排放。因此,在中长距离的公路行驶,自动驾驶卡车可以显著地通过其控制系统找到最优化的加速、制动、减速方式,有效地提高燃油利用率,减少温室气体与有害尾气的排放量,环保节能的效果更为明显。由于出色的绿色、智能、安全、经济的特性,嬴彻科技的相关技术节能成果还入选联合国工业发展组织"全球碳中和技术方案暨UNIDO Global Call 2022"领军项目。

第三,安全效果显著。嬴彻L3智能驾驶卡车通过DMS驾驶员监测系统、驾驶员手环、自动驾驶AD开关和中控交互大屏、灯带、语音提醒、预紧安全带和震动座椅,提供听觉、触觉、视觉的全冗余人机交互;在运营过程中根据ORD疲劳度数据显示,L3单驾司机疲劳度略优于L0双驾司机,碰撞预警次数低于L0双驾司机60%左右。

6. 案例成绩

嬴彻科技的相关技术节能成果于2022年9月入选联合国工业发展组织"全球碳中和技术方案暨UNIDO Global Call 2022"领军项目。

赢彻科技和百威(中国)联合申报的智能低碳辅助驾驶运营项目于2023年4月入选ECR专业委员会收集的2022—2023年度ECR案例集中的绿色发展项目。

赢彻科技的"基于自动驾驶技术和新一代货运网络的智慧物流服务"于2022年9月荣获2011年中国国际服务贸易交易会科技创新示范案例。

赢彻科技2022年11月荣获"直通乌镇"全球互联网大赛组委会颁发的"直通乌镇"全球互联网大赛总决赛特等奖。

7. 案例点评

赢彻科技与百威合作的自动驾驶运营项目为干线物流带来了重要突破。该项目采用L3智能驾驶卡车,通过自研的轩辕自动驾驶系统实现单人驾驶完成95%以上的路段自动驾驶。双驾变单驾降低人工成本,并通过图神经网络等技术优化车辆速度规划和驾驶决策,进一步提高物流运输效率。全冗余安全设计保障行驶安全,司机疲劳度较低,碰撞预警次数减少约60%。该项目实践成果有力验证了自动驾驶技术在物流业的应用前景,为物流行业降本增效、推动绿色可持续发展提供新思路和方法。(该企业案例入选中国互联网发展基金会组织的《2023年双化协同优秀案例》以及《2023年长三角双化协同典型案例》。)

五、大数据行业案例

(一) 卓聪环保的数字化液冷技术

1. 背景介绍

2020年9月30日习近平主席在联合国生物多样性峰会上郑重向全世界承诺,中国二氧化碳排放力争2030年达到峰值,2060年力争实现碳中和。为实现"双碳"目标,确定"十四五"期间低碳相关目标,"十四五"规划更是对绿色低碳发展和数字化发展提出明确要求。

2023年数字经济被多省市写进政府工作报告。发展数字经济离不开数字基础建设,数字基础设施主要指数据中心、4G和5G网络,实际上数据中心"碳排放"颇受业内关注。根据赛宝计量检测中心《中国数字基建的脱碳之路:数据中心与5G减碳潜力与挑战》中的数据,截至2020年12月31日,国内各省数字基础设施碳排放量中,2020年数据中心和5G用电量为2 011亿千瓦·时,占中国全社会用电量2.7%。

同时碳排放总量达1.2亿吨,相当于中国碳排放量的1%。2022年8月22日,国务院七部门联合印发《信息通信行业绿色低碳发展行动计划(2022—2025年)》,完善通信行业绿色低碳发展布局。工信部、发改委等七部门提出到2025年,信息通信行业绿色低碳发展管理机制要基本完善,节能减排取得重点突破,行业整体资源利用效率明显提升,助力经济社会绿色转型能力明显增强,单位信息流量综合能耗比"十三五"期末下降20%,单位电信业务总量综合能耗比"十三五"期末下降15%,同步遴选推广30个信息通信行业赋能全社会降碳的典型应用场景。展望2030年,信息通信行业绿色低碳发展总体布局将更加完善,信息基础设施整体能效全球领先,绿色产业链供应链稳定顺畅,有力支撑经济社会全面绿色转型发展。

数字新基建建设该如何以绿色化引领数字化的方式进行建设?针对数据中心、算力中心以及5G基站,传统散热/制冷技术,尤其是风冷已面临严重瓶颈,新的高效液冷技术正在形成并普及。要想解决数据中心、算力中心以及5G基站的低能耗高效热问题,传统风冷和水冷空调散热方式已力不从心。根据美国空调制冷协会报告,标准42U单机柜风冷的极限能力在28—32千瓦。而根据NVIDIA趋势预测,2025年之前,GPU可逾500瓦/片;而Intel CPU功率可逾350瓦;当单U服务器功率超过1千瓦,势必造成风冷机柜部署密度急剧下降,算力容积率大幅降低,提升数据设备的散热效率,提高算力容积率同步降低制冷能耗唯一途径是部署液冷数据平台。相同体积的热传递介质而言,液冷系统的冷却液传递热量的速度比空气高6倍,储热能力是空气的1 000倍。使用单相浸没式液冷机柜,部署IT功率可达到100千瓦。

而在液冷系统发展中,浸没式液冷的机柜、主机等系统制造属于传统制造业,技术附加值偏低,可复制性强。冷却液作为系统安全性、散热能力以及兼容性等核心指标的决定性因素,必然是浸没式液冷的核心构成。2016年至今多年验证,单相浸没式液冷技术已被业界公认是下一代数字基建节能降耗的最优路线,而具有高绝缘、无毒、高流动性、高热交换能力、比重小的绝缘冷却液是核心技术。当前市面上主要有三类冷却液的技术路线。具体如下表:

表8-2 三类冷却液的技术路线

	氟化液	烷烃冷却液	硅油冷却液
优点	密度高、完全不燃 流动性散热性良好	密度小、完全无毒 流动性散热性良好	密度适中、闪点较高

续表

	氟化液	烷烃冷却液	硅油冷却液
缺点	密度大,对机房承重要求很高;易挥发,后期维护成本高;毒性难以完全去除(美国和欧盟已完全禁止使用);价格昂贵、产量有限	或高或低存在闪点	黏度大、流动性散热性差

2. 企业基本情况

卓聪(上海)环保科技发展有限公司是一家民营企业,主要从事其他科技推广服务业。作为绿色化带动数字化的实践性质,该项目旨在通过推动绿色化措施的应用和实施,进一步促进数字化技术的发展和应用。

3. 案例基本情况

卓聪公司选择的是源自煤化工合成气原料合成并精制的合成冷却液。在冷却液配方原料组分的核心技术上,卓聪已攻克烷烃增链合成中的关键催化剂、高碳烷烃组分的精馏控制等核心技术,使制备出来的冷却液在核心指标上均达到同类产品前列,具有环保无毒、高稳定性、高沸点、高闪点、低黏度、高热交换能力等优点,部分指标甚至为业内最高,使卓聪冷却液可满足多种系统/场景使用,具备大规模商用推广的条件。同时,卓聪公司在多个行业和场景下进行了大量的应用测试,从全国近百套液冷原理展示设备,到近三年参与包括数据中心试点、运营商规模试点、算力设备规模使用等,积累了大量使用经验和数据,充分验证了绿色化液冷在引领数字化建设上具备巨大的优势。

(1) 技术成熟性及可靠性

该企业很早就推出了相关液冷产品,但随着市场竞争的不断加剧,该企业已避免单纯的价格竞争而转向技术领先的头部市场,并针对性地选择高端产品的技术方向。目前,市场上多数单相冷却液存在的如下短板或问题,是近期研发和改进的主要方向:

第一,闪点不够高,一般只有100—120 ℃左右,不利于日常贮运和高温工况下的安全使用。

第二,黏度偏高,常常达到30—40厘泊(1厘泊为0.001帕·秒),不利于液冷体系散热。

第三,50—60 ℃工况下长期使用时的冷却液耐老化、稳定性问题。

第四,制冷液与浸没设备中各种材料的兼容性和抗腐蚀性。

第五,很多市售产品的芳香烃和硫化物等有害杂质含量常常偏高,不利于环境友好和运维人员的身体健康。上述相关技术已申请"IT 通信设备浸没式冷却液及其制备方法""卓聪浸没冷却监测软件"等知识产权。

(2) 案例实践

2021 年,参与了嘉定某 IDC 的试点,结合其 IDC 的建设要求,必须达到 PUE1.3 以下的进入门槛,企业与 IDC 运营方、建设方协同,采用风冷+液冷综合部署方式,既降低 PUE 值,同时也降低建设难度和成本投入。最终经权威认证,PUE 综合达到 1.272。并基于运行测算,得出实际液冷单柜运行能耗指标如下表:

表 8-3 实际液冷单柜运行能耗指标

液冷测算 PUE	
机柜数量	1
单机柜功率	11 千瓦
IT 设备年耗电量	9.636 万千瓦·时
空调照明等其他年耗电量	1 万千瓦·时
折算 PUE	1.104

2022 年,参与江苏某电信运营商 5G BBU 液冷试点,探索 5G BBU 扩容散热瓶颈和环境温控限制,测试 5G BBU 在浸没液冷环境下的高密度配置。同时浸没式 5G BBU 在华东地区能否使用自然换热,从而获得更优能耗。

经过半年测试,经历了高温、寒冷环境验证,在环境温度不断变化的过程中,冷却液温度、芯片温度保持稳定,IT 设备运行稳定,系统 PUE 在 1.19—1.3 之间。BBU 日常运行功率为 53.6 伏×9.18 安≈492 瓦,10 台日均运行约为 5 千瓦,日常设备自身运行耗电值为 0.77 千瓦.计算得出本次试点项目机柜 PUE 为 1.154,此状态为设备单块业务板情况下 PUE 状态,如 BBU 负荷大约 500 瓦,十台 BBU 日均运行 7.5—8 千瓦时,BBU 液冷机柜 PUE 应为 1.09—1.1。相关结论,经过本次试运行统计,设备进出液温度控制精准,液体温度变化范围小,液体运动黏度小,无毒无味,不宜挥发,适合设备长期稳定运行,浸没式液冷机柜整体运行功耗较低,最大制冷量 30 千瓦,PUE 最高 1.28,最低可达 1.05。节能效果明显,满足设计要求。其中使用的冷却液具有安全、无腐蚀、无毒、无味、不易燃、不易挥发的特性,冷却液性状及主要指标稳定,未发生变化。

在试点基础上,2023年获得了该用户的规模推广,目前交付冷却液近2万升,该项目还在持续建设中。

4. 案例技术创新点

第一,闪点足够高。以定制的、具有特定分子分布的高碳正构烷烃和环烷烃为主构成的高沸点混合烷烃溶剂,作为制冷液主溶剂,确保闪点足够高。

第二,稳定的共沸物。加入适量高沸点全氟烷烃作为制冷液助溶剂,可与混合烷烃溶剂构成稳定的共沸物。

第三,筛选+定制。筛选合适的抗氧化剂、稳定剂及抗静电剂并采取部分定制合成。

第四,独特的匀质化技术。确保冷却液成品的长期稳定性。该企业自主设计的独创性产品配方,综合性能在同类产品中具有领先优势;根据技术要求而单独定制的主原料和专用助剂,具有原材料独特性;特别主溶剂采用煤气化脱硫及增链工艺定制生产,从源头上消除了芳香烃和硫化物含量超标的可能性;引入少量高沸点全氟烷形成共沸物,不但能凭借全氟烷的高阻燃性而显著改善制冷液的燃烧安全性,还能降低制冷液黏度、有效提高散热效率;此外全氟烷还是一类化学惰性溶剂,能有效改善材料的兼容性和耐腐蚀性;添加微量高效专用助剂,有效保障产品的长期稳定性及材料兼容性。

5. 案例效果

经过多个实践项目验证,液冷在绿色化引领数字化建设中将发挥巨大作用,按照权威机构数据预测,如果未来5G BBU全面采用集中化、液冷化改造,到2035年,我国将建设758万座5G基站,按照5G设备BBU液冷池化1∶10的集中比进行预测,改造为液冷机柜数量是75.8万个,PUE降幅均值在35%以上,单站年综合能耗下降约7万千瓦时,总能耗预计下降53亿千瓦时,折算减碳量约为472.5万吨。数据中心和算力中心按照测算PUE降幅30%计,预计能耗下降约2090亿千瓦时,折算减碳量约为1881亿吨。

6. 案例点评

卓聪公司采用源自煤化工的合成冷却液,并攻克了烷烃增链合成和高碳烷烃组分的核心技术,使其核心指标达到同类产品前列。该冷却液具有环保无毒、高稳定性、高沸点、高闪点、低黏度和高热交换能力等优点,适用于多种系统和场景。经实践验证,液冷技术在数据中心和电信运营商中取得成功,并取得规模推广。技术创新点包括高闪点、稳定的共沸物、定制的原料和助剂,以及独特的匀质化技术。液冷技术的应用效果显著,预计可大幅降低能耗,折算减碳量约为472.5万吨。总体而言,卓聪公司的液冷技术为数字化建设提供了环保优势和节能效果,有助于推动产业绿色化发展。

(二)上海有孚的新型算力中心数绿联动实践

1. 背景介绍

为适应大数据产业绿色发展需要,支撑数字化绿色化协同转型发展,服务人于工智能、大数据、工业互联网等相关产业的算力中心绿色化改造显得尤为重要。上海有孚网络股份有限公司正在实施相关转型方案。

2. 企业基本情况

上海有孚网络股份有限公司是一家专注于信息传输、软件和信息技术服务业的民营企业。该公司正在进行新型算力中心内数绿联动的探索与实践。该项目以数字技术与绿色技术融合创新为特点,旨在探索和实践在新型算力中心内数字技术与绿色技术的融合应用。项目实施地址位于上海有孚临港新型算力中心。上海有孚临港新型算力中心位于上海市浦东新区临港新片区书院镇,占地面积180亩。项目规划数据中心楼5栋,配套用楼1栋。可提供约8000个高功耗机柜,全年运行PUE小于1.3,总体容纳近20万台服务器运算能力,具备约100亿亿浮点/秒的算力和35亿亿字节的存力。项目采用预制化微模块和高压直流供配电技术,有效提升了建设和供电效率;引入液冷、光伏、氢能等新型综合能源解决方案,全面提升数据中心绿色管理水平。在智能运维、AI赋能化管理等方面引入部署高效管理平台,综合管理效率提升20%以上。

3. 案例基本情况

有孚深耕数据中心二十余载,经过多年的建设摸索,早已将数字化绿色化协同发展的理念融入数据中心楼宇建设过程中。在数据中心的建设过程中逐步应用绿色数字创新技术,推动数据中心数绿融合发展,充分发挥自身优势,结合项目实地情况,选用相适配的低碳节能先进设备,配合数字化运营技术及平台,在运行管理中不断优化规章管理制度,在促进数据中心数绿协同发展的同时,保证机房的稳定运行。

该项目引入智能运维和AI智慧楼宇等管理平台,赋能智慧化、数字化运营。通过采用先进的制冷设备及技术,积极引入绿色能源,部署光伏发电,积极探索液冷服务器试点。利用氢能源+数据中心在新型数据中心的前沿试点等方式，综合提升绿色管理水平，助力算力运行过程中的节能、减排、降耗，推动算力产业向绿色、高效的方向发展，打造低碳环保、智能智慧的数绿融合新型算力中心，推动数据中心新业态产业化应用。

同时，基于该项目提供的稳固可靠的算力基础设施，上海有孚临港新型算力中心承载并规划了多个重大功能性平台，其中包括上海新型互联网交换中心平台、国家级网络安全监管平台、有孚人工智能专有云平台等，致力于支撑数字经济的算力、存力、运力、安全等市场需求，积极推动数字产业化、绿色化的融合发展。

(1) 智慧化运维

该项目引入智维平台，实现了运维管理智能化，通过线上化、集中化、智能化的事件管理、维修管理、风险管理、巡检管理、维保管理、值班管理等基础设施运维流程，对数据中心空间、电力、制冷、网络等运营数据全面监控，实现跨业务领域数据的综合计算分析，实现数据的汇聚、统计、分析和呈现，并支持异常预警和告警，减少运营风险。

其中，智维平台的碳管理模块，可为运维人员提供碳排查、负荷预测，同时具备可再生能源利用情况分析等能力，能够自动实时精确的获取能源数据并进行精细化的分类、统计和科学建模，给出最经济性的节能减排方案，帮助运维团队做出相应决策。同时，智维平台面向容量规划和资源释放提供专项服务，保障容量的有效利用，有效的提升了资源利用效率，优化资源使用结构。

多年来，有孚沉淀了大量的设备运行数据，逐步形成了数据积累、数据处理、数据分析、数据应用的产业闭环。在形成数据闭环的同时，有孚将光学字符自动识别、射频识别技术及 AI 技术应用于设备运营数据中，构成了有孚独有的数据中心巡检分析模型，应用于上海有孚临港新型算力中心项目中。该模型集合智能视觉识别、生物识别技术，通过监控设备、巡检描述文本、运行数据等信息确认数据中心的风险等级，降低人工巡检和复查所带来的安全隐患，助力提升数据中心的安全运营效率。

同时，有孚将具有有孚特色的巡检分析模型与标准化的运维服务管理相结合，打造出了一套数据中心 AI 智慧巡检系统，通过将运维任务分发至网络矩阵中的主次多个服务器，有效提升运维任务的周转速度；实现不同任务等级的运维任务的处理，提升运维服务体验；在执行过程中，通过优化资源调配流程，减少不必要的资源浪费。对运维人员巡检维护操作进行规范化约束，实现了运行维护工作的智能化、数字化，大幅提高了运维工作的效率。

AI智能巡检则是将人工巡检、系统报警巡检与5G、物联网等新技术相结合,建设了一套可以纳管算力中心核心设备及基础设施的平台,达到快速感知硬件设备故障、快速获取设备信息、快速记录设备维护等良好效果,以提高运行过程中的管理效率,及时做出判断,降低能耗和碳排放消耗。

有孚运用AI技术,结合物联网,大数据分析的优势进行数据中心各场景下的智能巡检机器人的研发和应用,目前上海有孚临港新型算力中心及有孚其他数据中心中已经有了电力轨道升降式巡检机器人、园区履带式巡检机器人以及室内轮式巡检机器人的试点应用。依托独有的数据智库分析,目前有孚智慧巡检在智能巡检机器人方面的应用已经能够实现采集相关设备运行数据与云端数据故障因素等数据因子进行对比分析,实现设备故障检修以及预警等功能,进一步提升了数据中心各类资源的使用效率。

（2）绿色化运营

在上海有孚新型临港算力中心的建设及运营过程中,有孚充分考虑区域自然条件,综合利用自然冷源,以新型制冷技术的使用,逐步提高数据中心节能降耗能力,实现绿色化、智能化、数字化。以建设绿色低碳、节能环保数据中心为目标,积极采取绿色先进技术,从制冷、电力、运维系统等多维度应用节能技术,致力于精准降耗、脱碳转型,推动数字经济加速发展。

光伏:项目在屋顶以及室外无设备区域设置太阳能板,采用分布式光伏发电系统,白天利用太阳能直接用于走道以及办公区、机房照明空调等三级负荷使用,为场站日常用电提供电能。楼顶光伏板覆盖率达50%以上。在该项目引入该项技术,可以满足场站本身及业务管理用房用电需求,同时也可以达到节能减排的效果。

间接蒸发自然冷动力热管系统:项目IT设备冷源由蒸发冷凝自然冷动力热管提供,末端配备列间热管空调设备。蒸发冷热管冷机空调系统采用了具有具备尖端技术水平的高能效压缩机及动力热管技术。压缩机及冷媒系统动力泵均采用变频控制技术,可实现5%—100%范围无级按需精确配置冷量。机组同时采用了蒸发冷凝节能技术和自然冷节能技术。每套空调系统均自带微电脑和自控装置,采用先进的"云制冷"智能能效管理专利软件,可根据空调负荷的变化实现空调供冷的无缝适应,实现最佳能效管理。

氟泵自然冷空调:项目配电室和电池间采用独立的氟泵自然冷节能空调。当室外低温时,使用泵循环代替压缩机运行,降低机组能耗;室外过渡季节,压缩机和泵开启,通过氟泵辅助压缩机制冷,保障空调整机的高能效运行;夏季,开启压缩机模式运行，满足机房正常制冷要求。在传统风冷机组基础上，单独增加氟泵循环系统，既保证夏季工况下压缩机的持续制冷，又保证过渡季节和冬季的氟泵节能运行，最大程度地利用室外低温冷源，节能降耗。

液冷：项目积极开展液冷技术研究和试点试用，采用背板式液冷方案，有助于降低PUE，相比于传统机房制冷系统减少冷水机组和空调的功耗。

高效UPS及经济运行模式：经济运行模式，可减少自身损耗，UPS的整机效率可以达99%，比正常模式减少3%以上的损耗。

储能：该项目正在积极规划部署储能系统，能够有效优化用户用电负荷，平滑用电曲线，提高供电可靠性，改善电能质量。与此同时，可实现需求侧管理，减小峰谷负荷差，降低实际用电需量，将有效降低数据中心整体PUE。

4. 案例技术创新点

第一，智维平台实现智能化运维管理。引入智维平台，实现线上化、集中化、智能化的运维管理。基于智维平台的碳管理模块，提供碳排查、负荷预测和再生能源利用分析。数据中心空间、电力、制冷、网络等运营数据全面监控，综合计算分析跨业务领域数据。支持异常预警和告警，减少运营风险。

第二，数据中心巡检分析模型与AI智能巡检系统。使用光学字符自动识别、射频识别技术及AI技术应用于设备运营数据，形成数据中心巡检分析模型。智能视觉识别、生物识别技术监控设备，确认数据中心的风险等级，提升安全运营效率。结合标准化的运维服务管理，打造数据中心AI智慧巡检系统，优化资源调配流程，提高运维效率。

第三，AI技术在智能巡检机器人中的应用。运用AI技术、物联网和大数据分析，研发和应用智能巡检机器人。巡检机器人能采集设备运行数据与云端数据故障因素进行对比分析，实现设备故障检修和预警功能。提升数据中心各类资源的使用效率，降低能耗和碳排放消耗。

第四，绿色能源应用和节能技术。利用光伏发电系统，将太阳能应用于数据中心的照明、空调等负荷使用，实现节能减排。引入间接蒸发自然冷动力热管系统，利用高能效压缩机及动力热管技术，实现空调供冷的最佳能效管理。采用氟泵自然冷空调和液冷技术，降低能耗，减少冷水机组和空调的功耗。

第五，高效UPS及储能系统。引入高效UPS及经济运行模式，减少自身损耗，提高UPS整机效率。规划部署储能系统，优化用户用电负荷，提高供电可靠性，平滑用电曲线，降低数据中心整体PUE。

5. 案例效果

目前，上海有孚临港新型算力中心已接入并规划多项重大功能性平台，包括新型互联网交换中心平台、算力交易平台（试运行）、国家级网络安全监管平台、跨境数据流通平台、人工智能专有云计算平台等。作为"算力浦江"行动计划下"一平台、五中心"的智算中心之一，依托国家（上海）新型互联网交换中心，结合国际互联网数据专用通道等优势资源，上海有孚临港新型算力中心旨在推动书院镇成为临港新片区的网络直连枢纽，实现企业间直连、数据中心直连、国际互联网直连，促进数据高速传输，提高数据运行过程中的管理效率，降低能耗及碳排放。

同时，通过以有孚超算和智算两大平台为载体，跨区域云网协同、算网融合的算力服务，将数据计算的效率有效提升，进而促进用能效率的提升，助推算力运行过程中的节能降碳，促进算力产业绿色高效发展。此外，通过超算智算平台，打造算力和数据要素集聚的功能承载区，通过提供低时延算力资源，充分赋能临港新片区高端制造业和现代服务业发展，并辐射上海及长三角地区，助力长三角国家算力枢纽节点建设。

未来，有孚将持续提高数据中心运行技术，根据需求及时调整运营管理方式，提升资源配置效率，减少数据中心运行过程中的资源消耗和浪费；加大超算、智算等算力领域的研发，促进用能效率的提升；持续提高新型清洁能源和可再生能源的使用比例以优化数据中心用能结构，助力实现碳达峰、碳中和目标，进一步实现数字技术与绿色技术在数据中心的融合创新。

6. 案例成绩

ODCC 设计类 4A 级认证—绿色节能等级评估；碳减排数据中心先行者（运营类）；2021 数据中心绿色发展卓越企业；长三角绿色低碳示范数据中心；2021 年新型绿色数据中心建设先锋；2022 国家新型数据中心典型案例—大型—算力赋能；2022 年上海市新型数据中心创新发展案例—高算力；2022 算力云服务领航者计划优秀案例—技术赋能方向；碳减排数据中心 AAAAA。

7. 案例点评

该项目旨在适应产业数字化和绿色化需求，打造功能创新平台，支撑人工智能、大数据、工业互联网和云计算等产业。上海有孚临港新型算力中心占地 180 亩，规划 5 栋数据中心楼和 1 栋配套用楼，容纳近 20 万台服务器，拥有 100 亿亿浮点/秒算力和 35 亿亿字节存储能力。绿色化运营方面采用光伏发电、自然冷动力热管系统等绿色能源解决方案,智维平台的碳管理模块支持碳排查和负荷预测。有孚还应用 AI 技术提升设备维护效率和安全运营,推动数据中心向低碳智能发展,助力数字产业绿色化融合。

(三) 浙江正泰的上海诺雅克绿色边缘数据中心项目

1. 背景介绍

数字技术与绿色技术融合创新可以推动数据中心的绿色化发展。通过智能监控和优化,数字技术可以实现对能源消耗和排放的精确控制,降低能耗并提高效率。同时,绿色技术如可再生能源利用、高效制冷和热回收等可以减少碳排放和资源消耗。这种融合创新的应用有助于数据中心实现可持续发展。

2. 企业基本情况

浙江正泰电器股份有限公司是一家大型工业企业。该公司正在建设的绿色边缘数据中心项目,是以数字技术与绿色技术融合创新为特点。通过结合数字技术和绿色技术,该项目旨在推动数据中心的绿色化发展,以降低能耗、提高效率,并促进可持续发展。该项目的实施地址位于上海市松江区。

3. 案例基本情况

(1) 项目简介

绿色边缘数据中心项目是为诺雅克园区实验站楼设计的低碳乃至零碳数据中心机房。配置了 EMS 本地能量管理系统装置。可以将光伏、储能、负载等相关信息接入,根据气象预报信息、装置所在地分时电价目录时段、运行场合负载功率、储能电池剩余容量等因素,自动在光伏、储能、电网三种供电模式之间根据既定控制逻辑触发切换,以便于能够同时实现光伏利用最大化(绿色低碳)、峰谷套利,以及备电的功能;机房实际负载 4 千瓦(可扩容至 10 千瓦)。配置 32.4 千瓦的光伏发电系统,平均每天 4 小时光伏发电量可供机房工作 24 小时,结合 80 千瓦时的储能系统,采用磷酸铁锂电池,在无光照情况下供电或可实现削峰填谷,实现低碳乃至零碳数据中心应用需求。

该项目的应用场景包括边缘数据中心、光伏并网箱和 PCS 储能柜;产品系列包括边缘一体化机柜和光伏储能柜。为了应对客户提出的关于弱电机房改造为边缘数据中心、低碳运行或零碳运行以及含安装及施工需求,正泰解决方案为光伏发电接入,提升可再生能源利用比例以及 PCS 储能接入,利用峰谷电价差,削峰填谷节省电费。

(2) 正泰硬件方案设计

① 正泰数据中心

机柜:IP5X 全密闭机柜、标准 19 英寸(1 英寸=2.54 厘米)机柜,全面屏玻璃门、内部冷热通道隔离,承重能力不小于 1 800 千克。

监控一体机:10.4 英寸工业屏,人机交互界面及触控性能。标准监控接口,实时监控配电、UPS、空调温湿度、烟感等信息,保障稳定运行。精准能效管理,PUE 实时显示,用电情况清晰明了。多终端支持,可通过 WEB 浏览器访问。访问系统经过安全认证。

输入输出配电:机架式 3U 安装。智能微断开关,全电量数据监测,可不开柜门远程分合闸。

UPS 主机:机架式安装,3—30 千伏安容量可选。

电池模块:机架式安装,支持 15 分钟带载运行供电。

空调:机架式安装,分体式/一体式。独特气流组织,自然实现冷热通道遏制效果。

② 正泰光伏发电系统

光伏组件(正泰新能源提供):该项目配置了 32.4 千瓦的光伏组件,平均每天 4 小时发电量可供机房工作 24 小时。

光伏逆变器(正泰电源提供):将直流电转换为交流电供负载使用。

光伏并网箱(正泰仪表提供):连接光伏系统与电网的配电装置。

③ 正泰储能系统

储能装置(正泰电源提供),配备 80 千瓦时的储能容量;BMS 电池管理系统(正泰艾临科提供);EMS 能量管理系统(正泰艾临科提供)。

(3) 系统方案设计

正泰自主研发的动环监控管理系统,能够对市电、储能、光伏、UPS、负载、环境进行全方位的监控与管理,通过精准数据的采集能够及时反馈异常数据与告警提示。该系统能够根据当日光照情况及所在地分时电价目录时段以及现场负载的运行状态以及储能系统 SOC 状态,能够自动在光伏、储能、电网三种供电模式下实现智能切换。

光伏系统中通过逆变器 MPPT 技术根据当日光照强度与温度实现了光伏发电功率最大化避免了弃光的现象(绿色低碳);储能系统,艾临科 EMS 能源管理系统适用于储能站、微电网、新能源储能一体化等类型项目的系统监控、功率控制及能量管理的监控系统,实现对储能电站 BMS 和 PCS 的集中监控,统一操作、维护、检修和管理,实现故障的快速切除、在负荷高峰时缓解电网压力、降低电网运行成本、提高经济效益。EMS 能量管理系统主要包括能源监测、自动化采集、统计分析、数据可视化展示、能源预算管理、用能异常告警及自动调控等功能,实现能源管理智能化节能减排、降本增效。

4. 案例技术创新点

第一,全能量管理系统(EMS)实现光伏、储能、电网三种供电模式智能切换。通过全能量管理系统(EMS),结合气象预报信息、装置所在地分时电价目录时段、运行场合负载功率、储能电池剩余容量等因素,实现光伏、储能、电网三种供电模式之间的自动智能切换,以实现光伏利用最大化、峰谷套利和备电功能,从而将数据中心运行低碳乃至零碳。

第二,光伏系统采用最大功率点跟踪技术优化发电效率。通过光伏逆变器的最大功率点跟踪(MPPT)技术,根据当日光照强度与温度实现光伏发电功率的最大化,避免弃光现象,将光伏系统的发电效率提升到最高,实现绿色低碳发电。

第三,储能系统采用 BMS 和 EMS 能源管理系统实现智能监控与控制。储能装置配备了 BMS 电池管理系统和 EMS 能源管理系统,通过集中监控、功率控制和能量管理,实现对储能电站的智能化监控与控制,包括故障切除、负荷高峰时缓解电网压力、降低电网运行成本等,以提高储能系统的经济效益。

第四,全密闭机柜与冷热通道隔离提升机房能效。采用全密闭机柜,配备标准 19 英寸机柜,内部冷热通道隔离,实现机柜内部的冷热空气分离,有效降低能源消耗,提升机房能效。

第五,动环监控管理系统实时监控能源与设备状态。正泰自主研发的动环监控管理系统能够全方位监控市电、储能、光伏、UPS、负载和环境等信息,通过精准数据采集,实现实时监控与告警提示,保障数据中心稳定运行,并清晰明了地显示用电情况和能效情况。

5. 案例效果

第一,从设计到安装施工,一站式服务完成弱电机房到边缘数据中心的升级改造。

第二,光伏发电自发自用,满足数据机房大多数用电需求,减少碳排放,绿色高效。

第三,光伏发电不能满足用电需求时,储能系统通过峰谷电价设置,节省电费。

第四，正泰动环监控管理系统为园区内用能员工提供安全高效的运维服务的同时，结合光伏、储能、新能源车充电等能源场景提供各类能源综合运营管理服务，打通了源、网、荷、储的数据通道；同时通过绿色边缘数据中心打通了能源调度通道，将光伏发电、储能等源头能源高效高价值使用，充分发挥了新能源的节能减排社会价值；并通过区域调控，降低高峰需量，削峰填谷降低了电力使用成本，为能源用户带来共赢的经济价值。

6. 案例点评

该案例展示了正泰为诺雅克园区实验站楼设计的绿色边缘数据中心项目。该数据中心是低碳乃至零碳的机房，配置了光伏发电系统和储能系统，并应用 EMS 本地能量管理系统。通过智能切换光伏、储能、电网三种供电模式，实现光伏利用最大化、峰谷套利和备电功能。硬件方案包括全密闭机柜、监控一体机、UPS 主机等，优化机房能效。光伏系统采用最大功率点跟踪技术，提高发电效率。储能系统通过 BMS 和 EMS 系统智能监控与控制，降低电网运行成本。动环监控管理系统实时监控能源和设备状态。改造后，从设计到安装施工一站式服务完成边缘数据中心升级。光伏自发自用、满足大部分用电需求、减少碳排放。该项目为园区提供高效的运维服务和能源综合运营管理，充分发挥了新能源的节能减排社会价值，降低高峰需量，为用户带来共赢的经济价值。

图书在版编目(CIP)数据

数字化绿色化协同发展研究 / 王振等著. — 上海：上海社会科学院出版社，2024
(双碳发展研究丛书)
ISBN 978 - 7 - 5520 - 4383 - 9

Ⅰ.①数… Ⅱ.①王… Ⅲ.①数字化—绿色产业—产业发展—研究—中国 Ⅳ.①F269.2

中国国家版本馆 CIP 数据核字(2024)第 089760 号

数字化绿色化协同发展研究

著　　者：王　振　范佳佳　等
责任编辑：袁钰超
封面设计：谢定莹
出版发行：上海社会科学院出版社
　　　　　上海顺昌路 622 号　邮编 200025
　　　　　电话总机 021 - 63315947　销售热线 021 - 53063735
　　　　　https://cbs.sass.org.cn　E-mail：sassp@sassp.cn
排　　版：南京理工出版信息技术有限公司
印　　刷：常熟市大宏印刷有限公司
开　　本：710 毫米×1010 毫米　1/16
印　　张：16.75
字　　数：289 千
版　　次：2024 年 5 月第 1 版　2024 年 5 月第 1 次印刷

ISBN 978 - 7 - 5520 - 4383 - 9/F · 769　　　　　　　　　定价：88.00 元

版权所有　翻印必究